말문이 확 트이게 하는 핵심정리
김 동 환 표 역리서 015

통변술 해법으로 풀어본
사주이야기
108제

김 동 환 편저

통변술 해법으로 풀어본
사주이야기 108제를 펴내면서

　사주는 네 기둥 여덟 글자를 읽어주는 것이다. 이것을 우리는 통변이라고 줄여서 말하는 것인데 통변이 비법이라도 있는 것처럼 오래전부터 와전되어 혼동을 일으키게 되었고 사주를 잘 읽어줄 생각은 하지 않고 무엇인가를 맞추어주려고 노력하다보니 오답을 내게 되고 맞지 않으니 불신을 초래하게 되었고 드디어 미신이라는 말로 폄훼되었는데 이 역시 역술인들의 책임이라고 생각한다.

　사주는 통변을 위한 통변학이라 해도 과언이 아닐 것이다. 그만큼 통변은 사주의 이정표이자 지상과제다. 통변은 음양오행과 육신의 조화를 말한다. 음과 양의 이합집산(離合集散)에서 발생하는 길흉화복(吉凶禍福)을 비롯해서 오행의 생극제화(生剋制化)에서 야기(惹起)되는 희비와 부귀빈천(喜悲와 富貴貧賤)그리고 사회적 흥망성쇠(興亡盛衰)를 관찰하고 왕쇠강약과 형충파해(旺衰强弱과 刑沖破害)를 통한 시시각각(時時刻刻)의 운세 변화를 감정하는 것이 바로 통변의 이치다.

　통변의 묘리(妙理-묘한 이치)는 정확한 관찰이다. 예로부터 통변의 명문(通變의 名文)은 허다하게 전해왔지만 이를 바르고 쉽게 구체적으로 해석한 교사는 드물다. 거의가 문자 그대로 직역을 하는 것이 고작이거나 그나마도 오역을 하는 것이 허다함으로서 무엇을 말한 것인지 전혀 종잡을 수없는 것이 태반이다. 그런가 하면 이론만 근사하게 늘어놓았을 뿐 실전 사주사례는 찾아 볼 수 없었고 혹 사례가 있다하여도 줄거리 이론만 늘어놓았을 뿐 실감나는 실전사례는 별로 없어 명리를 공부하는 학인들의 심정을 애태우기만 하였다.
 그러던 차에 오래전 지금은 고인이 되신 변만리 선생님께서 통변이론을 정립하여 통변대학이라는 제호로 출판하여 그 당시 많은 역술인들이 읽게 되었는데 이 역시 한자(漢字)가 많아 공부하기 어려워 한학을 오래 학습한 사람들도 너무 난해하다는 평이 자자했었다,
 이에 필자는 통변에 중요한 문장들을 간추려 우리말로 쉽게 풀고 그동안 간명일기에 기록해 놓았던 실전사례들을 사례 편에 넣어 이해를 쉽게 할 수 있도록 편집하였다.
 논어(論語)를 읽고도 논어를 모른다고 명리(命理)를 읽고서도 사주는 모르는 것이 태반이다. 그러한 무미건조한 명리에 구미나 흥미를 느낄 수는 없다. 기초가 튼튼해야 높은 건물을 마음대로 세울 수 있고 또 올라갈 수 있지 않겠는가, 적어도 통변은 높디높은 하늘같은 고층에 숨겨져 있는 최고의 보물이다. 남산에 오르면 서울의 전경을 한 눈에 볼 수 있듯이 통변의 고지에 오르면 사주는 한눈으로 관찰 할 수 있다.
 통변술 해법으로 풀어본 사주이야기 108제가 세상에 태어나서 말문을 열지 못하는 학인독자들에게 조금이라도 도움이 된다면 더없는 기쁨이겠다. 아울러 본서 사례편의 사주기록은 우에서 좌로 기록하던 폐습을 버리고 시대감각에 맞게 좌에서 우로 기록 했다는 점도 알려드리며 또한 변만리선생님의 통변이론을 기본바탕으로 하여 다루었기에 통변활용대학과 중복되는 점도 있다는 점도 양지해 주기바랍니다. 졸저를 완성하기까지 난해한 한자를 하나하나 찾아가며 워드작업까지 옆에서 도와주신 김정숙 실장께도 감사의 말씀을 드리는 바이다.

-戊戌 季夏 如山書塾 編輯室-
編著者 金 東 煥 合掌

인정 많으신 김동환선생님의 신간발행을 축하드립니다.

　명리학의 바다에서 허우적대는 많은 학인들이 그러하듯 공부를 하다보면 조금 더 성장하고 싶은 욕심이 생기기 마련입니다.
저 역시 그런 마음으로 서점을 기웃대다가 사주의 정석2권을 알게 되었고, 부랴부랴 품절인 다른 도서를 구하고자 전화 드린것이 인연이 되어 선생님과 36살 차 띠동갑 친구가 된지 1년이네요.^^
인연이란 참으로 신기하고 감사한 일입니다. 얼굴도 뵌 적이 없고 선생님께 그냥 전화해서 한번 씩 책의 궁금한 부분만 문의하는 못난 애독자인데요. 대운도 똑같이 흐르고 사주도 비슷한 선생님의 글을 알게 된 건 지금 생각하니 행운 같습니다.
　독자분들이 혹시나 선생님을 존경하는 모습을 불순하게 보시거나, 책 홍보가 아닐까 하는 의심의 마음이 있으시다면 이글은 그냥 건너가셔도 괜찮습니다. 무수하게 많은 책의 홍수 속에서 유명한古書는 現時代의 사주해석과 이질감이 들고, 세상에 나온 유명한 분들의 책에 짜깁기 한 듯 실증을 느끼던 제게 김동환 선생님의 책은 단비같은 책이었다고 감히 말씀드립니다.
핵심이 있는 글, 애매하거나 아집을 부리지 않는 글, 쉽고 재밌게 명리학을 배우고 싶으신 분들은 꼭 한번 정독하시길 추천 드립니다. 선생님께서 선물해주신 책 "실전사주간명사례 108제", "별난 사람들의 별난사주이야기""고수들의 숨은기술 비밀과외" 등, 소설책 읽듯이 퇴근후 매일 보다보니 어느새 쉽게 사주여덟글자를 바라 볼 수 있는 여유가 생겼습니다.
從心이 지나신 연세에도 명리학을 음지의 학문이 아닌 밝은곳의 학문으로 이끌어 가시는 모습에 멀리서 존경하는 마을을 담아 보냅니다.
항상 건강하시길 진심으로 기원합니다.

　　　　　　　　　　　　　　　　　戊戌년 여름에
　　　　　　　　　　　　　　　　　창원에서 수현 올림

■ 차 례 ■

해법 통변술로 풀어본
사주이야기 108제를 펴내면서 / 2

인정 많으신 김동환선생님의 신간발행을
축하드립니다. : 정수현 / 5

제1부
오행통변편 / 7

제2부
화상론편 / 17

제3부
육신통변편 / 266

권말부록
알고가면 유익한 통변비결
보너스 편 / 293

제 1 장
오행통변편
〈五行通辯篇〉

第 1 題
물이 가득차면 나무는 물에 떠서 마침내
먼 밖으로 떠내려간다.

〈역술용어 수다목부(水多木浮)라는 말과 같은 이치다.〉

甲乙목이 뿌리내리지 못하고 허약한 상태에서 사주 안에 물인 水가 많으면 범람(氾濫)하여 부목(浮木)되므로 물결에 휩쓸려 겉잡을 수없이 떠내려간다. 물결치는 대로 바람 부는 대로 동서를 가리지 않고 마구달리니 정처가 있을 수 없고 물길 따라 먼 바다로 흘러 떠내려가게 된다.

이 말을 우리 인간사에 비유하자면 매사가 불안초조하고 한곳에 오래 머물지 못하고 부평초인생이 된다는 말인데 육친도 역시 오래 머물 수 없을뿐더러 건강문제도 문제가 발생할 가능성이 많으므로 사주을 자세히 살펴 읽어야한다. 고전에 보면 水木 사주라하여 水와木은 상생 된다고 보아 좋은 사주로 보기도 하였으나 현실적으로는 그렇지 않다는 것을 다음 사례에서 살펴보면 스스로 알게 될 것이다.

1984년 윤11월04일축시생				4	木
坤命	甲子	乙亥	甲子	乙丑	0	火
수	6	16	26	36	46	56	66	1	土
대운	甲戌	癸酉	壬申	辛未	庚午	己巳	戊辰	0	金
								3	水

<水木으로만 구성 된 팔자>

　쥐 띠 생 여자가 양신으로만 구성 된 특수한 팔자입니다. 이런 사주를 고전에서는 특수격 으로 좋게도 보았습니다. 양신성상격(兩神成象格) 또는 천원일기격(天原一氣格)등으로 귀한 命으로 취급되기도 합니다. 그러나 사주를 잘 살펴 볼 필요성이 있습니다. 이런 사주를 가진 사람은 도 아니면 모라고 하는데 어쩌면 잘 되고 잘 살 수도 있고 아니면 힘난한 삶을 살 수도 있기에 하는 말입니다. 그래서 사주를 풀어줄 때에 이런 말을 꼭 해주면서 특별한 팔자라서 지난 과거가 좋았는지 나빴는지를 살펴 본인에게 확인하고 미래를 예측해야 한다는 것입니다.

　지금부터 사주 구성에 대한 자세한 설명과 진단을 할 필요가 있습니다. 亥子丑 北方 水局을 이룬 경우로 丑土는 水로 보아야 합니다. 그렇다면 천간은 木氣로 지지는 水局으로 구성 되었으니 水生木으로 보아 兩神成象 즉 두 개의 오행이 서로 相生되어 象을 이룬 경우로 吉命으로 볼 수도 있고, 다른 한편으로는 수목응결(水木凝結)로 보아 차가운 겨울 물과 나무가 꽁꽁 얼어붙어 아무리 甲목 이라도 甲木 역할이 잘 안 될 것이고 때로는 부목(浮木)으로도 보아서 주거이동 직장이동이 자주발생하게 되는 경우도 많아서 감정하기가 쉬운 것 같지만 어렵다는 것이지요, 이런 때는 대운을 잘 살펴 지난 과거를 유추해 볼 필요가 있습니다. 申酉戌 서방금 운으로 흘러 나쁘다고만 할 수 없으나 그렇다고 좋은 운도 아니므로 본 술사는 이렇게 말하면서 사주를 풀어가기 시작했습니다.

官運이 들어왔으므로 공부도 잘 하여 직장도 잡고 남자도 만나 결혼 성사가능성도 있지만 결혼을 일찍 30전에 했다면 이별의 아픔도 겪을 수 있었겠고 직장도 좋은 직장이 아니어서 자주 이동을 했을 것 같은 운이었는데 현재 지금까지의 삶은 어떠했는지요? 라는 말로 물어 보면서 단서를 붙였습니다. 36세 대운부터는 삶이 좋아진다는 전재 조건하에 과거의 운세가 어떠했나요?

감명의뢰자의 말에 의하면 전공은 유아교육과를 지망해서 대학도 졸업하고 유아교육방면에서 종사를 하였으나 적성에 맞지 않아 디자인 쪽으로 바꿔 공부하여 직장을 다시 잡아 옮겼으나 전공으로 공부한 것이 아니라 한계를 느끼고 다시 세무회계를 공부하여 전업 취직했으나 상사들의 등살에 오래 버티지 못하고 자주 옮겨 다니다가 금년에 그만 두고 친구와 동업으로 장사를 해 볼 생각으로 준비 중인데 앞으로의 운세와 컴퓨터 쇼핑몰 판매업이 맞는지 등을 알고 싶어서요, 라고 말을 해왔습니다.

兩神成象格(양신성상격) : 두 개의 오행으로 구성 되고 상생된 경우
天原一氣格(천원일기격) : 천간이 한 기운으로 이루어진 경우
水木凝結(수목응결) : 수목이 꽁꽁 얼어 엉겨 붙은 경우

그렇다면 본 술사의 생각과 맞아 떨어진 것입니다. 유아교육을 전공한 것에 대한 답과 해설을 하자면 교육은 맞지만 유아 교육은 아니다. 정교사로 중고등학교나 대학교수가 맞는데 당시 운이 안 좋아 교육은 교육인데 유아교육으로 진로가 결정 되면서 적성에 맞지 않게 된 경우로 해석 된다고 보아야 합니다.   -本命은 戊戌년 봄에 看命한 四柱-

나무가 뿌리가 없고 허약한데 물이 많아 흘러넘치면 약한 즉 뿌리 없는 나무는 떠다니는 나무가 되고 마침내 물결에 휩쓸리어서 겉잡을 수없이 떠내려간다. 이런 상황이 되면 물결이 치는 대로 바람 부는 대로 동서로 바쁘게 달리며 한 곳에 뿌리내리고 살지 못하고 여기저기 유랑생활 즉 떠돌이 생활을 하게 된다. 그렇게 살다보니 고향을 등지고 객지 생활하던지 아니면 이국타향 먼 곳에서 외롭게 살다가 그곳에서 생을 마치게 된다.

위 사주는 甲木이 申금 절지에 앉아있고 申子辰 水局을 이루어 지지전국이 물바다로 이루어져서 수다표류(水多漂流)의 예이다. 본명조의 주인공은 부모의 덕 아내의 덕으로 살아가고 일정한 직업도 없이 떠돌이 인생으로 살아가는 사람이다. 원래 명조는 戊辰 월의 甲목이니 부모 궁에 재물이 있고 아내가 유력하여 힘 받는 사주지만 申子辰水局을 이루면서 지지 전국이 물바다가 되었다. 그러므로 부모 돈이 아무리 많아도 내 돈 아니고 처가 힘 받아 처덕으로 살지만 내가 좌지우지 못하니 붙어살아가는 사람이고 부목(浮木) 되어 살아가는 사람이니 한 곳에 오래 머물지 못하고 살아가지만 甲목의 주위 여건을 살펴보면 官도 쓸 수 없으니 거의 백수요, 돈도 내 돈은 아니나 궁색하지 않고 남의신세 지고 살아간다. 이 말은 부모덕 처덕으로 의지하며 살아간다는 말이다. 실제로 이 사람은 평생 반듯한 내 직업 없이 경찰서장출신 아버지 만나고 아내가 원단 도매하는 곳에서 바지 사장 했고 정처 없이 떠돌다가 마침내 수표부도로 신용불량자 되고 나이 50이 넘어서면서 아내가 하던 업도 접고 두 부부부가 멀리 제주도에 가서 전원생활 하는데 직업이 낚시꾼으로 바닷가에 앉아 고기를 낚는 것인지 세월을 낚는 것인지 걱정 없이 살아가기는 하는데 甲목 답지 못하게 살아가는 모습을 보면서 팔자소관이란 생각을 해 본다.

이 명조를 자세히 들여다보면 甲목이 申금 절지에 앉아 삼합의 위력으로 변하여 자신의 역할이 안 되는 것이지 월주가 戊辰으로 뿌리내려 부모 형제 재물 처는 더없이 좋지만 다 내 자신의 기상을 펼치지 못하는 형국이어서 甲목의 위세 없이 그저 떠돌이 인생으로 살아가는 것이다.

위 사례의 사주는 乙木이 丑월 생이고 일지 亥수를 놓고 년 월간에 壬癸 水까지 투간(透干) 되어 부목(浮木) 될 가능성이 있으나 시주에 丙戌 火土를 얻어 전자인 己亥생 甲申일주와는 전혀 다른 형상이다. 다만 無官사주라서 사시를 보아 법관이 되었지만 인권변호사로 활동했고 정치인으로 대선주자까지 되었으나 낙선하고 재기하여 대통령이 된 문 모 정

치인의 팔자이다. 乙木은 인내력이 강해서 갖은 풍파 다 견디어내더니 결국 이 나라의 대통령이 되었으니 말이다. 그런데 그의 운세로 보아 앞날이 밝지 많은 않다.<戊戌은 좋고 乙亥 庚子 辛丑은 忌하고 丙이 잡혀가는 辛丑은 大凶하다.

 이 명조를 자세히 들여다보면 乙목이 인수 多로 浮木으로 볼 수 있을 것이나 辰戌丑 토에 뿌리내리고 시간에서 丙화 태양이 비춰주므로 凍木도 면했다. 전자의 명조는 丙子 시이고 본 명조는 丙戌시 인데 丙화가 어떤 상황인가에 따라 역할이 달라진다는 것을 알게 되었다.

第 2 題
물(水)과 흙(土)은 사지(死地)나 절지(絶地)를 싫어하지 않는다.

 물과 흙은 지구상에 가득 차있다. 지구는 육지와 바다로 구성 되고 땅을 파면 물은 어디든지 나오게 되어 있듯이 동서남북 춘하추동을 막론하고 서로 도와주니 사절(死絶)이 있을 수 없다. 그렇지만 金 水 火는 사절을 매우 두려워하게 된다. 이것이 바로 자연의 이치이다.

 물과 흙은 하늘 땅 어느 곳에도 없는 곳 없이 가득 차 있고 물은 흙을 바탕으로 존재함으로서 바다 밑은 흙으로 꽉 차있다 이처럼 흙과 물은 동서남북 사방 어느 곳이나 춘하추동 봄에서 겨울까지 사계절을 살아서 움직이고 있으니 죽고 끊어짐이 있을 수 없다는 말이고 그래서 金 水 火는 사절(死絶)을 크게 두려워하지만 水와 土는 사절(死絶)을 아낌곳없이 본분을 다한다는 말로 이해하면 된다.

乾命	1947년01월19일亥시생				
	丁亥	壬寅	己未	乙亥
수	1	11	21	31	41	51	61
대운	辛丑	庚子	己亥	戊戌	丁酉	丙申	乙未

 위 사례의 사주는 천지가 물과 흙이 가득하고 반드시 필요한 木과 火를 구비한 좋은 사주로 구성되어 있다.

일지 건록에 財官을 구비 했으니 천하일품인 명품사주로 보아야 한다. 식상이 없어 움켜쥐고 있는 형상이라 때로는 떼국 놈 소리도 들을 수 있는 팔자이다. 대운이 초년부터 청년기 까지 30년간 북방水운으로 흘렀는데 水는 財라서 어려서부터 친척집에서 장사를 배워 총각 때 총각상회라는 섬유직물도매업을 시작하여 많은 축재로 성공한 사람의 命인데 현제는 혜화동 부자촌에 200평 대지위에 건평 120여평 2층 양옥집을 가지고 살며 종로 3가 대로변에 두 아들에게 물려줄 쌍둥이 빌딩을 건축하려고 꿈꾸는 거부의 팔자로 이 사주를 자세히 들여다보면 財星이 뿌리내려 유기(有氣)하고 身旺에 財旺 한데 운까지 중년부터 20년간 서방金운이라서 土生金金生水로 食傷生財하여 많은 돈을 모아 축재(畜財)할 수 있었으며 현재의 운이 남방火운이라서 인성이 도우니 그 많은 재산을 지킬 수 있는 것이다.

현재 甲午대운 戊戌년 겁재 운을 만나서 약간 건강이 약해져 시술을 받았다는데 그래도 신강해지는 운이라 큰 탈은 없을 거라고 말해주었다.

第 3 題

丁화는 나무속에 저장되고 흙속에 머무른다.

丁화는 木의 꽃이니 나무속에 싹이 트고 성장하면서 목이 성숙하는 날 밖으로 모습을 드러낸다. 木의 정력(精力)이 만발(滿發)한 정화(精華)이니 꽃은 아름다운 동시에 그 모체인 木의 정기(精氣)요 원동력으로서 열과 빛(光)을 발생한다. 낮에는 태양과 더부러 약동하고 밤에는 땅에서 잠을 잔다. 뜨거운 태양열이 지열(地熱)로 바뀜으로서 열(熱)을 보존하는 동시에 만물은 따듯하게 보살피는 것이다. 우주의 만물은 태양과 더불어 눈을 뜨고 활동하며 열과 광을 먹고 살 듯이 火는 생명의 심장 역할을 하고 있다. 심장은 피를 회전시키고 열을 발생하며 머리의 등불인 정신을 정상적으로 운전한다. 불꽃이 지나치게 치열하면 만물이 타버리듯이 불기운이 너무 허약하면 심장이 멎고 만물이 죽음에 이른다. 심장은 일정한 고동을 해야만 건전하고 정상적이니 지나치게 왕성함을 싫어하듯이 사절(死絕)됨을 극히 두려워한다.

불인 丙火는 寅목의 지장간(戊 丙 甲)에 숨어있다는 말이고 흙인 辰 戌 未 土 지장간에 丁화가 숨어있다는 말로 불인 火는 사절(死絕)됨을 매우 꺼린다는 말이다.

乾命	己	戊	甲	丙
	亥	辰	申	寅

위 사례의 사주에서 보듯이 寅中丙화가 시간 丙화에 건록이 되어 有力함으로 丙화의 역할이 잘 되지만 丙子라면 子中壬癸에 丙壬 충 되고 丙癸는 구름속의 태양으로 힘을 못 쓰게 된다.

1955년01월23일巳시생					3	木
乾命	乙	戊	丁	乙	2	火
	未	寅	未	巳	3	土
수	4	14	24	34	44	54	64	0	金
대운	丁丑	丙子	乙亥	甲戌	癸酉	壬申	辛未	0	水

위 사례 丁未일주는 조열한 사주로 균형을 이루지 못한 팔자이다. 이와 같이 균형을 이루지 못하면 인생사도 막히지만 신체에도 문제 발생이 있게 되는데 이 사주의 주인공도 50대에 풍을 맞아 반신불수로 활동이 자유롭지 못하다.

이 사주를 자세히 들여다보면 寅월 丁화가 편인 乙목이 둘이나 나타나고 지지에는 巳未火로 불바다이니 화기충천(火氣衝天)한데 젊어서 대운은 북방水운이라 조열함을 해소하여 무사하였지만 서방金운중 壬申대운은 예사롭지 못하다. 寅巳申 삼형이 걸리면서 왕신을 沖 하면서 발동이 걸려 심혈인 화를 친 결과로 보아야 한다.

제 2 장
화상론편
〈化象論篇〉

第 4 題

金水는 맑은 물이므로 흙을 보는 것을 싫어한다.

　추생수(秋生水)는 바위 속에서 솟는 맑은 물로서 생생불식(生生不息)이다. 金水가 상정(相停)하면 하나의 형국(形局)을 이룬 것이니 깨끗하게 이름난 자연온천(自然溫泉)과 같다. 깊은 바위에서 사시상창(四時常蒼) 치솟는 뜨거운 온수(溫水)는 천금(千金)의 소중한 약수(藥水)로서 만인이 즐기고 문전성시를 이루니 지상(地上)의 낙원이요 옥당(玉堂)과도 같다. 만일 여기에 흙 사태가 난다면 玉水는 탁수(濁水)가 되고 청금(淸金)은 진흙에 묻히니 天下의 옥천(玉泉)은 무용지물(無用之物)이 되고 만다. 그래서 대운(大運)에서 土를 보는 것을 두려워한다. 흙과 어울리면 玉水가 흙탕물로 변하여 폐수(廢水)로 변질하듯이 여태껏 애써온 공든 탑이 무너지고 만사가 수포로 돌아간다. 그 원인은 맑은 정신이 물욕에 어지러워지고 무리한 탐욕에 빠지는 동시에 사리를 그릇 판단하고 성급히 서둘음으로서 함정에 빠진 것이다. 만일 겨울이나 봄여름의 경우라면 金水가 왕성한 것이 불리하니 土로써 제압하는 것이 도리어 바람직하다. 가령(癸亥 辛酉 癸亥 辛酉)라면 秋月玉水이니 金白水淸으로서 그 이름이 천하에 두루 떨치듯이 만승천자가 될 수 있는 귀명(貴命)이지만 (癸酉 癸亥 庚子 辛巳)라면 동월한금(冬月寒金)이 물바다에 빠진 격이니 수액(水厄)을 면할 도리가 없는 동시에 한평생 햇빛을 볼 수가 없으니 빨리 土로서 水를 메꾸고 金을 구출해야 한다. 春月이나 夏月의 금수역시(金水亦示)똑같다. 그것은 바위에서 나오는 玉水가 아니라 흙 위에 넘치는 탁수(濁水)이기 때문이다.

水와 金은 살아서 숨 쉬는 형상으로 金은 水의 수원지(水源池) 역할을 한다. 그래서 金水는 쌍청(双淸)으로 본다. 金水 형국을 이룬 사주는 木은 좋아하지만 土는 탁수가 된다하여 크게 싫어한다. 만약 冬月寒金 이라고 보면 이는 金水 相停 이 아니라 물에 잠긴 金으로 보아 수액(水厄)인 물로 인한 재앙을 만나게 된다. 이런 형상일 때는 土로 制水해서 金을 구출해야 한다.

生生不息(날 생, 아니 불, 숨 쉴 식 인데 여기서는 살아서 쉬지 않는다, 로 生은 살아있음을 息은 쉬지 않음을 뜻한다.
秋生水(추생수): 가을 추, 날 생자이므로 가을철 물이라는 말이다.
相停(상정): 서로 상, 머무를 정. 자로 둘이 만남은 좋다는 말이다.
形局(형국:) 모형 형상이 판을 짜여 있다는 말이다.
藥水(약수): 약 약자로 약이 되는 물,
濁水(탁수): 탁할 탁자로 탁한 물이라는 말이다.
淸水(청수): 맑은 청자로 맑은 물이라는 말이다.
廢水(폐수): 폐할 폐 자로 부서지다, 로 버릴 물이라는 말이다.
金白水淸(백금수청):금은 희고 물은 맑다는 뜻이다.
冬月寒金(동월한금) 겨울 동, 찰 한 자이므로 겨울물이 많은 금.
水厄(수액)액자로 재앙을 말한다, 물로 인해 발생한 재앙을 뜻함.

乾命	己亥	癸酉	癸卯	癸亥

수	3	13	23	33	43	53	63
대운	壬申	辛未	庚午	己巳	戊辰	丁卯	丙寅

〈소방서 서장의 사주〉

　위 사주는 추생수(秋生水)로 바위 속에서 솟는 맑은 물로서 더욱이 좋은 것은 일지에 卯목을 놓아 생생불식(生生不息)이 되기 때문이다. 金水가 상정(相停)하여 하나의 형국(形局)을 이룬 것이니 깨끗하게 이름난 자연온천(自然溫泉)水 같다. 그러므로 이 사람사주는 깊은 바위에서 사시상창 치솟는 뜨거운 온수(溫水)로 천금(千金)의 소중한 약수(藥水)로서 만인이 즐기고 문전성시를 이루니 지상의 낙원이요 옥당(玉堂)과도 같아 만인이 우러러 보는 사람으로 살아갈 것이다. 이사주의 주인공은 서울 강남 모 소방서 서장의 명조로 丙申년 관악에서 강남으로 영전 했다는데 丁酉년 마지막 승진기회가 주어질지에 대한 궁금증에 간명을 의뢰한 경우다.

　丙申년 己亥월에 승진심사가 끝나고 丁酉년 초에 발표 한다는데 결과적으로 양력 1월이면 음력으로 辛丑 월이다. 그러므로 丙申년 己亥월과 辛丑월운을 참고해야 한다. 다행인 것은 戊辰戊土가 덮치지 않아서인데 만일 여기에 흙 사태가 난다면 옥수(玉水)는 탁수(濁水)가 되고 청금(淸金)은 진흙에 묻히니 천하의 옥천(玉泉)은 무용지물(無用之物)이 되고 기에 불리한데 己土丑土는 맥을 못 춤으로 승진 가능하다고 말해주었다. 丁卯 대운도 참고했고 다음해 丁酉세운도 참작해서 한 말이다. 그런데 전대운인 戊辰 대운은 불리한 운이었는데 戊辰은 그래도 좀 나은 편이지만 戊戌대운이었다면 면직되거나 퇴직 했을 것이다. 그래서 金水象不可見土 라고 한 것이

19

다. 대운(大運)에서 土를 보는 것을 두려워하는 이유는 흙과 어울리면 옥수(玉水)가 흙탕물로 변하여 폐수(廢水)로 변질하듯이 여태껏 애써온 공든 탑이 무너지고 만사가 수포로 돌아가기 때문이다. 그 원인은 맑은 정신이 물욕에 어지러워지고 무리한 탐욕에 빠지는 동시에 사리를 그릇 판단하고 성급히 서둘음으로서 함정에 빠진 경우가 되기 때문이다.

坤命	庚子	戊子	壬辰	壬寅		
수	8	18	28	38	48	58	68
대운	丁亥	丙戌	乙酉	甲申	癸未	壬午	辛巳

위 사주는 子年 子月 壬水로 강한데 월간에 戊토가 제수(制水- 戊토로 막아 씀)하고 시지에 寅목이 설수(洩水- 왕수를 설기시킴)하여 삶은 원만하지만 무엇인가 부족하고 힘겨운 부분이 있다. 만약 戊토가 막지 않고 寅목이 설기로 흡수하지 못하는 팔자라면 아마 장애인이 되었을 팔자라 할 수 있다. <고서에서 말하기를 주중에 양인이 둘 이상이면 귀먹고 말 못하는 농아(聾啞)로 살아가게 된다하였다.> 현재 50대 초반의 미혼녀로 왕성한 활동을 하며 살고 있다. 부모덕이 많은 팔자인데 부모님의 유산으로 돈 걱정 없이 살아가고 있다.

乾命	壬申	辛亥	癸亥	丙辰

위 사주는 윤하격(潤下格)의 사주이다. 金水사주에 辰토가 있으나 辰토는 亥子水를 보면 물土로 변해서 둑을 쌓을 수 없는 흙이 된다. 丙화 또한 이미 꺼진 불이다.

乾命	壬申	壬子	癸酉	庚申
수	4	14	24	34	44	54	64
대운	癸丑	甲寅	乙卯	丙辰	丁巳	戊午	己未

위 사주의 경우는 金水로 象을 이룬 사주지만 金水象不可見土에 해당 되지 않는 경우이다. 그 이유는 "겨울이나 봄 여름의 경우라면 金水가 왕성한 것이 분리하니 土로써 제압하는 것이 도리어 바람직하다. 명조가 癸亥 辛酉 癸亥 辛酉 시라면 秋月玉水이니 금백수청(金白水淸)으로서 그 이름이 천하에 고루 떨치듯이 만승천자가 될 수 있는 귀명(貴命)이지만 癸酉 癸亥 庚子 辛巳 시라면 동월한금(冬月寒金)이 물바다에 빠진 격이니 수액(水厄)을 면할 도리가 없는 동시에 한평생 햇빛을 볼 수가 없으니 빨리 土로서 制水하고 金을 구출해야 한다. 春月이나 夏月의 금수역시(金水亦是) 똑같다."에 해당되기 때문이다. 무조건 金水 象에는 土를 보면 좋지 않다고 해서는 안 된다.

위 사주의 주인공은 전문대 토목과를 나왔으나 되는 일도 없고 하여 다시 의료기술전문대에 새로 진학하고자 한다고 상담해온 사람이다. 여기서 중요한 것을 찾아야 한다. 金水로 상을 이룬 사주라도 子月 癸수에 金水가 많으니 꽁꽁 얼은 물에 金역시 물에 잠겨 金水가 각자의 역할이 안 되는 경우로 이런 경우 土로 制水 生金하고 火로 凍水를 解凍시켜야 물이 역할을 한다. 그러므로 金水 운은 불리하고 木 火 土운에 발복하는 사주이다. 다만 이 사람의 현재 운인 乙卯 운은 약간 불리하다 그 이유는 乙卯목 역시 木의 역할을 못하기 때문이다.(乙庚合, 子卯刑)丙辰 丁巳 운에 발복할 것이다.

第 5 題
土金의 象은 나무인 木을 보는 것을 싫어한다.

土와 金은 상생하는 오행으로 만남이고 土는 후(厚)하고 金이 있으면 닭이 알을 낳듯이 만금의 富를 이룬다. 이를 인간사에 비유하면 산모가 아기를 낳는 것과 같은데 한참 生金하는 산모에게 木이 나타나면 더 허하게 만드는 결과로 목을 싫어 한다는 것이다.

土는 木이 반드시 필요한데 유난히 土金으로 구성 된 사주에 한해서의 말이다. 土金으로 짜여 진 형상에 木이 나타나면 土를 극하면 토금의 상생이 깨진다는 것이다.

象: 코끼리 상, 꼴 상, 모양 상, 본뜰 상, 여기서는 꼴 로 본다.

坤命	庚辰	庚辰	戊戌	丙辰		
수대운	7 己卯	17 戊寅	27 丁丑	37 丙子	47 乙亥	57 甲戌	67 癸酉

이 사주는 양 팔 통으로 구성 된 土金사주로 초년대운에 木운이 왔고 청년기부터 북방水 財운과 중년이후는 서방金 운으로 운행 되어 운 역시 순하게 흘렀다. 이 여인은 노처녀로 15세 연상인 고급관료인 공직자 후처로(상처했음) 시집가서 젊어서부터 어려움 없이 살아 왔다고 한다. 지금도 팔순이 된 나이에도 건강하게 독신으로 살고 있다. 일단 팔자

는 드센 편이지만 일평생 돈 걱정 없이 잘 살아온 것을 생각하면 운의 흐름이 좋아서 일 것이고 원국이 土金相生格이어서 일 것이다.

乾命	戊戌	庚申	戊辰	丙辰		
수	7	17	27	37	47	57	67
대운	辛酉	壬戌	癸亥	甲子	乙丑	丙寅	丁卯

위 사주 구성을 보면 火土는 일색이므로 土金사주로 보아야 한다. 강원도 봉평 에서 재혼하여 부부가 팬션 업을 하다가 丙寅 대운 乙未년에 교통사고로 죽었다. 土重하면 木이 약이라고도 하지만 土金相生格에는 다르게 봐야 한다. 이 사람도 金水대운에는 잘 나가던 사람인데 東方木운을 만나면서 불행한 사태가 벌어진 것이다. 묘하게도 乙未년은 乙庚합으로 식신 庚금이 묶이고 대운 寅목은 寅申 상충 되어 식신 희신이 맥을 못 추면서 未토 겁재가 戌未형살을 하므로 戊戌괴강살이 발동하여 변을 당한 것이다.

乾命	戊子	戊午	辛未	戊戌		
수	7	17	27	37	47	57	67
대운	己未	庚申	辛酉	壬戌	癸亥	甲子	乙丑

위 사주는 土金사주라도 다른 경우이다. 본명은 土重하고 金, 衰하니 埋金 현상이 벌어진 경우이다. 이런 경우는 土가 병이므로 약인 木운을 만나야 하는데 불행하게도 60년 운이 金水운으로 운행 되어 삶이 고달프게 살아가게 된다. 이사람 가족과 이별하고 독신으로 역술업을 하여 근근이 살아가는

데 산 밑에서 산에 가는 사람들을 상대로 사주 봐준다고 한다. 官은 깨졌고 財는 무재(無財)요, 토다목절(土多木折)의 경우다.

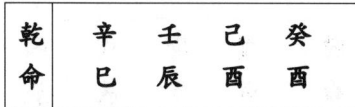

위 사주는 己토가 辰월에 태어났지만 천간에는 辛금이 나타나고 지지에는 양酉금이있어 辰酉合 巳酉合金局을 형성하니 金이 주체가 되는 土金의 사주다. 이 사주의 주인공은 국회의원을 지낸 貴格의 사주인데 귀격이 됨은 壬癸水가 천간에 나타나 설기신(洩氣神)으로의 역할을 함이었고 만약 甲乙木이 나타났더라면 고단한 삶을 살았을 것이다. 청년기 庚寅대운에 傷官 見官 운이라 학생운동으로 고초를 겪었다.

土金相生格(토금상생격) 이란 ? 사주에 토금만 있는 경우 土生金한다.
土重(토중) 이란 무엇을 의미하나요? 사주에 토가 많다는 말이다.
土多木折(토다목절)이란? 토가 많으면 나무가 클 수 없다는 말이다.
洩氣神(설기신) 샐샐 기운기자로 기운을 빼내는 것을 말한다.

第 6 題

金火로 상을 이룬 경우 물을 보는 것을 싫어한다.

 火가 용광로를 이루고 金이 덩어리를 이루고 있다면 멀지 않아 큰 그릇이 될 수 있는 제련형국(製鍊形局)이다. 한참 신나게 연금(鍊金)하고 있는 터에 水가 침범한다면 불을 꺼지고 그릇은 못쓰게 되니 두 가지를 모두 잃는 것이요 십년공부 나무아미타불이다. 火는 旺하고 金이 허(虛)하다면 그릇은 쉽게 되나 알차지 못하듯이 출세는 빠르나 쉽게 물러서고 수명 또한 길(長)수 가없으며 반대로 金은 중(重)하고 火가 가볍다면 그릇이 되기는 무척 오랜 시일이 걸리지만 대기만성으로서 마침내 큰 그릇이 되는 동시에 평생 태평하고 장수한다. 夏月金이 많거나 秋月火가 왕성하다면 삼합화국(三合火局) 金火象의 진격(眞格)이다. 만일 夏月金이 허약하고 火가 태과(太過)하다면 이는 불속에 뛰어든 나비로서 水土를 만나야하고 秋月火가 너무 허약한데 金이 왕성하다면 木을 쓰거나 차라리 水를 써서 설기하는 것이 현명하다.

[한자 풀이]

製: 지을 제, 짓다. 옷을 짓다, 약을 짓다, 기물을 만들다. 여기서는 기물을 만들다, 로 쓰임.

鍊: 불릴 련, 불리다. 단련하다. 여기서는 쇠을 단련하다로 쓰임.

形: 모양 형, 몸체, 육체 형체, 여기서는 모양 즉 형체를 말함.

局: 판 국, 판 일이 벌어지는 형편이나 장면, 일을 하는 부서, 여기서는 판 일이 벌어지는 형편이나 장면을 말함.

[원문 풀이]

火와 金만으로 이루어지거나 火金이 대세를 이룬 사주에 한해서 하는 말이다. 원래 일반적인 사주에서는 火가 金을 제련하여 더 단단하게 하기위해서는 水가 있어 물에 담금질 함으로서 더 강철이 된다는 이론이지만 火金만으로 이루어 진 사주는 별개라는 말이다. "火가 용광로를 이루고 金이 덩어리를 이루고 있다면 멀지 않아 큰 그릇이 될 수 있는 제련형국(製鍊形局)이다. 한참 신나게 연금(鍊金)하고 있는 터에 水가 침범한다면 불을 꺼지고 그릇은 못쓰게 되니 두 가지를 모두 잃는 것이요 십년공부 나무아미타불이다."라는 말은 火金만 있을 때 해당 하는 글이다.

乾命	庚申	辛巳	丙戌	丙申			
수	8	18	28	38	48	58	68
대운	壬午	癸未	甲申	乙酉	丙戌	丁亥	戊子

위 사주는 火土金 3신의 사주지만 火金의 상을 이룬 사주로 대운이 火 金운으로 운행 되어 대기만성 형이다. 다만 58대운부터 水운이라 걱정인 사주다. 본명은 巳月 丙火 용광로가 庚申금덩어리를 이루고 있어 멀지 않아 큰 그릇이 될 수 있는 제련형국(製鍊形局)이다. 그러므로 甲申대운 34세 癸巳년 늦은 나이에 행시에 합격하여 사무관으로 근무하는 사람이다. 이사주의 장점은 火金이 4 : 4로 균형을 이루고 아울러 戌토(火庫)가 통기시켜 좋아진 것이다.

製 形局 : 製 지을 제, 기물을 만들다. 鍊 불릴 련, 단련하다. 形 모양 형, 몸 형체. 국 판국, 일이 벌어지는 형편이나 장면.

| 乾命 | 庚午 | 辛巳 | 庚寅 | 辛巳 |

위 사주는 천간은 金일색이고 지지는 木火일색이니 火金 상극형상이다. 더욱이 일지 寅목을 놓고 左右巳火가 형살을 하고 있어 건강문제가 항상 따르게 된다. 축농증 환자로 고생 한단다. 앞의 庚申년생 사주는 火金에 戌토가 있어 통기 시켰지만 본명은 木이 있어 불난 집에 부채질 한 격으로 庚辛금은 천간에만 있어 약하다. 이런 때는 土水가 와서 통기 또는 制火를 함이 좋다. 대운으로 보아 서방金운은 무난하고 북방水운인 말년이 안정 될 운로로 보아야 한다.

| 乾命 | 己未 | 己巳 | 辛巳 | 己丑 |

위 사주는 辛금이 5土를 보아 매금(埋金)된 상태에 쌍 사화가 지져대고 生土 하니 답답한 사주이다. 어찌 보면 3신이 상생 되어(火土金) 길명이요 신왕사주로 좋게 볼 수가 있겠으나 辛금은 빛을 보지 못하고 보석으로서의 역할을 할 수없는 처지이다. 근본적으로 문제가 있으니 본명은 장애인으로 서지도 못하고 누워서 지내는 중증장애를 가지고 태어났다. 火金사주에 水가 나나타면 불길하다고하나 이와 같이 土가 중간에 끼이거나 이미 제련된 辛금에게는 巳月巳日 일 과같이 강한 火를 꺼린다. 오히려 水木이 나나타서 제화 소토(制火疎土)하였더라면 이런 흉사(凶事)는 없었을 것이다.

制火疎土 : 制 마를 제, 누르다. 억제하다. 疎 트일 소, 막힌 것이 트이다.

第 7 題

金木으로 된 상은 불인 火를 보는 것을 싫어한다.

미숙한 春夏의 활목(活木)은 金을 두려워하나 성숙한 秋冬의 사목(死木)은 金을 만나야 대들보고 기둥이다. 성재(成材)가 됨으로서 기뻐한다. 秋木이 울창하면 金이 旺하니 모두 벌채(伐採)하고 제재(製材)함으로서 일약 巨富가 되고 벼슬도 높이 할 수 있다. 그러나 金은 旺한데 木이 빈약(貧弱)하면 도끼로 닭 잡는 격이니 木이 크게 상하듯이 골(骨)이 상(傷)하고 아프며 반대로 金은 허약한데 木이 중(重)하다면 거목(巨木)을 낫으로 베는 격이니 시간과 정력과 경비만 낭비하고 지나치게 애만 쓰고 허덕이다 보니 폐(肺)가 과로하여 숨이 차고 담(痰)과 천식이 생긴다. 秋木이 무성하거나 冬月 金木상정(相停)하다면 거목을 일품(巨木을 一品)의 도끼로 벌(伐)하고 다듬는 것이니 대들보 같은 큰 출세(出世)를 할 수 있다. 秋月木이 빈약하거나 冬月에 목중금경(木重金輕)하다면 모두가 도로(徒勞)일 뿐 성사(成事)는 기대할 수 없다. 활목(活木)은 金을 두려워 할 만큼 火를 만나야 꽃도 피고 金의 침공을 막을 수도 있다. 일석이조(一石二鳥)랄까,

[한자 풀이]
活: 살 활, 살다, 소생하다. 여기서는 살아있는 으로 쓰인다.
伐: 칠 벌, 치다. 베어내다. 공적, 여기서는 치다 로 쓰임.
採: 캘 채, 캐다, 따다, 캐어내다. 가리다. 여기서는 따내다. 로
停: 머무를 정, 정해지다, 밀리다. 여기서는 머무르다. 로
輕: 가벼울 경, 가볍다. 적다. 모자란다. 여기서는 적다. 로

[원문 풀이]

木은 생물이라 春木은 성장해야 하는 나무이므로 金을 두려워하는 것이고 秋木은 다 큰 나무이므로 死木이어서 金을 기뻐하는 것이다. 다 큰 나무가 울창하면 전지하고 다듬어 쓰임새에 쓰이게 됨으로 벼슬도 하고 부자도 된다는 말이다. 그러나 金은 왕성한데 木이 빈약하면 도끼로 닭 잡는 격으로 木이 크게 상하게 되지만 水가 있어 관인상생으로 구성된다면 官의 덕을 보게 된다. 그런가하면 金은 약한데 木이 강한 命이라면 큰 나무를 낫으로 베어내는 형국으로 더디고 잘 못하면 낫이 부러지게 되어 애만 쓰지 실속이 없는 것이된다. 그러나 살아있는 나무라면 金은 두려워하지만 火를 보면 꽃도 피고 金의 침공을 먹을 수 있으니 이를 일러 일석이조라 하는 것이다.

乾命	乙酉	乙酉	乙酉	乙酉
수	2	12	22	32	42	52	62
대운	甲申	癸未	壬午	辛巳	庚辰	己卯	戊寅

위 사주는 45년 08월 08일 酉시생의 팔자이다. 4木 화초 나무가 바위위에 피었으니 석란(石蘭)으로 보인다. 원래 金木이 서로 대치하는 형상에는 水가 통기시켜야 좋은 것이고 불인 火는 불리하다고 한다. 그런데 이 命은 청년기 30년이 남방 火운으로 운행 되었으니 고달픈 삶을 살았을 것이다. 후반 30년간은 동방 木운이어서 삶이 윤택하였을 것으로 보인다. 현재 72대운인 丁丑운에 들어섰는데 전대운인 己卯대운을 잘 넘겼다면 좀 안정기로 들어섰다고 보면 된다. 그런데 甲목이 아니고 乙목 이어서 火운도 좋았을 것이다.

위 사주는 秋月木으로 死木이므로 金으로 다듬어야 하는데 木이 약하면 크게 상할 수 있다. 그러나 본명은 지지전국이 申金으로 짜여 있어도 年時干에 壬수가 나타이사람 22세에 행시합격 군대 제대하고 발령대기중이다. "金은 旺한데 木이 빈약하면 도끼로 닭 잡는 격이니 木이 크게 상하듯이 골(骨)이 상하고 아프지만 본명은 壬수가 둘이나 있어 좋다. 대운 또한 21대운부터 辛亥 운으로 水운으로 흘러 관인 상생을 만들어 귀하게 된 것이다. 이사람 북방수운에서 동방목운으로 진입하는 51대 甲寅운에는 甲목으로서의 전성기를 누리게 될 것이다.

乾命	乙酉	乙酉	乙酉	庚辰

수	2	12	22	32	42	52	62
대운	甲申	癸未	壬午	辛巳	庚辰	己卯	戊寅

위 사주는 천지도 일기 지지도일기(天干一氣 地支도 一氣)로 구성된 특유의 사주이다. 酉월은 金旺之節이다. 그런데 유금이 세 개나 되고 辰酉가 合化까지 하니 金의 살기가 매우 두렵다. 그러나 이 사주의 형상은 암벽에 매달린 들꽃 이다. 겨우 辰토에의지하고 살려고 하니 힘겨우나 인내력은 강하고 매섭다. 이사람 乙목 이어서 주가 되지 못하고 부가 될 수도 있다. 에 해당 되어 국회의원의 보좌관으로 일했고 丁丑년에 실직을 했는데 왜일까? 살펴봐야 한다. 이 사주는 從旺格으로 眞從일데 그렇다면 金이 주가 되는데 丁화는 칠살이고 丑土는 金의 庫地이다. 고지란 入墓란 의미로 땅속에 묻히다 로 보아 실직을 했을 것이고 72대운이 정축대운이 되는데 이 대운에 수명을 다할 것으로 보인다.

[알고 갑시다]

西方 金의 진리

하루해가 다하면 땅으로 거두어 드린다. 해를 거두는 방위는 서방이다. 해를 서방에서 거두어 드리는 것을 서방금운(西方金)운이라 한다. 한해의 농사를 거두어 드리는 것은 가을철이다. 가을에 만물을 거두어드리는 것을 秋金이라고 한다. 태양을 땅의 서쪽에서 거두는 서방금과 서방의 금이라는 서방금은 판이하듯이 만물을 가을에 거두어 드린다는 추금과 가을의 금이라는 추금은 전혀 다른 것이다. 금의 진리와 글자풀이 금은 아주 판이한 것이다. 금이라는 글자는 사람인(人)아래에 구슬옥(玉)이 자리하고 있다. 사람인은 삿갓으로 하늘을 가리는 형상이고 구슬옥은 오곡백과를 비롯한 만물이 구슬처럼 알차고 단단하게 성숙하고 익은 것을 상징한다. 가을에 곡식이 성숙하려면 엽록소를 통한 광합성(光合成)이 단절 되어야 한다. 가을에 광합성을 단절시키는 것을 서리(霜)라고 한다. 서리가 내리면 만물이 익어간다. 금은 서리를 상징한다. 서리의 빛깔은 하얀빛이다. 그래서 금의 빛이 황금이 아닌 백색인 것이다.

從旺格 : 從 좇을 종, 따라가다. 旺 왕성할 왕, 세 다. 格 바로잡을 격
眞從 : 眞 참 진, 생긴 그대로, 변하지 않은 모양.
庫地 : 庫 고집 고, 창고 고, 地 땅 지, 따지라고도 함, 땅 土
入墓: 入 들 입 , 들다 들어감. 墓 무덤 묘, 묘지, 무덤에 들어갔다.

第 8 題

水木의 상은 맑고 수려하나 卯木이 巳火를
보면 깨진다.

水는 강호(江湖)요 木은 임삼(林森)이다. 산림(山林)은 무성한데 한줄기 강(江)이 흐르고 숲속엔 아름다운 호소(湖沼-호수와 연못)가 있으니 나무는 더욱 울창하고 청산(靑山)을 이룬다. 숲이 욱어지면 물이 생기고 마르지 않으니 강호(江湖)는 산림(山林)을 기르고 산림(山林)은 강호(江湖)를 기름으로서 청산류수(靑山流水)를 이룬다. 만일 물이 마르면 산림 또한 시들고 나무가 죽으면 수원(水原)도 메마르니 서로 위태롭다. 水는 卯에서 사(死)하고 巳에서 절(絶)하니 卯巳를 만나면 水가 사절(死絶)하는 동시에 木또한 물고기처럼 사절(死絶)한다. 水는 死하면 흐름을 멈추고 절(絶)하면 증발되어 구름으로 변(變)한다. 구름은 다시 비로 변해서 水로 환원하니 이를 절처봉생(絶處逢生)이라고 한다. 江물은 언제나 흐르기를 원하고 또 흐르는데서 만이 江노릇을 할 수 있음으로 흐름이 멈추는 卯나 구름으로 승화(昇華)하는 巳에서는 아무것도 할 수 없고 기진맥진하는 동시에 원점으로 되돌아가는 신상이변(身上異變)이 발생한다. 다시 또 시작을 해야 하는 것이다.

江湖(물 강, 호수 호) 林森(수풀 림, 나무 빽빽할 삼) 山林(뫼산, 수풀 림)
湖沼(호수와 늪 소) 靑山流水(푸를 청, 뫼 산, 흐를 류, 물수) 昇華(오를 승, 빛날 화) 身上異變(몸 신, 위 상, 다를 이, 변할 변)
絶處逢生(끊어진 절, 곳 처, 만날 봉, 살 생)

[원문 풀이]

　물은 강이나 호수이고 나무는 수풀이고 빽빽한 나무로서 강이 흐르는 숲속을 우리는 청산유수라 말한다. 그런데 물이 마르면 숲 또한 생기를 잃고 시들며 나무가 죽으면 수원도 메마르니 두 가지 모두 다 공존공생 한다는 말이고 12운성으로 水는 卯에서 死하고 巳에 絶이니 묘사를 만나면 水가 死絶이 되고 아울러 木도 물고기처럼 사절하게 된다. 水는 死 하면 흐름을 멈추고 絶하면 증발 되어 구름으로 변하여 다시 비를 만들게 되는데 이를 절처봉생이라 한다. 절처봉생이란 끊어진 곳에서 새로 생을 만난다는 말이다.

乾命	壬寅	癸卯	甲子	甲子		
수	3	13	23	33	43	53	63
대운	甲辰	乙巳	丙午	丁未	戊申	己酉	庚戌

　위 건명팔자는 돈도 아내도 자식도 없는 팔자라고 잘라 말해야한다. 財官이 없다는 말로 스님 목사 잘 하면 교수정도로 살아가는 팔자로 사업하는 사람이라면 고생깨나 했겠다고 말했더니 대학교수라고 말 하더라고요. 처자식은 외국에 있고 홀로 한국에 나와 산다기에 이사람 이렇게 살지 않았다면 벌써 이혼했을 것이고, 조강지처와는 절대 살 수 없는 팔자라고 말해주었다.

　水木으로 상을 이룬 독특한 팔자로 卯월양인을 만나 보통사람은 아니다. 다행이 남방 火운에 목화통명(木火通明)되고 중년이후 서방金운에 명예를 얻으니 잘 살아갈 것이다.

-실전사주간명사례108제에서 발췌-

| 乾命 | 丁亥 | 壬子 | 甲子 | 甲子 |

 위사주도 水木 사주로 봐야합니다. 年干에 丁火가 있다 해도 꺼진 불이요, 丁壬合去로 보기 때문입니다. 이분은 교육자 사주지요, 편인성이 강하므로 제도권을 벗어난 학문으로 보아야 하기 때문에 역술 선생이 천직입니다. 이 사주는 財官이 전무하므로 장사꾼은 아니고 선생이지요, 비록 甲木 이라도 부목(浮木)되어 火土 운에 발복합니다. 왜, 火 土 운이 좋다고 하는 것인가요? 年干 丁화는 없는 불로 봐야 합니다. 丁壬 합도 보지만 왕한 水에 의한 제화(制火)로 보고 한수에 동목(寒水에凍木)이라서 나무가 꽁꽁 얼어 火로 조후하고 土에 뿌리내리고, 土는 왕수(旺水)를 막아줍니다. 土운 이라고 다 좋은 것은 아니고 戊土나 戌未 조토(燥土-마른 토)는 좋지만 己토나 丑토는 습토라 왕수를 감당 못하여 약간 불리합니다. 다행이도 41대운부터 남방 火운인 丁未, 丙午운이 와서 무난하게 살았을 것이지만 午운은 왕신충발(旺神沖發-왕한 신을 건드리면 발동 또는 대노하여 신변에 불리한 일 발생) 되어 세운이 나쁠 때에는 기복이 심하지요, 다만 역술관계 업을 하는 사람들은 운의 작용 덜 받기에 무난했을 것입니다. 61세 乙巳 대운부터는 하향 길을 걷게 되니 확장은 금물이고 이대로가 좋 그럽니다. 신변에 이사 이전 등 의 일이 발생하게 됩니다. 왜? 불리한 운이며 이사이전은 어떤 때문 인가지요? 乙목은 습목(濕木)이라 왕수를 감당 못하고 巳화는 지살이고 巳亥가 충 하여 변화로 보기에 한 말입니다.
 이 사람 역술선생 안 했다면 방랑생활에 떠돌이 인생이었을 것입니다. 그리고 대운이 만약 水金 운이었다면 아마도 신을 받아야 할 팔자이고요,   -실전사주108제에서 발췌-

第 9 題

木이나 火의 상은 풍성하고 빼어나지만
金을 보는 것은 가당치 않다.

춘목(春木)이 화성(火盛)하고 冬木이 화다(火多)하면 木火象의 진격(眞格)으로서 인품(人品)이 수려(秀麗)하고 재풍(財豊)하다. 춘목(春木)은 꽃이 피어야 춘기(春氣)가 그윽하고 나비가 찾아들며 열매가 푸짐하듯이 동목(冬木)은 불꽃이 만발해야만 천하의 인재(人材)가 모여들고 성시(成市)한다. 火는 春木의 꽃이요 冬木의 불꽃이다. 春木은 무성하고 왕성하니 꽃이 만발할수록 아름답고 인기(人氣)가 있으며 시장(市場)을 이루고 푸짐한 결실(結實)을 얻는다. 천지(天地)가 꽃으로 화창하니 도처춘풍(到處春風)이요 관광(觀光)하는 귀빈(貴賓)이 구름처럼 몰려드는 金玉이 만당(滿堂)이다. 그와 같이 冬木이 모닥불을 피우면 화기(火氣)가 충천(沖天)하니 동서(東西)에서 장사꾼이 몰려들고 시장을 이룬다. 황무지가 명당으로 바뀌니 벼락부자요 벼락출세를 한다. 만일 金을 만나면 木을 찍어서 사목(死木)으로 만들고 불빛(火光)이 하늘을 찌르니(沖天)하니 순식간에 분목(焚木)이 되고 잿더미로 변(變)한다. 마치 생선처럼 싱싱한 나뭇가지에 도끼를 내리친 것과 똑같이 뜻밖의 재난과 망신을 당한다.

眞格(참 진, 격식 격) 人品(사람인 품성 품) 秀麗(빼어날 수, 고울 려)
財豊(재물 재. 풍성할 풍) 春氣(봄 춘, 기운 기) 人材(사람인 재목 재)
成市(이룰 성, 저자 시) 結實(맺을 결 열매 실) 到處春風(이를 도, 곳 처, 봄 춘, 바람 풍) 觀光(볼 관 빛 光) 貴賓(귀 할 귀, 손 빈)滿堂(찰만 집당)

[원문 풀이]

　봄에 태어난 木일간이 火가 무성하거나 겨울에 태어난 木일간이 火가 많으면 木火로 이루어진 진격으로 인품이 수려하고 재물 또한 풍성하다. 봄 나무는 꽃이 피어야 봄기운이 그윽하고 벌 나비가 찾아들며 열매를 맺게 되고 겨울나무는 火氣 만발해야 좋은사람들이 모여 겨자거리를 만들게 된다. 火는 春木엔 꽃이요, 冬木엔 불꽃이니 꽃이 만발하니 사람이 몰려들고 도천춘풍이라 가는 곳마다 훈기가 도니 귀한 손님이 몰려들고 겨울나무라도 火氣가 충천하니 인산인해로 사람이 모이며 못쓸 거친 땅이 명당 옥토로 변하니 벼락출세요, 부자가 되는데 만약 金을 만나면 木을 도끼로 찍어 죽은 나무로 만들고 불빛이 하늘을 찌르므로 木이 활활 타니 이를 일컬어 焚木 이라 하며 내 몸 불살아 살아가야 하는 팔자로 변한다. 그런가하면 뜻밖의 재앙을 만나게 된다.

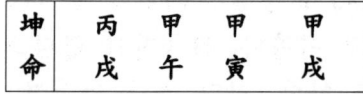

　이 사주는 午월의 甲목이 寅午戌 삼합火局을 이루고 있어 화기 태왕한 팔다. 午월목이 아니고 春 冬木이라면 만발할 사주였는데 아쉬운 命이다. 그래서 木火通明 사주라도 몇 월생이냐에 따라 다를 수 있다는 예의 사주이다. 본명은 조열한 명조로 청년기에는 木운으로 불난 집에 부채질 한 격이어서 대단히 불리했는데 부모덕으로 살아가는 팔자이다. 현재는 북방水운이어서 삶은 안정 된 상태지만 吉命으로 볼 수 없다.

第 10 題

水나 火의 상은 가장 묘하여 土를 보는 것은 불가하다.

夏水가 旺하거나 冬月火가 왕성(旺盛)하면 음양(陰陽)이 고르고 중화(中和)됨으로서 서로 의지하고 이름을 떨친다. 夏火는 더워서 뭇사람이 싫어하는데 물이 풍만하면 여름의 해수욕(海水浴)으로서 만인이 관광(觀光)하고 금옥(金玉)이 쏟아진다. 해수욕이나 물놀이는 더워야 하고 또 물이 흐뭇해야 한다. 冬水는 차가워서 모두가 외면하고 싫어한다. 그러나 불이 왕성하면 뜨거운 온천(溫泉)이나 욕탕(浴湯)으로 변(變)하니 동서에서 자객(資客)이 운집(雲集)하고 돈 꾸러미가 쏟아진다. 욕탕(浴湯)은 추위가 심할수록 아쉽고 뜨거울수록 값이 나간다. 여름의 물이 뜨거운 폭양(暴陽)을 값지게 만들 듯이 겨울의 불은 차가운 물을 값지게 만든다. 더위를 물로 식히고 추위를 불로 녹이니 水火가 서로 구제되고 유용화(有用化)한다. 이를 기제(旣濟)라 한다. 만일 水火가 상형(相刑)하고 중화(中和)되지 않으면 상황은 달라진다. 火多하면 성품이 조급하고 火多하면 화광(火光)이 크게 상(傷)하니 안질(眼疾)을 자주 앓는다. 火는 꺼지는 것을 가장 싫어하니 사(死)을 두려워하고 水는 넘치는 것을 싫어하니 목욕(沐浴)을 두려워한다. 火는 酉에서 사(死)하고 水는 酉에서 목욕(沐浴)하니 水火의 함정이요. 금단(禁斷)의 기지(忌地)다. 火는 사(死)하면 멸(滅)하고 水는 패(敗)하며 망(亡)하니 酉地에 이르면 온갖 고난을 겪고 몸부림치다가 끝내는 기진맥진하여 죽음에 이른다. 세운이나 대운에서 酉를 만나면 반드시 풍파가 일어나고 위험한 시련을 겪으며 중병 또는 죽음을 당한다.

[원문 풀이]

 위 원문의 이야기는 조후를 말한 것으로 여름 더위에는 물이 반드시 필요하고 겨울 추위에는 반드시 불이 필요하다는 것인데 다만 왕성하여 음양이 고르고 치우치지 않아야만 그 역할을 할 수 있다는 말이다. 그래서 水火는 극이 아니라 기제(旣濟)라는 말을 쓰게 된다.

乾命	癸丑	癸亥	壬寅	丙午			
수	3	13	23	33	43	53	63
대운	壬戌	辛酉	庚申	己未	戊午	丁巳	丙辰

 위 사주는 亥月壬水가 년 월주에는 癸丑을 놓아 물바다이고 시주에 丙午화를 놓고 일시지가 寅午合火局을 형성하니 水火가 득세(得勢)한 경우다. 더욱 기쁜 것은 일지 寅목이 통관지신으로 좋은 사주가 되었다. 위 사주를 고전에서는 다음과 같이 풀었다.

 본 명조는 亥월 壬수라 득령 하였고 견겁태왕(肩劫太旺)으로 신왕하며 재성까지 흥하니 부자의 명조이다. 다만 비견겁이 많으니 형제가 많은 것이요, 역마성이 강하니 이역만리 해외에서 살아본다 하였다.

(1) 財祿桃花 引妾致富(재록도화 인첩치부)

시지午화가 재록도화 되어 재취소실 덕으로 잘 살아간다.

 시주에 편정재가 왕성하니 재복 또한 좋은데 더 좋은 것은 재록도화 되어 첩의 덕으로 잘 살아가게 된다. 그러나 재취하고도 모자라 몸이 꽃밭에 있으니 이일을 어찌 할 고, 편재가 일지에 든든하게 자리 잡고 있으니(寅中丙火)소실 주권이 더 크다.

(2) 食神合財 丈母奉養(식신합재 장모봉양)
식신寅과 財午가 寅午로 합하여 장모님 모시고 살게 된다.
처가살이 할 팔자란 말이다. 옛날에는 처가살이 많이 했다고 한다. 처가살이하는 것도 장모 모시는 것도 팔자에 나온다. 장모가 식신인데 재성은 내 아내다 아내가 친정엄마 모시는 것이다.

(3) 偏正財合 妻妾化順(편정재합 처첩화순)
寅中丙화 午中丁화 편정재가 합을 하니 그 처첩이 和順하다.
처와 첩이 합을 하니 화목하다는 말이다. 옛날에는 처첩이 한 지붕 밑에 사는 경우가 많았다. 이런 팔자들은 가능하다.

坤命	乙	壬	壬	丁
	巳	午	寅	未

위 사주는 午월의 壬수가 지지 전국이 火局을 이루고 火氣 태왕한데 壬수는 의지 할 곳이 없다. 년간 壬수는 오화 墓지에 앉아 있으면서 乙목 상관에 설기 되어 비견 노릇을 못한다. 이 사주는 水火가 象을 이루고 있으면서도 균형을 이루지 못하고 있어 불행한 명으로 살아간다. 건강도 문제이고 재물도 육친도 불미한 命으로 살아가게 된다. 격국용신 파들은 종재로 볼 것이나 종도 파격이라서 기복이 심할 것이다. 다행이도 대운이 金水 운으로 흘러 그럭저럭 살아가지만 걱정과 염려를 놓을 수 없는 기구한 팔자이다.

위 두 사주들은 일주가 같은 壬寅이라도 水火가 균형을 잃은 사주와 균형이 잡힌 사주는 판이하게 다르다는 것을 확인 할 수 있었다.

第 11 題

水와 土로 이루어진 상은 火를 싫어한다.

土가 왕(旺)하고 水가 성(盛)하면 둑으로 강(江)을 막고 호수(湖水)를 이룬 것이니 하나의 집을 형성(形成)한 것과 같다. 거대(巨大)한 둑으로 江을 가로 막고 수백리(數百里)호수를 만들면 山水가 조화(調和)되어 한 폭의 그림처럼 아름다운 관광지(觀光地)가 된다. 동서에서 귀빈이 운집(貴賓이雲集)하고 돈주머니가 쏟아지니 경작(耕作)이나 수산(水産)에 비할 것이 아니다. 안정된 생활무대에서 귀인(貴人)과 사교(社交)하고 불로소득(不勞所得)으로 거부(巨富)가 되니 타고난 부명(富命)이 아닌가? 水가 旺하고 土가 성(盛)하는 부귀는 자손만대(子孫萬代)에 이르기까지 영구적(永久的)이다. 그러나 火를 만나면 水가 마르고 수화상쟁(水火相爭)이 발생하니 평지풍파(平地風波)일으킨다. 호수(湖)는 水가 주체이니 토중(土重)하고 수경(水輕)하면 호반(湖畔)은 넓은데 물이 적은 형국이니 볼품이 없다. 머리를 쓰고 동분서주(東奔西走)하니 슬기는 비범하나 성사(成事)가 어려우니 부실(不實)하고 공(功)이 없다. 반대로 수중토성(水重土盛)하면 호수(湖水)가 만산(滿山)이니 천하일품(天下一品)으로서 사해명진(四海名振)한다. 그러나 水가 지나치면 土가 무너지니 만사(萬事)가 뿌리 채 무너진다.

不勞所得(아니 불, 일할 노로, 바 소, 얻을 득): 일을 하지 않고 자리나 지위를 얻은 것을 말함.
東奔西走(동녘 동, 달릴 분, 서녘 서, 달릴 주): 동서로 바삐 움직이는 것.
水重土盛(무거울 중, 담을 성): 土와 水로 가득 찬 경우를 말함.
水火相爭(서로 상, 다툴 쟁): 水 극火로 강하게 극함을 말함.
平地風波(평편할 평, 땅 지, 바람 풍, 물결 파): 평지에 풍파가 일다.

[원문 풀이]

水가 많고 土 역시 많으면 둑을 막고 물을 저장한 호수로서 좋은 상인데 만약 火가 나타나면 물이 마르고 평지풍파를 당하게 된다. 그러나 土는 많은데 물이 적으면 호반은 넓은데 물이 적으니 볼품도 없으려니와 분주하고 바쁘기만 하지 실속이 없는 것이고 물이 많고 토 역시 많으면 천하일품의 호수로 사방에 이름을 떨치게 된다. 그렇지만 水가 너무 많으면 수다토붕(水多土崩)으로 모든 일이 허사로 돌아간다.

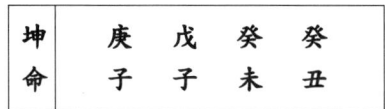

위 사주는 土金水 3신相生格이다. 배우자궁이 깨지고 원진 붙어 초혼은 실패하고 재혼해서 잘 살아간다. 관살 혼잡이고 土水가 重重하나 庚금이 통관지신으로 역할을 해 좋아진 팔자이다. 이 사주는 불인 火를 보면 깨지는 격으로 불리하다.

乾命	甲子	丙子	己丑	乙亥
수	5	15	25	35	45	55	65
대운	丁丑	戊寅	己卯	庚辰	辛巳	壬午	癸未

위 사주는 己丑토 일주가 천간에 목화로 관인 상생하여 약하지 않고 지지전국이 亥子丑 水方局을 이루니 "土가 왕(旺)하고 水가 성(盛)하면 둑으로 강(江)을 막고 호수(湖水)를 이룬 것이니 하나의 집을 형성(形成)한 것과 같다. -중간생략- 안정된 생활무대에서 귀인(貴人)과 사교(社交)하고 불로소득(不勞所得)으로 거부(巨富)가 되니 타고난 부명(富命)이 아

넌가? 水가 旺하고 土가 성(盛)하는 부귀는 자손만대(子孫萬代)에 이르기까지 영구적(永久的)이다. 에 해당 되는 사주이다. 본명은 미국유학중 재미동포 년상의 여자를 만나 식당을 경영하여 돈을 잘 벌고 있다고 한다. 45대운인 辛巳운 까지는 辛금이 상생(土生金金生水로) 되어 사화를 만나도 무난하겠지만 壬午대운 10년 운은 水火相爭으로 불리하게 된다. 혹 평지풍파가 일지 않을까 염려되는 경우이다.

[알고 갑시다]
北方 水의 진리

해가 지면 지평선 아래에 갈무리 된다. 해가 땅 밑으로 갈무리 되면 지상에는 어둠이 깔리고 캄캄한 밤이 된다. 밤이면 해가 북방에 위치한다. 해가 북방에 갈무리 되는 것을 북방 수(北方 水)라고 한다. 겨울이 오면 벌레들이 추위를 피해서 땅속으로 갈무리하고 동면(冬眠)을 한다. 이를 冬水라고하고 역술인 들은 북방 水를 북방의 물이라고 풀이하고 동수를 겨울 물이라고 말한다. 물은 동서남북 사방 어디서나 존재하듯이 춘하추동을 막론하고 늘 존재한다. 물에는 일정한 방위가 없듯이 일정한 계절도 없다. 그렇지만 태양이 갈무리 되는 방위는 언제나 북방이듯이 만물이 갈무리 되는 계절 또한 언제나 겨울이다. 태양이 북방에 갈무리 된다는 북방 수와 북방의 물이라는 북방 수는 전혀 딴 판이듯이 겨울에 만물이 갈무리 되는 冬水와 겨울의 물이라는 冬水는 하늘과 땅차이다. 과연 어느 것이 진짜요, 어느 것이 가짜이겠는가?
지평선 위에 나타난 木과 火는 양에 속하고 지평선 아래 모습을 거두고 갈무리하는 金과 水는 음에 속한다. 같은 양이지만 木은 어린양으로서 少陽에 속하고 火는 壯陽에 속한다. 같은 음이지만 金은 少陰에 속하고 水는 壯陰에 속한다.

第 12 題

火와 土로 이루어진 상은 水를 싫어한다.

火가 성(盛)하고 토가 왕(旺)하면 질그릇을 굽는 도요와 같다. 질그릇을 굽는 솥을 제대로 갖춘 火土之象은 하나의 완성(完成)된 집으로서 언제나 불길이 旺하고 충천(沖天)해야 한다. 무서운 열과 초토화(焦土化)된 火土의 집은 도업이 본업(本業)이니 水는 금물이다. 도요는 火熱이 生命이니 火가 허(虛)하고 토중(土重)하면 질그릇이 만들어 질 수 없듯이 한 가지도 성사(成事)될 수가 없다. 더욱이 壬癸水가 時上에 나타나서 火를 沖하고 土를 윤(潤)하면 火는 꺼지고 질그릇 솥은 무너진다. 도공이 솥을 잃고 불이 꺼졌으니 무엇을 하겠는가. 평생 재능(才能)을 발휘하지 못하고 허송세월(虛送歲月)해야 하고 무엇을 해도 막히고 실패하니 가난과 고난을 벗어날 수 없고 동분서주하나 일터를 잡을 수가 없다.

[원문 풀이]
火와 土로만 이루어진 사주는 도요가 본업인 사주로 水를 보는 것을 꺼린다는 말이다. 그러므로 壬癸수가 천간에 나타난 경우는 재능도 발휘 못하고 허송세월로 고난을 겪게 된다는 말이다.

衝天(충천) : 찌를 충 하늘 천 -하늘을 찌를 듯함
潤(윤) : 젖을 윤, 젓게 하다, 윤택하게 하다.

| 乾命 | 壬午 | 丙午 | 戊戌 | 戊午 |

 위 사주는 午火 양인을 3개나 놓아 강한 팔자로 법관으로 봉직했다는데 사주보다 운이 좋았다. 火盛土旺에 설기운인 金운으로 운행되고 말년 운이 북방수가 조후해서 행복했다.

| 乾命 | 己巳 | 己巳 | 己巳 | 己巳 |

 위 사주는 격국으로 보면 종강격이다. 火土 종격에서는 火土가 용신이다. 만약 水운이오면 만고풍상을 다 겪는다. 이 사주는 1989년 4월 5일 巳시생의 사주인데 고전에도 기록되었던 사주라서 학습차원에서 숙지하고자 다시 올려 본다. "戊辰 丁卯 丙寅은 丙丁戊가 천간에 뜨고 동방 木方 운이라서 욱일승천지세로 대발하였으나 36세운인 乙丑 甲子 癸亥 대운인 북방水운에는 천신만고를 겪을뿐더러 백재천화(百災千禍)가 속출하여 만신창이가 되고 기지사경(幾至死)이 분명하다" 라고 고전에 기록 되었다.
 일반적으로 외격중의 종강격은 귀격(外格中의 從强格은 貴格)에 속하고 격이 완전하면 대귀대부(大貴大富)를 이루며 설사 행운이 불우(不遇-때를 만나지 못했어도)해도 무적함대(無敵艦隊)가 풍파를 파헤치듯 극복해 나갈 수 있는 것이니 당사자는 인물이 출중하고 대귀를 얻어 명진사해(名振四海)할 것이 틀림없다. 그러나 실질적 인물은 丙丁戊운에 대발(大發)은커녕 의식조차 여의치 못했고 乙丑 대운부터 생기를 얻어 분발하고 있으나 로다공소(勞多功少-노력은 많아도 공은적다)로 빛을 올바로 보지 못하고 있으니 어찌된 까닭일까? 사주는 본시 음

양오행의 건물로서 음양의 조화요, 격국의 꽃이 아니다. 음은 물질이고 양은 정신이니 음이 허하면 물질이 약하고 양이 허하면 정신이부족하다. 이 사주는 여름태생의 옥토로서 전야는 만경(田野는萬頃-들판의 밭이 많이 기울었다)이다. 불덩이 속에 일점의 水도 없으니 타는 듯한 토초가 대한(焦土가 大旱-불에 그을린 땅에 큰 가뭄)으로 불타는 땅에 씨를 뿌린들 싹이 틀리 없고 목이 타는 주인공이 편할 날 없다.

양이 태왕하니 정신은 총명하나 재물이 없고 농사를 지으려고 발버둥 치나 매사불성(每事不成)이다. 몇 번이고 실패를 거듭하다보니 기진맥진하여 비상한 수단을 강구하나 신통치가 않다. 거짓말을 밥 먹듯 하여 겨우 돈을 빌리지만 군비가 쟁재(群比가 爭財-무리지은비견이 재물을 보고 다툰다) 하니 성재(成財-재물을 모아)할 수가 없다. 처재(妻財)가 극심한 타격을 받으니 온전할 수가 없고 처궁(妻宮)이 산란하다.

丙寅대운에 조토(燥土-마른땅)에 태양이 찌니 몸 둘 바를 모를 만큼 좌불안석(坐不安席-앉은자리가 불안함)이었고 乙丑대운부터는 기름진 丑토가 조갈(燥渴-마르고목마름)을 누르고 유토(油土-기름진 땅)한편 乙목이 기신인 군비(忌神인 群比)를 누르고 일간을 보살피니 생기가 나고 재능을 발휘 할 수가 있다. 그러나 원채 오랜 가뭄에 타버린 황무지인지라 하루아침에 경작할 수가 없다. 마치 개척민처럼 천신만고(開拓民처럼 千辛萬苦) 끝에 점차적으로 경작해야한다.

甲子운에 왕수를 만나서 조갈은 완전히 가시고 潤土가 되어 호기를 만났으나 甲목이 4己토투합(妬合) 되어 올바른 작용을 할 수가 없다. 단지 군비를 유혹하여 방심하고 일간을 개방 시키나 투합의 여파로 매사가 호사다마격(好事多魔格)으로 좋을듯한데 마가 끼고 안 풀린다. 癸亥 壬戌 대운은 마른땅에 단비가 내리고 강물이 흐르는 절호의 찬스를 만나지만 군비쟁재(群比爭財)로 재물과 여자로 인하여 파란만장과 구사일생의 역경을 거듭하고 파산 파가하니 수신(波瀾萬丈과 九死一生의 逆境을 거듭하고 破産 破家하니 修身)하여 욕심을 부리지 말고 재물과 여자를 삼가면 도리어 전화위복으로 잘 살 수 있다. 천성이 유아독존하고 아집이 강하여 관용과 타협심이 없으니 더욱 조심해야 한다. <만리 신사주 강의록 대학편 제3제에서 발췌>

[알고 갑시다]
운기(運氣)란 무엇인가?
<1>

 인간을 비롯한 모든 생명체와 만물은 음과 양에 의해서 창조되고 탄생한다. 음은 형체인 육신을 형성하고 양은 무형의 정신을 형성한다. 육신은 정신에 의해 행동하듯이 정신은 육신에 의해 존재한다. 육신 없는 정신이 있을 수 없듯이 정신없는 육신은 있을 수 없다. 육신과 정신은 불가분의 하나이듯이 음양 또한 불가분의 하나이다. 음양이 합하면 생명이 발생하고 형체가 나타나며 개체가 형성 된다. 생명이 있는 곳은 반드시 음양이 있고 형체와 개체가 있다. 생명이 없는 곳엔 음양이 있을 수 없듯이 음양이 없는 곳엔 생명도 있을 수 없다. 우주와 삼라만상은 음양에 의해 창조되고 오행에 의해 발생하고 성장하며 화합하고 거두며 갈무리된다. 우주와 공간에는 음양과 오행이 쉴 새 없이 운동하고 작용한다. 그 음양과 오행이 우주공간을 운행하고 있는 기운을 운기라고 한다. 그 운기의 구체적인 작용에 대하여는 56쪽에 다시 자세히 설명하겠다.

第 13 題

火가 土를 많이 보면 어두워지고 土가 火를 많이 보면 허하다.

火는 열광(熱光)이요 土는 땅덩이다. 땅덩이는 열광(熱光)을 먹고사는 火의 화신(火身)으로서 모든 열광(熱光)을 흡수 섭장(吸收攝藏)하니 화기(火氣)는 스스로 소화되고 열광(熱光)은 흐려진다. 木을 보면 다시 생기하고 생열 하지만 木이 없으면 모든 빛과 열기(熱氣)를 土에 빼앗김으로서 마침내 불이 꺼지고 빛을 잃는다. 어둠을 더듬는 장님처럼 불안하고 초조하며 의심이 많고 속단하며 어리석고 고집이 강하며 만사에 그릇된 오판과 편견을 가짐으로서 실패한다. 흙은 불과 물로서 생활한다. 물이 없으면 무너지고 흩어지며 불이 없으면 생기를 잃고 굳어 버린다. 그러나 지나치면 병이 되듯이 물이 많으면 불을 끄고 흙을 씻어 파헤치니 허하고 반대로 火가 지나치면 水기가 고갈되고 건조함으로서 피(皮)가 없는 나무껍질처럼 허약하다. 火가 없으면 기(氣)가 새(塞-사이 뜰 새)하니 숨통이 막히고 水가 없으면 혈(血)이 체(滯-막힐 체)하니 사지가 굳어버린다. 기(氣)와 혈(血)은 남아도 탈이요 부족해도 탈이니 정량을 보전하는데서만이 정상적이다.

[원문 풀이]

火는 열이고 土는 땅의 흙이다. 그런데 묘하게도 火는 많은 土를 보면 열기가 식어버린다. 木이라도 곁에 있으면 기름단지가 되지만 그렇지 못하면 화기는 스스로 소화되니 어둡고 불안 초조하므로 인생사에서는 오판 속단 우매 의 연속으로 이어지게 된다. 그러나 물이 없는 흙은 쓸모없는 흙이다.

 아래 사례의 명조는 丁화 일간이 木은 없고 4土에 2火 1金 1水로 구성 된 사주이다. 사주에는 병과 약이 있는데 많은 오행이 병이다 그렇다면 土가 병(病)이 된다. 병이 사주에 있을 때는 반드시 약이 있어야 좋은 사주인데 본 명조는 약신(藥神)인 木이 원국에 없는 것이 흠이다.

乾命	丙戌	己亥	丁未	庚戌			
수	3	13	23	33	43	53	63
대운	庚子	辛丑	壬寅	癸卯	甲辰	乙巳	丙午

 그래도 대 세운에서 약인 木을 만나면 좋고 丁未일주는 未 위에 앉은 丁화라도 허약하지는 않다. 未中丁火가 암장 되어 있고 연간 병화의 부조(年干丙火의 扶助)와 월지 해중 갑목(月支 亥中 甲木)이 암장 되어 있어서이다. 그러나 연시지의 술토 상관(年時支의 戌土 傷官)과 월간 기토와 일지미토(月干己土와 日支未土)까지 합세하여 설기시키니 회기무광(晦氣無光)이다. 회기무광이란 그믐밤같이 캄캄하다는 말로 丁화의 힘이 빠진다는 말이다. 그래서 木火를 보면 생기생열(生氣生熱)하지만 土金水를 보면 불이 꺼지는 형상으로 이런 때는 어떤 결과가 오느냐 하면 판단이 흐려지고 속단하며 어리석고 고집이 강하며 만사에 그릇된 오판과 편견을 가짐으로서 실패할 확률이 높다. 본 명조의 주인공이 살아온 과거를 보면 북방수운중 庚子운은 건강문제가 발생했고 辛丑운도 불리해서 학업을 중단한 사건과 몸에 큰 흉터를 남길 정도의 사고발생 자주 있었고 壬寅대운은 발복하는 기운이 역력하더니 癸卯 대운에 망하고 甲辰대운에 발복하였으나 辰대운에 지키지 못하였고 乙巳대운은 무해무덕 하더니 丙午 대운에 안정 된 상태였으나 크게 발복하지 못한 것을 보면 명조자체가 허하면 좋은 대운을 만나도 대발하지 못한다는 것을 보여준 사례였다.

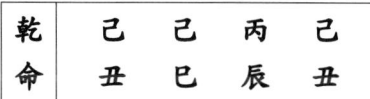

위 명조는 火土一色으로 구성된 命으로 종격으로 볼 수 있겠으나 일간이 양간이고 巳월 생이라 從은 불가라 하겠다. 다만 가종(假從)으로 길명은 못된다. 좋은 진종(眞從)이라야 좋은 명조가 된다. 본명은 상관성이 강해 잔머리 굴리며 살아갈 것이고 土가 병인 사주로 木火에 발복한다.

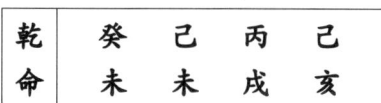

위 사주는 土가 병이고 木이 약 신인 命으로 未월이라 조열한 땅에 癸亥가 있어 조후하니 다행이긴 한데 기름단지인 亥中甲木을 용신해야 한다. 무재(無財)사주에 배우자 궁도 깨져 37세 乙卯대운에 결혼했고 甲寅대운도 약신 운이라 무난하게 잘 살고 있다. 이런 사주는 운이 불길하면 삶 자체가 어렵게 살아가게 된다. 상관성이 강한 사람들은 초년 아니면 말년이라도 한 때 고생하게 된다는데 本命은 초년 남방 火운에 조열하여 고통을 겪었다고 한다. 회기무광(晦氣無光)으로 좋은 命은 못 된다.

晦氣無光 : 晦 그믐 회, 그믐밤 같이 캄캄하다, 氣 기운 기, 無 없을 무, 光 빛 광. 그믐밤같이 캄캄한 기운으로 빛이 흐려진다. 는 의미로 火가 土를 많이 보면 빛이 가리어 빛을 볼 수 없다는 말

第 14 題

土가 가볍고 火가 무거우면 土는 마른 땅이다.

土는 적은데 火가 태과하면 土中 水氣를 모두 징발시킴으로서 건조한 조토(燥土)로 변질한다. 戊戌年 丁巳月 戊戌日 丁巳時生이나 己卯日 丙寅時生등은 그 좋은 예다. 땅에 물기가 없으니 쟁기로 갈기가 어려울뿐더러 씨를 뿌려도 싹이 트지 않으니 만사가 헛수고다. 하면 실패하고 시간과 정력과 돈을 낭비하니 가난이 휩쓸고 성급하게 서두르나 결과가 없으니 기진맥진 하여 허탈상태다.

[원문 풀이]
 토경화중(土輕火重)이란 火가 강한 土이므로 조토(燥土)란 말이다. 마른 흙은 쓸모없는 땅이다. 그러므로 매사가 허망하고 실패의 연속이란 말인데 이때에는 水木이 나타나야 한다.

이 사주를 명리강론에서는 巳丑金局을 형성하고 庚辛이천간에 나타나니 천지금만국(天地金滿局)으로 변강위약(變强爲弱)하여 火를 쓴다하였다 하였는데 巳月巳日午時로 方局을 형성 하여 巳丑은 불가하고 인성이 과다하면 식상이 내편이라 하였으니 金이 水를 생하였고 대운이 戊寅운을 만나니 官이 힘을 받아 도백까지 하게 되고 子운에 타계함은 午화 왕신을 충발이 원인이 된다. <金水가 용신이라도 왕신 충은 대기하다>

| 坤命 | 己未 | 庚午 | 己巳 | 甲子 |

이 사주도 몇 가지 특성을 가지고 있습니다. 화토중탁(火土重濁)이라고 볼 수 있으며 년 월 일지에 巳午未 火局을 형성해서 매우 조열한 사주로 구성 되었습니다. 오행전구라도 甲목은 묶이고 子수는 심약하니 財官이 불미하며 火土가 重濁편고 된 사주로서 30대중반 미혼여성인데 아토피성피부염으로 많은 스트레스를 받고 살아간다. 이와 같이 균형을 잃으면 만사불성이고 병고에 시달리기도 한다.

[문] 왜 아토피성 피부염이 있는 팔자일까요?

[답] 사주가 편고된 것이 큰 원인이고요, 午월의 己토가 년일지에 未巳 火土를 놓아서 조열한 己土로 土는 피부로 보아 피부병 조심해야 하는 팔자입니다.

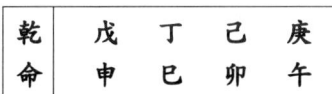

이 사주는 2土 3火라서 강한 사주라도 己토의 뿌리가 허한 상황이라서 巳화는 巳申合刑으로 묶여있고 卯목은 칠살이고 庚申금은 상관으로 剋泄하여 戊午 印劫에 의지 하여 살아간다. 그러므로 戊午 己未운은 유망한 청년으로 살았지만 庚申운을 만나면서 상관운성이 강하여 허한 己토는 맥을 못 춘다 庚辰년 戊寅월 庚辰일에 사망하게 된다. 그 원인을 살펴보자면 庚금이 다시 두 개가 뜨면서 寅목은 寅巳申 삼형살을 형성하니 어찌 살아남을 수가 있겠는가? 여기서 중요한 것은 상관성이 사주원국에 두 개가 있고 庚申대운과 庚년 庚시까지 庚申 6개가 겹치고 戊寅월은 寅巳申 형을 하므로 戊辰토가 도우려하나 이미 기진맥진 된 己토로다.

第 15 題
金水가 많으면 맑은 사주다

金이 旺하고 수성(水盛)하며 土가 없으면 바위에서 솟구쳐 나오는 玉水로서 맑고 힘차며 생생불식(生生不熄)이다. 체혈(體血)이 맑으면(淸) 건강하고 氣 또한 건전하니 뜻이 크고 행동이 바르며 총명함이 과인(過人)이나 모두가 순음(純陰)인 지라 몸이 냉하듯이 성품도 차갑고 물질 면에 치우치는 경향이 있다.

[원문 풀이]
金水로 구성 되고 土의 制水가 없다면 맑은 물로 총명하나 순음이라 성품자체가 차갑고 물질에 집착한다는 말이다. 그러나 맑은 물에 고기 못산다는 말이 있듯이 너무 淸하면 불리하다 金水가 강한 물이라면 土로 制水함 보다는 木으로 설기시킴이 더 좋다 하였다.

坤命	辛酉	庚寅	癸酉	辛酉			
수	3	13	23	33	43	53	63
대운	辛卯	壬辰	癸巳	甲午	乙未	丙申	丁酉

위 사주는 금수로 상을 이룬 형태다. 金水태왕이면 수로(水路)인 甲寅木이 반드시 필요한 팔자인데 월에 寅木을 놓아 寅목이 통관지신 됩니다. 본명의 주인공은 가정주부인데 일을 해 보겠다고 하는 군요, 丁酉년은 인성 운이니 새로 운일 시작 하게 될 거라고 말해주었는데 묘하게도 남편의 사주가 木이 많은 乙卯 乙酉 甲子 甲子로 5木에 1金 2水입니다.

乾命	己	癸	癸	癸
	亥	酉	卯	亥

위 사주는 비록 土가 있어도 체와 혈이 맑아(土金水木으로 상생 됨) 좋은 사주이다. 土가 관살로 관인상생(官印相生)하여 공인이 되었다.

乾命	乙	甲	壬	壬
	酉	申	申	寅
수	8	18	28	38	48	58	68
대운	癸未	壬午	辛巳	庚辰	己卯	戊寅	丁丑

위 사주는 金旺 水盛하여 玉水인데더 기쁜 것은 生生不息으로 木盛하여 설기가 잘 된다는 것이다. 이 命의 주인공은 대기업(식용유)사주 회장을 2대에 모시고 오랫동안 사장으로 일한 전문경영인이다. 다만 火土가 없는 명조라서 운이 나쁠 때는 건강이 문제가 될 수 있는 팔자여서 중풍으로 약간 수족이 불편하다. 본인 말로 30대 巳대운과 50대 寅대운에 고생하였다고 한다. 巳운은 寅巳申 삼형이고 寅대운은 寅申沖 去로 설기신인 木이 상하여 범람으로 발생한 사고로 보면 된다.

본인 말에 의하면 30대 후반에 가장 힘든 시기였고 50대 후반도 매우 안 좋았다는 것으로 보아 巳대운과 寅대운은 寅巳申 삼형이 걸린 이유 일지데 인목용신이 삼형이 걸리면 용신역할 저하에서 오는 현상으로 받아드려야 한다.

第 16 題

土金이 많으면 두터운 땅이다.

土는 만금을 生하니 의식주가 풍부하다. 살이 쪄고 마음도 너그러우며 인심도 후하다. 닭이 알을 낳는 격이니 만사가 순탄하고 안정되며 태평하다. 그러나 金이 중(重-무거울 중)하고 土가 경(輕-가벼울 경)하면 설기가 심하여 좌불안석이니 불안하고 초조하며 인색하고 박복하다. 土가 후(厚)하고 金이 중(重)해야 비로소 태산에서 金玉이 쏟아지듯이 한평생 여유 있는 인생을 즐길 수 있다.

[원문 풀이]
土金이 많은 경우 의식주도 풍부하고 너그럽고 넉넉하며 안정과 태평으로 매사 불안 초조 매사인색하고 복도 엷다. 土도 많고 金도 많아야만 여유도 있고 살도 순탄하다.

| 坤命 | 辛酉 | 戊戌 | 己未 | 甲戌 |

위 사주는 일산 딸부자 집 셋째 딸의 명조로 직업은 의사이다. 처음 이 사주를 접하고 첫마디가 의사나 간호사로 의료를 담당하면 좋겠는데 라는 말에 엄마가 의사예요, 라고 하여 더 볼 것 없다고 했던 기억이 난다. 甲己合土化로 土金 사주로 土중하고 金역시 희신에 유력하니 후덕하고 삶이 순조롭다. 이와 같이 토가 중할 때는 반드시 金이 있어 설기되어야 만 순한 것이지 土重엔 木이 약 신이라지만 거역할 수 있으므로 극보다는 설기하는 신을 우선으로 보는 것이다. 본명은 현침살에 형살 있어서 의료로 보는 것이다.

| 坤命 | 乙未 | 丙戌 | 辛未 | 戊戌 |

위 사주는 土多金埋(土多金埋)의 경우인데 乙목이 소토(疎土)하고 丙화가 잡아주어(丙辛合)무난할 것 같으나 문제가 많은 사주다. 대운이 중년까지는 약신인 동방木운이 와서 잘 살았으나 남방火운은 관살이 기신으로 남편 덕 없고 말년에 병고에 시달린다. 丙申 丁酉 戊戌년을 잘 넘겨야 한다.

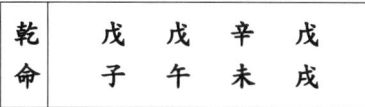

午월에 5土를 만난 辛금이니 조토에 매금(燥土에 埋金)되어 있고 子水가 年支에 있다 해도 무력(無力)하여(戌토에 극 당하고 午화에 沖去 됨)없는 것과 같고 병은 중한데 약이 없으니 (土는 病 약은 木)무용지금(無用之金-쓸모없는 금)이로다. 그렇다면 인간사에서는 사람구실이 잘 안되고 인체로는 비위가 문제된다고 봐야한다. 이사람 독신으로 처자식 멀리하고 살아가는데 위장에 병까지 있고 남에게 신세만 지고 살아가는 사람이다. 근본은 착하나 선의의 피해를 주게 되고 무재사주이니 돈과 여자는 인연이 적고 고독하게 살아가는 팔자인데 현재 땡중으로 산사람 노릇하며 근근이 살아가고 있다. <청 암>

위 두 사주는 비슷해 보이지만 전혀 다른 사주이다. 乙未생은 乙목 약 신이 있어 疎土하므로 후덕하고 안정 되나 戊子생은 土重 金輕하므로 완전 埋金으로 매사부진하다.

第 17 題

火와 金이 많으면 강해진다.

　金은 본시 강한 것인데 火를 만나면 연금(鍊金)이 됨으로서 그릇이 되고 더욱 강해진다. 자기 의지를 굽히지 않고 끝까지 관철하며 올바른 일과 의리를 위해선 무엇이든 아낌없이 과감하게 행동한다. 공업과 예술 그리고 사정(司正)과 기강 직능에 적합하며 큰 공을 세운다. 만일 화다금소(火多金少)하거나 금중화경(金重火輕)하면 만사가 유명무실하니 인색하고 야비하다.

[원문 풀이]
　金은 강함이 근본이므로 불에 제련 된다면 더욱 강해지는 것이고 金의 기본 성정이 과감성이니 과감한 행동으로 보는 것이다. 사정 직능에 적합하며 火와 金은 균형을 이루어야지 火가 많고 金이 적거나 金이 많고 火가 적은 경우라면 매사 유명무실로 실속이 적다.

乾命	庚辰	辛巳	庚午	庚辰

　위 사주는 金도 많고 火도 약하지 않으며 더욱 기쁜 것은 土가 두개나 있어 통기시켜 좋은 사주가 될 것 같지만 신허(身虛)하다 그 이유는 金이 천간에만 나타나 무력한 庚금이다 다만 편관 칠살 火을 써야할 팔자라서 경찰관이 된 것이다. 甲申 乙酉 金대운은 뿌리내려 잘 버텼으나 丙戌 대운들어서면서 불안하더니 戊辰년부터 아내가 사업을 시작하고 바람도피고 부도도 내어 庚午년 퇴직하고 甲戌년에 이혼 했다. 이는 통관지신 土가 沖去되어 발생 한 일 들이다.

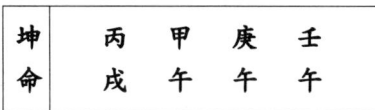

　　위 女命은 火多金少에 해당하는 명조로서 파란 만장한 팔자로 보아야 한다. 오행전구(五行全具)라도 화기충천(火氣衝天)하여 金도 水도 맥을 못 춘다, 戌토는 午화와 연합한 형상이고 도화가 합을 한 경우는 일부종사 어렵고 관살이 기신이니 남자의 덕이 적고 힘겹게 살아가는 팔자이다.

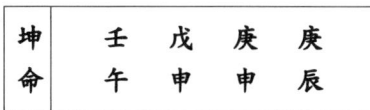

　　위 女命은 申월의 庚금이다. 金이 많아도 혼잡이아니라 좋다. 인성이 생하고 다시 임수가 설기하니 막히는 삶은 아니지만 여자로서의 팔자로는 드센 편이다. 甲辰대운에 부군이 지역구 국회의원이 되더니 癸卯대운 戊寅년에 남편이 심장마비로 급사했다. 남편의 별인 午화가 壬水蓋頭로 약하고 戊寅년은 寅申 상충 寅午 합으로 배우자 宮과 星이 수난을 겪는 해이었다.

　　위 남명은 조열한 2火 5土에 埋金 된 명이다. 지지 未토는 火로보아야 한다. 이사주의 주인공은 태어날 때부터 장애를 가지고 세상에 태어났다. 土가 많으니 소화기능이 약하고 편인이 과다하여 장애인이 된 命인데 서지도 앉지도 못하는 신체불구에 목숨만 부지하고 있단다. 선천적인 장애인이지만 대운이 水 木운으로 흘러 살아가는 것이다.

坤命	戊午	戊午	庚午	乙酉

수	10	20	30	40	50	60	70
대운	丁巳	丙辰	乙卯	甲寅	癸丑	壬子	己亥

　위 사주는 火金이 균형을 이루고 있으면서 金이 약간 약한 듯하지만 兩戊토의 生을 받고 乙庚합 金으로 火金이 막상 막하로 균형도 이루고 土가 통기시키는 통관지신으로 좋은 역할을 한다. 대운역시 동방 木운과 북방 水운으로 흘러 제련된 연장으로 金을 관리할 수 있어 부와 귀를 함께 누릴 수 있다. 이 여명은 甲寅대운에 크게 발복하여 財를 취할 것이고 북방수운에는 안정과 평화로 잘 살아갈 것이다.

[알고 갑시다]
　　　　　　운기(運氣)란 무엇인가
　　　　　　　　　　<2>
　인간을 비롯한 모든 생물들은 운기에 의해서 창조되고 탄생하며 운동하고 변화 한다. 운기는 음양오행의 성분(왕쇠강약)에 따라서 절기를 형성하고 만상을 창조한다. 양이 발생하면 따스한 봄의 절기가 나타나고 양이 왕성하면 뜨거운 여름의 절기가 나타나듯이 음이 발생하면 선선한 가을 절기가 나타나고 음이 왕성하면 차가운 겨울철이 나타나듯이 봄의 운기가 나타나면 만물이 발생하고 여름의 기운이 나타나면 만물이 성장하며 가을의 기운이 나타나면 만물이 거두어지고 겨울의 운기가 나타나면 만물이 갈무리 된다. 우주 삼라만상은 운기에 의해서 나타나는 운기의 조화요 현상이다.

第 18 題

金과 木이 많으면 바른 사주다.

　木은 곡직(曲直)이 자재(自在)하다. 강자가 앞을 막으면 굽고 약자에 대해선 지나치게 강한척하고 직선으로 전진한다. 강자에겐 비굴하고 약자에겐 거만한 것이 木의 본성이다. 그러나 金을 만나면 자기 뜻이 통하지 않는다. 金이 하라는 대로 순종할 수밖에 없다. 金은 강하고 바른 것이 천성이다. 그 金으로부터 엄격한 교육을 받은 木은 金과 똑같이 의리에 강하고 바른 행동을 한다. 그러나 금다목소(金多木少)하거나 목중금경(木重金輕)하면 바르지 못하다.

[원문 풀이]

　木은 착하고 金은 강직한 것이니 둘이 만나면 정직하고 착하다. 그러나 金은 많은데 木이 적다든지 木은 많은데 金이 적으면 상황은 18도로 다르게 작용한다.

乾命	癸酉	庚申	甲寅	癸酉

　위 사주는 수목이 4개에 금이 4개로 비중을 이룬 사주인데 木金상전인데 癸수가 통기시켜 官印相生의 命이다. 편관을 써야하니 경찰관에 몸담았다가 중도에 퇴직하고 부동산 중개업으로 부를 축적하기도 했다. 대운도 남방화운에서 북수운으로운행 되어 좋았는데 癸丑대운 丙子년 戊子월에 심장마비로 세상을 떴다. 원국에 화가 약해 심장에 문제가 있을 것인데 子丑水를 만나면서 申子水局을 형성 火가 더 약해졌을 것이다.

　위 사주는 木2 金2로 균형을 이룬 것 같지만 천간에 3丙火가 떠서 申金이 약해진 경우이다. 월지 칠살을 놓은 자는 성격이 까칠하다. 본 甲목은 불살라야 하는 나무이므로 내 몸 헌신하면서 살아야 하고 거친 일 하면서 살게 된다. 남편을 사별하고 포장이사 짐 센터에서 일한다.

| 坤命 | 癸卯 | 乙卯 | 辛酉 | 庚寅 |

　위 사주는 木旺節인 卯월생의 辛酉일주라서 시간에 庚금이 나타났어도 지지3木과 월간乙목이나타났어도 木多金缺의 구도다. 천지가 충 되고 비겁도 많고 재성도 강하나 無官사주여서 독신으로 살아가면서 木성이 강한 관계로 피아노 레슨하며 살아간단다.

第 19 題

火土가 많으면 독(죽이다)한 사주다.

火가 치열한데 土가 적으면 土의 혈기인 수분이 고갈하고 초토(焦土-그을린 땅)로 변한다. 초토(焦土)는 돌처럼 굳고 단단하며 생산능력이 없다. 뜨거운 열화(烈火)에 달달 복기고 의식주가 메마르니 신경이 날카롭고 악독한 마음이 도사려진다. 만의 하나도 되는 것이 없고 한시도 마음이 편할 날이 없이 동서에서 쫓기고 고통 받으며 경제적 타격이 가혹하니 흙덩이가 쇠 덩이로 변질했듯이 냉혹한 성격을 간직한다.

[원문 풀이]

火는 土를 생한다하지만 火가 많으면 조토(燥土) 또는 초토(焦土)하여 土로서의 역할이 전무하게 된다. 그러므로 인간사에서는 달달 복기고 신경이 예민해지고 일신이 편안할 날이 없다. 그런가하면 초토화의 현상으로 냉혹하기도 하다.

坤命	戊	戊	己	己
	寅	午	丑	巳

위 사주는 5土 3火로 보아야 한다(寅木은 寅午火局)午월 己土 라서 조후도 미흡하고 편고 되어 탁격(濁格)에 해당 된다. 官星이 도화와 합한 자 남편이 바람피우는 사주로 보아야 한다. 이 여인 은 26세에 결혼하여 두 아들을 놓기는 했으나 남편의 바람기로 가정이 편할 날이 없다. 이런 명조는 자신에게도 문제가 많다. 견 겁 태왕하니 고집 세고 자기위주로 살아가며 焦土化의 현상으로 냉혹하기도 하고 배려는 찾아볼 수 없으니 남편이 아내만 바라보고 살 수 없다.

| 坤命 | 丙戌 | 庚寅 | 戊午 | 壬戌 |

위 사주는 오행전구는 하였으나 寅午戌 火局을 이루어 火기 태왕한 戊토가 되었다. 배우자궁과 자손궁이 불미스러워 고난이 많이 따르는 팔자이다. 불 먹은 땅에 나무가 살 수 없으니 3혼을 하고서도 다시 좋은 남자를 만날 수 없었고 초혼은 임신이 안 되어 쫓겨난 경우다. 火土가 중탁이면 水가 맥을 못 춤으로 자궁이 약하여 임신이 잘 안 되는 경우가 많다.

| 坤命 | 丙戌 | 甲午 | 戊寅 | 丁巳 |

위 사주는 午月戊土가 寅午戌 三合火국을 이루니 화기충천(火氣衝天)이다. 조열한 팔자지만 운인 관인상생으로 동방 木운으로 흘러 청년기에 무난하게 살 수 있었다. 이렇게 조열한 팔자는 북방수운을 기뻐하지만 수화상전으로 불미스러울 수도 있다 예를 들자면 戊子대운을 만날 경우 子午로 왕신충발 되어 큰 재앙을 만날 수도 있다. 분명 水가 좋지만 子수는 불리하게 된다.

위 두 사주 중에 특이한 점을 발견 할 수 있는데 戊午일주는 조열해도 水가 있고 戊寅일주는 水가 없다는 점이다. 그래서 이렇게 火기 태왕한 명조라면 차라리 어정쩡하게 있는 것 보다 없는 것이 오히려 유리하다. 戊午는 임신이 잘 안 되고 戊寅는 자녀를 셋이나 낳을 수 있었다. 戊午는 부종(不從)이고 戊寅은 종격(從格)이 성립 된 차이로 보면 된다.

第 20 題

木 火가 많으면 총명한 사주다.

木이 旺하고 火가 성(盛)하면 백화(百花)가 만발한 것이니 재능을 아낌없이 송두리째 발휘한다. 온갖 재능이 만발하고 극대화 하니 천재적인 비범한 슬기를 가지고 있다. 사리에 밝고 공정하며 처사가 공정하고 유능하니 어디서나 환영을 받고 출세가 빠르다. 그러나 목다화소(木多火少)하면 어리석고 늦게 발복하거나 평생 출세하기 어렵고 목다화소 하면 신경과민으로 머리는 비범하나 덕이 없고 인색하며 단명하다.

[원문 풀이]
목화통명(木火通明)인 사주를 일컬어 설명한 것이다. 그러나 균형을 이루지 못한 경우(木은 많은데 火가 적다)는 오히려 총명하기보다는 우매하고 너그럽지 못하고 인색하게 된다.

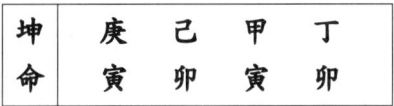

위 사주는 시간에 丁화가 나타나므로 木多火少의 형상이다. 차라리 丙寅 이었다면 丁卯보다 백배 좋은 사주가 된다. 이렇게 木이 많은데(木왕절이고 지지에 다 寅卯 木이라)丙화라면 설기가 잘 도는데 丁화로서는 역부족이다. 목다화식(木多火熄 -木이 많아 火가 꺼진다)으로 보아야 한다. 卯목 양인을 둘이나 놓아 드센 팔자로 보아야 한다. 목다금결(木多金缺-쇠로 나무를 자르는 것이 아니라 나무가 많아 쇠인 연장이 부러진다.)로 官星인 夫星이 약하다. 어쩌면 칼을 쓰는 사주다. 그러므로 요리사라도 해야 하고 재물 지키지 못하는 사주로 보아야 한다.

乾命	丙申	甲午	戊寅	甲寅		
수	4	14	24	34	44	54	64
대운	乙未	丙申	丁酉	戊戌	己亥	庚子	辛丑

사주팔자와 운세이야기

 위 사주는 여름철의 무토(戊)라는 벌판 같은 넓은 산이나 언덕의 土로 태어났습니다. 비록 木일 주는 아니더라도 火왕절의 戊토로 물인 水가 반드시 필요한 사주로 태어났고 木이 많아도 관인상생으로 좋고 왕성한 기운이 강하여 하고자 하는 일을 다 성취 할 수 있는 좋은 사주입니다. 초년부터 운이 반드시 필요한 金운과 물인 水운으로 흘러 공부도 잘하고 건강하게 자라서 청년기부터 30년간은 왕성한 활동을 하는 활동 운으로 소기의 목적을 달성하는 좋은 운이고 후반 30년간은 북방 水인 재물 운으로 안정과 편안함으로 성공적인 삶을 살아갈 것입니다. 木이 旺하고 火가 성(盛)하여 백화(百花)가 만발(滿發)한 형상으로 총명하다.

坤命	丙戌	甲午	甲寅	甲戌

 위 甲寅일주는 지지에 三合木局을 형성하고 있어 조열한 팔자로 일반적인 사람으로 정상적인 가정을 꾸리고 알콩달콩 살아가기는 힘든 命으로 정신세계(종교인 스님목사 보살) 또는 역술인 등 활인업(活人業)으로 살아갈 팔자이다. 목다금결(木多金缺)에 화가 많아 금이 맥을 못 추는 형상이어서 남편과 해로하기도 어렵고 운 역시 조열한 火 木운으로 흘러 불리한 운이라서 초년엔 부모신세지고 살았고 자의반 타의반 결혼은 하였으나 중년에 이별하고 친정집으로 돌아와 산다.

第 21 題

木이 많고 火가 적으면 애매하고 火가 많고 金이
적으면 매운 사주다.

火는 신기(神氣)요 水는 정력이다. 水多하고 火少하면 정력은 태과한데 신기(魂氣)는 허약하다. 만사를 정력과 본능 위주로 물욕에만 치우치고 사리를 외면하니 언행이 어리석고 애매하며 분명한 것이 없다. 火多한데 金이 적으면 火氣가 치열하여 金이 녹는다. 金이 약하고 火만 충천하니 성품이 폭렬하고 고추처럼 맵다.

[원문 풀이]

 사주에 水는 많고 火가 적으면 우매하여 물욕에 치우치고 도리를 외면하고 말의 품위도 없으며 끊고 맺는 것도 분명치 않으며 火는 많은데 金이 적다면 성격이 폭력적이다. 이와 같이 균형을 이루지 못하면 이상 현상이 발생하게 된다.

| 坤命 | 丙戌 | 己亥 | 壬子 | 癸卯 |

 위 사주는 亥월 壬子水가 癸수까지 시간에 떠서 水多하며 木火가 적다. 木은 水路역할을 해야 막힘없는 삶을 살 수 있고 火는 차가운 물의 기운을 따뜻하게 해야만 물로서의 역할을 할 수 있는데 火역시 약하다. 이 사주는 水多土流하여 남편의 인연도 박하였으며 火기가 약하여 재물의 운도 넉넉지 못하였다. 본명은 火土로 제습 조후해야하는데 亥卯木局을 형성하여 제토(制土)하니 木이 기신이 된다.

| 坤命 | 甲午 | 丙子 | 壬子 | 己酉 |

위 사주는 3水 2火로 火기도 강한 것 같지만 丙壬沖去 子午沖去로 사실상은 火가 약해졌다. 그런가하면 水多土崩으로 물이 많아 흙이 떠내려가니 남편의 인연이 박하여 10년 연상의 남자와 결혼하였으나 해로하지 못하고 남편과 사별했고 독신으로 살아간다. 이 사주에서 특이한 점은 양인살인 子水가 두 개나있으면서 子午 충을 하여 부부인연이 적은 것이다. 배우자궁에 양인살 하나만 있어도 부부인연이 적은 것으로 보게 되는데 둘이나 된다면 그 양인의 힘이 세다.

위 사주는 乙未년 정월 초사흘 子시 생으로 입춘 직전이라서 甲午년 丁丑월생으로 사주를 기록해야하는 특수성도 있지만 지지는 亥子丑 水方局을 이루고천간은 丁壬合木星을 형성하니 水火가 만만치 않아 서로 싸울 것 같은 특이한 점도 보이지만 묘한 것은 水木火가 相生하는 형상으로 변하여 그런대로 잘 살아갈 수 있는 명조가 된 사례이다. 경기도 이천에서 버섯농장을 하면서 부부가 별거하며 살아 온지 20년 가까이 된다니 무재사주여서 아내와 별거하듯 살지 않을 수 없었을 것이다. 그러나 나름대로 부족한 부분도 있지만 무난하게 삶을 살아갈 수 있었던 것은 3신이 상생 즉 水火相戰하지 않고 木이 通氣시켰던 것이다. 그래서 사주를 자세히 살펴보지 안ㅎ으면 엉뚱하게 간명 하게 된다는 점을 알게 해준 좋은 사례의 命이었다.

乾命	丁	癸	甲	癸
	卯	卯	子	酉

　위 사주는 답답한 사주다. 水木이 많은데 火가 약해서 木火通明해야 할 사주에 설기가 안 되므로 "水多하고 火少하면 정격은 태과한데 신기(魂氣)는 허약하다. 만사는 정격과 본능 위주로 물목에만 치우치고 사리는 외면하니 언행이 어리석고 애매하며 분명한 것이 없다."에 해당하므로 답답한 사주다. 더욱이 대운이 60년간 매우 나쁜 운으로 흘러(水金) 어리석고 우매한 삶을 살 것이다. 여기서 주의 깊게 살펴 볼 부분은 13대운은 辛丑 운이고 23대운은 庚子 운으로 金水로 인한 甲목은 비대증 환자 같이 변하여 부목(浮木-떠다니는 나무)이 아닌 부목(腐木-썩은 나무)으로서 만사 불성이고 등치만 크지 쓸모없는 巨木이 枯木이 된 상태로 살아갈 것이다.

坤命	甲	丙	丁	癸
	辰	寅	亥	卯

　위 사주는 寅卯辰 亥卯合木으로 木星이 유난히 강하다. 丁화는 丁癸 충과 丙癸 극으로 초불 丁화는 이미 꺼진 상태다. 그런데 대운이 청년기 30년간 운은 북방水운이었고 후반 30년간은 西方金운이었으니 꺼진 불이 살아날 수 없다. 이 사주는 남방火운을 만나야 불이 불 역할은 하게 되는데 늦게 온다. 70대운에 火운이 오니 이미 때는 늦으리다. 위 두 사주는 母子지간인데 착하기만 할 뿐 되는 일이 없다. 본명은 파주 어느 호수가 둘레길 노상에서 커피를 팔아 연명하는데 남편과는 생이별했고 아들 하나 있는데 사주가 좋지 않아 하는 일과 되는 일이 없어 답답하여 상담 차 왔었다.

第 22 題

木火는 문채가 있고 水木은 맑고 뛰어나다.

  木은 나무요 火는 꽃이다. 나무에서 아름다운 꽃이 피니 마치 화려한 문채와 같다. 머리에서 짜낸 슬기의 작품이나 문학적이고 예술적이며 창조적이고 기교적이다. 창작과 예술에 능하고 문장과 기교가 비범하다. 火는 밝은 광명이니 어둠을 밝혀주고 미개한 것을 개화시키는 등불과 같다. 모든 것을 스스로 깨우치고 달관하여 세상이치에 밝고 이해성이 넓으니 막히는 것이 없다. 이를 木火通明이라한다. 水는 기름이요 木은 생물이다. 木은 영양질인 水를 먹고산다. 水는 항상 흐름으로서 티가 없고 맑다맑다. 그 물속에서 물을 먹고사는 물고기 또한 싱싱하고 깨끗하며 온갖 색채를 자랑한다. 그와 같이 水木之象은 성품이 맑고 신기한 사색과 작품을 즐기고 과시한다. 발명과 개발에 능하고 호기심과 연구성이 비범하다.

[원문 해설]
木火가 象을 이루면 木火通明이고 水木이 象을 이루면 색채를 자랑하듯 그 재능이 뛰어나서 木火나 水木으로 상을 이룬 命은 나름대로 예술적이고 창조적이며 연구성이 남달라 잘 살아 간다는 것이다.

坤命	己 卯	乙 亥	乙 卯	丙 子

  위 사주는 亥卯木국을 형성하여 태왕한 乙목이므로 丙화가 木火通明 시켜야할命이지만 子수위의 丙화라서 무력하다.

乾命	甲子	乙亥	乙卯	丁亥
수	7	17	27	37	47	57	67
대운	丙子	丁丑	戊寅	己卯	庚辰	辛巳	壬午

위 사주의 주인공은 경영학을 전공하고 군입대하여 제대 후 공무원 시험 준비생의 팔자이다. 명조구성상으로 보아 고집이 대단한 학자 형이다. 4木2水로 亥卯木局까지 成局 되어 木性이 태왕하지만 시간 丁화가 나타나서 나름대로 通明 시켜 무난하게 살아갈 팔자다 그러나 간여지동에 무재사주이고 특수성이 있어 특별한 삶을 살았으면 좋겠는데 평범한 삶으로 살아가려면 난관이 많을 것이다. 그러므로 이런 명에게는 이러한 조언도 필요하다. 공무원이라도 사시보다는 행시가 좋고 내무보다는 외무로 해외근무가 좋다는 말과 무관사주이므로 정년이 어려우니 면허나 자격증으로 특수한 일을 해야 좋다고 말이다. 木은 많은데 땅인 흙이 없으니 조국은 뿌리내릴 땅이 없으니 해외에 나가 사는 것이 좋고 외무가 좋다는 말은 亥水역마가 둘이나 있어 해외 외무가 좋다.

乾命	甲寅	乙亥	乙卯	甲申
수	9	19	29	39	49	59	69
대운	丙子	丁丑	戊寅	己卯	庚辰	辛巳	壬午

위 사주는 水木으로 상을 이룬 命 이지만 시지 申금이 다듬어주어 奇(기이할 기, 뛰어날기)이하다. 현재 해외 이주하여 관광업을 한다. 무인대운에 군겁쟁재로 큰 손재수 있었다.

第 23 題

金木은 바르고 곧고 木土는 서로 해로움과 독이다.

　金은 강직하고 木은 곡직(曲直)하다. 약자 앞엔 호랑이 노릇하면서도 강자 앞엔 꼼짝 못하는 木의 천성이다. 그 木이 金앞에서는 고양이를 본 생쥐처럼 떨 것은 불문가지다. 그러나 金은 木을 덮어 놓고 지배하는 것이 아니고 木을 재목으로서 가다듬는다. 톱으로 쓸고 도끼로 다듬고 대패로 밀어서 반듯 하고 품위 있는 그릇을 만든다. 그와 같이 金을 본 木은 귀인의 인도와 후견에 의해서 훌륭한 인재로 출세하고 정직과 성실로서 초지일관 한다. 木은 土로서 살이 찌고 土는 木으로서 숨통이 열린다. 그러나 水가 없는 건토(乾土-마른흙)는 木을 기르기는커녕 도리어 말라 죽이고 木또한 土를 경작하는 것이 아니고 土의 혈기인 수기(水氣)를 빼앗고 고갈시킴으로서 황토화(荒土化)시키니 서로 살찌우고 소통시키는 대신 서로 말라 죽이고 무너트리는 해독 작용을 한다. 만일 물이 풍족하다면 木土는 서로 의지하고 살찌고 발전한다.

[원문 풀이]
　金이 木을 무작정 극하는 것은 아니고 木이 金을 만나면 다듬어 그 쓰임새에 쓰일 수 있으니 좋다고 한다. 그렇다고 무조건은 아니고 다 큰 나무일 때만이 유용한 것이다. 木은 土를 봐야 뿌리내리고 土 또한 木을 봐야 숨통이 트인다. 그런가하면 土역시 물 없는 土는 쓸모없는 땅으로 오행은 무조건 좋고 나쁜 것이 아니라 상황에 따라 달라진다.

方直(모 방, 곧을 직) : 모가 나지 않고 곧게 올라감.
曲直(굽을 곡. 곧을 직) : 굽지 않고 곧게 올라감.
荒土化(거칠 황, 흙토, 될 화) : 거칠 은 땅으로 변함.

坤命	戊戌	庚申	甲申	庚午			
수	9	19	29	39	49	59	69
대운	己未	戊午	丁巳	丙辰	乙卯	甲寅	癸丑

위 女命은 木火土金으로 구성 된 사주지만 午화가 제금(制金)함으로 좋고 대운이 火木 운으로 운행 되어 무난한 삶을 살아간다. 만약 초년에 금운이 왔다면 삶이 고달퍼지거나 건강이상이 발생 하였을 것이다. 남방 火운은 제금하고 동방 木운은 甲목이 뿌리 내려 무난한 삶을 살아간다.

乾命	甲寅	庚午	甲午	庚午			
수	5	15	25	35	45	55	65
대운	辛未	壬申	癸酉	甲戌	乙亥	丙子	丁丑

위 사주는 木火金 3신의 사주로 구성 된 官을 쓰는 팔자이다. 제련 된 金으로 甲목을 다듬으니 출세하는 팔자인데 행시 사무관으로 서울시청에 근무하고 있는데 丙申년에 4급으로 진급하였다. 본명은 "金을 본 木은 귀인의 인도와 후견에 의해서 훌륭한 인재로 출세하고 정직과 성실로서 초지일관한다."라는 것에 맞는 팔자다. 다만 조열하여 건강에 문제있어 항상 염려된다. 丙申년에도 허리관절로 고생하였으나 병원입원 치료받고 무사했다. 45세 대운에 진입하면 건강도 좋아질 것이다. 申금 官을 본 해라서 5급에서 4급으로 庚子월에 승진 했다.

| 坤命 | 戊辰 | 丙辰 | 戊寅 | 丙辰 |

위 사주는 아래에 해당하는 사주로 **45제135쪽에** 자세히 풀어 놓았다, 木은 土로서 살이 찌고 土는 木으로서 순통이 열린다. 그러나 水가 없는 건토(乾土-마른흙)는 木을 기르기는커녕 도리어 말라 죽이고 木또한 土를 경작하는 것이 아니고 土의 혈기인 수기(水氣)를 빼앗고 고갈시킴으로서 황토화(荒土化)시키니 서로 살찌우고 소통시키는 대신 서로 말라 죽이고 무너트리는 해독 작용을 한다. 만일 물이 풍족하다면 木土는 서로 의지하고 살찌고 발전한다. 에 해당 된다.

乾命	甲戌	庚午	戊辰	壬子
수	4	14	24	34	44	54	64
대운	辛未	壬申	癸酉	甲戌	乙亥	丙子	丁丑

위 사주는 五行全具에 균형을 이룬 命으로 午월 戊辰토라도 壬子시를 만나서 재생관 관생인 인생아 아생식(財生官 官生印 印生兒 兒生食) 하는 命으로 호명(好命)이다. 이사람 세무공무원으로 출발하여 대운이 좋았던 관계로 승승장구 하더니 정년퇴직하여 연금으로 노후를 평안하게 살아가고 있으니 어찌 사주가 미신 따위로 치부 할 수 있겠는가 말이다. 만약 오월조토가 사오미(午月燥土가 巳午未)시를 만났다면 본명은 아마도 황토화(荒土化)시키니 서로 살찌우고 소통시키는 대신 서로 말라 죽이고 무너트리는 해독 작용을 한다. 만일 물이 풍족하다면 木土는 서로 의지하고 살찌고 발전한다. 에 해당 되어 힘겨운 삶을 살아가게 되었을 것이다.

第 24 題

水火 는 슬기옵고 金水는 빼어나다.

水는 육신이요 火는 정신이다. 육신이 건전하면 정신도 건전하니 水火가 고르고 유력하면 튼튼한 신체와 뛰어난 기슬로서 문명을 개척하고 문화세계를 창조한다. 그러나 水火가 고르지 못하거나 무력하다면 슬기롭지 못하고 어리석으면 건전하지 못하고 허약하다며 너그럽지 못하고 인색하고 성급하다. 金은 샘이요 水는 흐르는 물이다. 샘은 깊은 바위와 같으니 언제나 맑은 물을 치솟는다. 물이 고이면 넘치고 흐르니 썩거나 탁할 일이 없다. 그와 같이 금수지상(金水之象)은 언제나 머리에서 새로운 것을 쉬지 않고 발견하고 개척하며 다듬고 발전시킴으로서 항상 새롭고 신기하며 뛰어나고 아름답다. 마치 玉水가 급류로 변하여 폭포를 이루고 강호를 꾸미듯이 천성이 성급하고 진취적이며 능동적이고 적극적이다. 앞을 다투는 물줄기처럼 앞만 보고 뛸 뿐 뒤를 돌아보거나 주저하지 않는다.

[원문 해설]
　水火는 균형을 이루면 수화기제(水火旣濟)로 좋으나 균형을 이루지 못하면 상극(相剋)으로 상전(相戰)한다는 말이고 이런 상황이 되면 무지 우매 인색(無智 愚昧 吝嗇)으로 살아가고 金水로 象을 이루면 진취 개척 발전 능동 적극(進取 開拓 發展 能動 積極) 등 다양하여 폭넓은 아름다운 삶을 살아간다는 말이다.

乾命	丙子	癸巳	壬寅	庚子
수	5	15	25	35	45	55	65
대운	甲午	乙未	丙申	丁酉	戊戌	己亥	庚子

위 사주는 균형을 이룬 사주이다. 巳月壬水라도 金水가 유력하고 巳火역시 年干에 丙火가 투간(透干) 되어 有力한데 더욱 기쁜 것은 水火既濟도 되지만 寅목이 있어 水火를 통기(通氣)시키니 이 얼마나 기쁜 命인가말이다. 이런 정도의 사주라면 약간의 굴곡은 있을지라도 평범하게 잘 살아간다.

乾命	丙寅	甲午	壬辰	戊申
수	3	13	23	33	43	53	63
대운	乙未	丙申	丁酉	戊戌	己亥	庚子	辛丑

위 사주도 균형을 이룬 사례인데 午月壬水라도 官印相生으로 일간을 돕고 食神生財로 설기하는 형상의 사주이다. 이 사주를 자세히 바라보면 오행이 쉼 없이 통기된다. 年支 寅木에서 시작하여 월지 午火로 다시 일지 辰土로 또 시지 申금에 다시 申금이 일간 壬水를 생하면 壬水는 다시 월간 甲木에 生을 하면 甲木은 년간 丙火에 생을 하니 이를 일컬어 생생불식(生生不息)이라 하여 쉼 없는 생으로 막힘없는 삶을 산다 했으니 본명의 주인공은 어찌 살았을까? 학창시설은 학업우수 졸업후 공직에 들어가 발신(發身)하더니 국회의원으로 두 번이나 당선되었다.

坤命	癸卯	庚申	壬子	甲辰
수	1	11	21	31	41	51	61
대운	辛酉	壬戌	癸亥	甲子	乙丑	丙寅	丁卯

위 사주는 申子辰 三合水局을 이룬 壬수라서 水氣 태왕한데 월간 庚금이 生水하고 年干에 癸수까지 나타나서 폭포수 같은 물이다. 다행인 것은 甲卯木이 수로(水路)역할로 설기시키니 삶은 무난하겠으나 흉한 기운도 많이 보이는 사주이다. 만약 이 사주가 천간에 戊丙이 나타났더라면 명품의 사주가 될 소지가 충분 했지만 불행이도 조후신인 화가 없고 制水할 土가 약하니 균형을 이루지 못한 팔자로 건강 면에서는 자궁이 약하여 임신이 잘 안 되고 자식성인 식상인 甲卯木이 浮木되니 자식운도 적다.

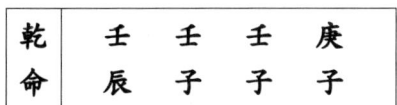

위 사주는 壬수가 양인살 인 子수를 3개나 놓고 시간이 庚금까지 나타나서 수로 從 해야 하는 별격(別格)이다. 왕세(旺勢)는 행운에서 순세(順勢)함이 길한데 甲寅대운에는 운이 좋아 전자공학을 전공하여 중소기업에 취직하였고 乙卯대운에 결혼도하고 戊辰대운 까지는 부족함이 없더니 (子辰合水) 丁巳대운에 접어들면서 潤下가 깨지므로 甲戌년에 뇌종양 으로 세상을 뜨고 말았다. 원래 사주에 양인이 셋이면 장애인이라 하였으니 좋은 사주는 못된다. 甲戌년에 뇌에 종양이 발생 사망한 것은 甲庚 충도 되고 甲木이 凍木되어 뇌에 이상이 발생, 辰戌土가 剋水 土가 沖으로 왕신을 극 충한 이유이다.

第 25 題

水는 지혜요 木은 어질다 그러나 水가 土를 보면
심하게 탁해진 물이 된다.

　木이 조갈(燥渴)한데 水를 만나면 부처님보다 인자하고 감사하다. 그 고마운 水의 은공으로 자라난 木은 모두가 부처님처럼 보이고 기뻐한다. 착한 어머니가 착한 자식을 길러내듯이 아쉽고 꿀 같은 水에 의존하는 木은 언제나 즐겁고 생기가 발랄하며 천진난만하고 착하고 어질며 덕이 크고 베풀기를 즐긴다. 부처님의 젖을 먹고 자라났으니 부처님의 기질과 체질로 변한 것이다. 만일 水旺절에 木이 무력하다며 水로 인해서 木이 도리어 부목(浮木)이 되고 떠내려가니 그 해득이 크듯이 성질 또한 착할 수가 없다. 水는 흐르는 물이요 土는 흙덩이다. 水는 성(盛)한데 土가 경(輕)하면 土가 무너지고 흙탕물을 일으키니 머리가 어지럽고 만사가 그르친다. 만일 토중(土重)하고 수경(水輕)하다면 도리어 지호(池湖-연못과 호수)를 이루고 맑고 잔잔하니 그럴 염려는 없다. 土는 둑이요 水는 강물이니 수성토경(水盛土輕-물이 많고 흙이 적으면)하면 둑이 무너지고 홍수가 터진 격이니 과격하고 버릇이 없으며 한 가지도 성사 될 수가 없다.

燥渴(마를 조, 목마를 갈):바짝 말라 목이 탄다는 말로 물이 없음.
盛(담을 성, 채울 성) : 담다 가득히 담다. 가득하다..
輕(가벼울 경): 무게가 적다, 모자라다.
重(무거울 중): 무게가 무겁다. 많다. 넘친다.
水盛土輕(수성토경): 물은 많은데 흙은 모자란다.
土重(토중): 흙인 토가 많다 많다함은 사주팔자 중 4개 이상일 때.
浮木(뜰 부, 나무 목): 많은 물에 나무가 둥둥 떠다니는 형상.

[원문 해설]

木이라는 생물(生物)은 조갈(燥渴)한데 水를 만나면 부처님처럼 인자하다는 것이고 역으로 水旺하며 木이 허하면 부목(浮木)으로 성질도 착하지 못하고 水는 왕 한데 土가 가벼우면 수다토류(水多土流)로 불리하다. 그러나 土重하고 水는 약간 가벼워도 무방하다는 말이고 수다토류(水多土流)는 둑이 무너지고 홍수가 덮친 격이니 만사불성이로 한 가지도 이루어지는 것이 없다는 말이다.

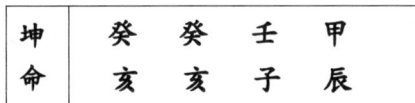

<水 盛 土 輕의 四柱>

30대중반의 여명으로 아직 미혼으로 살아간다. 결혼 생각이 없다고 부모님들은 걱정이 태산 같단다. 현재의 丙寅 대운은 그래도 좋은 운인데 丁卯대운은 매우 불리한 운이어서 걱정 되는 팔자이다. 사주구성이 水盛 土輕이고 木이 용신인 팔자이다. 戊辰대운에 안정 되고 남방火운도 발복하는 운이다.

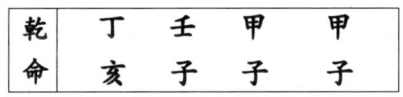

<水 盛 浮木의 四柱>

사주는 역술인으로 사회교육원 교수의 팔자이다.
천간은 목의 기운이 지지는 수기로 구성된 水木사주이다. 뿌리가 부실해서 부목 될까 염려된다. 초년 운은 금으로 인성 운이어서 그런대로 살 수 있었고 중년이후 말년 운은 火운이어서 기상은 펼칠 수 있어도 큰 인물은 어려운 팔자이다. 甲목은 水도 필요하지만 土와 지인(智仁)으로 살아갈 팔자지 거물로 추앙받지 못하는 명이다.

乾命	癸	甲	戊	癸
	亥	子	子	亥

위 사주는 화토중탁 매사불성(土水重濁으로 每事不成)인 팔자이다. 水는 성(盛)한데 土가 경(輕)하면 土가 무너지고 흙탕물을 일으키니 머리가 어지럽고 만사가 그르친다. 에 해당 되는 사주로 이 사람 공무원 시험 수차에 낙방한 명으로 현재 辛酉 상관 운이라 불미스럽지만 庚申 식신 운에는 발복할 수 있다. 토수상전(土水相戰)에 金이통기(通氣)시켜만 준다면 좋아진다. 火운도 조후용신이라 좋다고 보아야 한다.

坤命	壬	甲	癸	癸
	戌	辰	亥	亥

수	2	12	22	32	42	52	62
대운	癸卯	壬寅	辛丑	庚子	己亥	戊戌	丁酉

위 사주는 5水 2土 1木으로 구성된 癸수로서 2土라도 辰戌로 충이되고 甲목이 剋土하므로 土가 매우 약한 격이다. 이 여인은 결혼은 하였으나 5-6년이 지나도 임신이 안 되어 고민이란다. 신혼 초에 임신 되었다가 유산 된 후 불임이라 한다. 그 이유는 수가 이렇게 많으면 자궁이 약한 것이고 水가 많은데 火가없으니 냉기가 엄습함이 이유고 현재 대운이 庚子 운이라서 추위를 더하는 이유로 임신이 거의 불가이다. 이 여인에게 조언 하자면 자손 많이 나면 부부의 정이 멀어져 이별수도 보인다고 말해야 한다. 자손은 木이고 木이 많으면 土가 약해짐의 의미로 말 한 것이다. 몸을 따뜻하게 해 주는 보약을 먹여야 하며 따뜻한 운에 임신가능하다.

第 26 題

탁수는 제방을 쌓아 오히려 맑은 사주다.

　水가 병들고 土를 보면 흐르지 못하고 흙과 몸부림치면서 탁수(濁水)가 된다. 그러나 土가 아니면 둑을 쌓을 수 없듯이 흐르는 물은 멈출 수가 없다. 물은 흐르는 동안은 흙과 씨름하고 흙과 부딪치며 흙을 씻어냄으로서 탁류(濁流)가 되기 쉽지만 일단 둑의 의해서 흐름을 멈추면 도리어 물속의 흙의 기운이 차분히 가라앉음으로서 탁수(濁水)가 깨끗한 청수(淸水)로 변(變)한다. 물이 맑으면 총명하고 슬기로우며 평화롭고 안정되니 만사가 순조롭게 형통한다.

[원문해설]

　水는 흘려 보내야할 물이 있고 제방을 쌓아 막아 저수(貯水)해서 필요할 때 써야할 물이 있다. 예를 들자면 木이 있는 사주는 흘려보내야 할 물이고 木은 없고 土만 있는 사주는 저수용수로 보아야 한다는 말이다. 水가 土를 보면 탁수가 될 가능성이 있지만 저수해 놓으면 맑은 물로 변한다는 뜻이고 水는 지혜이므로 맑은 물은 지혜롭고 총명하며 평화롭다는 말이다.

濁水(흐릴 탁): 탁수란 맑은 물이 흙을 만나 탁한 물로 변한 것을 말한다.
得堤(얻을 득, 둑 제): 제방을 막았다는 의미로 水가 土를 보았다는 말,
淸水(맑을 청): 맑은 물로 金 水 木으로 이루어진 경우를 말한다.
濁流(흐를 류): 탁한 물이 되어 흘러내리다.
變)변할 변); 변하여 달라지다.

乾命	壬午	庚戌	癸亥	丙辰			
수	1	11	21	31	41	51	61
대운	辛酉	壬戌	癸亥	甲子	乙丑	丙寅	丁卯

위 사주는 戌월 金旺節인 가을 물로서 맑은 물인데 원국에 木이 없어 둑을 쌓아 저수용 물로 필요한 때 써야 할 물이다. 관인상생(官印相生)하는 팔자로 대운이 金 水 木 운으로 흘러 큰 어려움 없이 잘 살아간다.

乾命	乙巳	己丑	癸未	癸丑			
수	10	20	30	40	50	60	70
대운	戊子	丁亥	丙戌	乙酉	甲申	癸未	壬午

위 사주는 丑월 癸수가 癸丑시를 만나서 한습(寒濕)한 명인데 년주에 乙巳가 있어 조후하므로 귀격이 되었다. 칠살이 丑未 쌍으로 좌우 충을 하므로 官을 쓸 사주인데 이런 경우 사법관이 좋다고 한다. 사주에는 병이 있으면 약이 있어야 귀격이 된다고 하는데 土가 病이고 木이 藥인데 본명은 乙목이 약신 이고 巳화가 조후용인인 사주로 용신이 유력한 호명이다. 초년 북방 수운에는 빈한한 가정에 태어나 고학으로 법대를 졸업하였고 고시공부를 하여 33세 丁丑년에 사법고시합격에 하였는데 그 당시 대운이 丙戌대운이었다. 대 세운의 丙丁火 돕고 관살이 부닥쳐서 변화를 만든 것이다.

第 27 題

水가 많고 土가 없으면 흘러넘쳐 木을 생한다.

　물이 동서에서 몰아드는데 둑이 없으면 홍수로 변하여 대지를 휩쓴다. 山사태가 나고 들판이 씻겨 무너지니 온통 탁유(濁流)로 변한다. 그와 같이 무엇이든 지나치고 제복(制伏)함이 없으면 탁(濁)으로 변(變)하고 혼란과 재난을 초래한다. 물이 탁하면 변질(變質)하고 부패하니 반드시 질병(疾病)과 이변(異變)이 발생한다. 따라서 水가 대지(大地)위에 충만하고 극성(極盛)하면 바다를 이루니 탁함은 없어지고 깊은 맑은 물로 변하였으나 바람을 일으키고 파도가 치솟으니 하루도 편할 날이 없다. 누구라 바다의 풍파와 창랑을 막을 수 있겠는가? 물이 깊고 넓으면 고기가 생하고 해초(海草)가 욱어 진다. 고기와 풀은 木의 주체이니 이를 水生木이라 한다. 극하면 변한다. 취하면 통한다고 모든 것은 끝에 가서는 살길이 트이는 것이다.

濁流(흐릴 탁, 흐를 류): 탁한 물이 흘러내려가는 모습.
制伏(억제할 제, 엎드릴 복): 제제당해 바짝 엎드린 모습.
變質(변할 변 바탕 질): 근본이 변한 상태.
疾病(병 질, 병들 병): 병든 상태.
異變(다를 이 변할 변): 다른 것으로 변한 상태.
極盛(다할 극, 담을 성): 극에 달한 상태.
海草(바다 해, 풀 초): 바다에 난 풀 들을 해초라 하는데 미역 등을 말함.

[원문 해설]

 물이 많은 사주에 제수하는 土가 없다면 홍수로 수마(水磨)가가 될 수 있다는 말이고 그래서 어떤 오행이던 많을 때에는 제복하는 오행이 있어야 한다. 그렇지 못하면 이변으로 부패 질병이 난무한다. 대지위에 흐르는 물이 극성하면 바다를 이루니 파도에 하루도 편할 날이 없게 된다. 이런 때에는 木으로 水기를 빼내야 한다는 말이다.

乾命	癸亥	甲子	戊子	癸亥			
수	6	16	26	36	46	56	66
대운	癸亥	壬戌	辛酉	庚申	己未	戊午	丁巳

 위 사주는 천지가 물바다인 사주로 월간에 甲목이 외로이 떴으므로 腐木이로 木역할 못하고 戊토 역시 濁水로 변해 濁流로 흘러가는 물이다. 차라리 金이 있었더라면 상생 되어 (土生金 金生水 水生木) 좋았을 터인데 원국에 없으니 아쉽다. 다행이도 대운에서 서방 金운이 오지만 辛酉운은 상관 운이라 불리하고 庚申대운이 와야 살 것 같다. 남방火운은 안정 기미가 보이지만 戊午대운이 만만치 않다(旺神沖發)

 이사람 乙未년에 결혼은 하였는데 공무원시험 번번이 낙방하고 걱정이라 해서 丁酉년까지만 도전 해 보라 했다. 丁酉년이 오면 丁화는 정인 운이고(합격문서) 酉금이 통기시켜서 가능성이 보인다. 戊戌년도 좋다. " 대지위에 흐르는 물이 극성하면 바다를 이루니 파도에 하루도 편할 날이 없게 된다. 이런 때에는 木으로 水기를 빼내야 한다는 말이다." 에 해당 되는 팔자이다. <戊戌년은 制水하고 관인木이 뿌리내림>

第 28 題

오행은 변화를 좋아하나 기쁨은 잠시일 뿐이다.

　五行은 만유(萬有)의 근본(根本)이다 만유는 무엇인가 바꿔지기를 기다리고 새로움을 기뻐하지만 잠시일 뿐 오래 갈수 없다. 영광의 기쁨은 다시 변해서 패배의 슬픔으로 돌아간다. 변화는 또 변화를 부러 일으킴으로서 흥망성쇠(興亡盛衰)가 무상하듯이 슬픔도 잠깐이요 기쁨도 잠시인 때문이다. 그러기에 지장간에 숨은 자는 변함이 없듯이 귀함도 불변(不變)이요 천간에 나타난 자는 변함이 무상하듯이 귀함도 잠시요. 천함으로 바꿔진다. 마치 꽃이 피면 시들고 달이 차면 기울듯이 귀함이 세상에 나타나면 서로 시기하고 질투하며 빼앗기 때문에 오래 갈수가 없다. 때문에 현명한자는 숨어서 그 모습을 드러내지 않고 오직 덕과 학문을 닦으니 더욱 貴해지고 어리석은 자는 나타나서 자신을 과시하고 욕심을 부리니 마침내 중상모략과 사면초가 속에 貴와 富를 잃는다.

[원문 풀이]
　오행은 근본적으로 바뀌고 새로움을 추구하지만 그 것도 잠시일 뿐 다시 변해서 패배도 하고 슬픔도 맛보고 그래서 무상하다고 하는 것이며 흥망성쇠 또한 잠시일 뿐이다. 그러므로 현명한 사람은 들어내지 않고 오직 덕과 학문으로 귀하게 살지만 어리석은 사람은 자신을 들어내고 욕심을 부려 때로는 사면이 꽉 막혀 부귀를 다 잃고 왕따로 살아간다는 말이다.

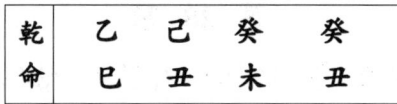
<80쪽 참조>

　오행의 원리는 건드리지 않으면 좌정한 상태이다. 그러므로 충으로 건드려야 발동하는 것이고 변화를 만들어 기쁨과 슬픔을 만들지만 그 모든 것이 잠시일 뿐 오래가지 못한다. 본명이 丙戌대운 丁丑년에 사법고시 합격하여 일생일대에 대 변화를 가진 것도 충으로 건드려 발생 한 것이다. 그래서 충을 변화로 보는 것이고 항상 강약에 의존하지 말고 변화를 보고 길흉화복을 논하라 하는 것이다.

<67쪽 참조>

　위 사주의 주인공은 丙申년에 5급사무관에서 4급서기관으로 승진한 命인데 申金이 寅목과 충을 한 해이다. 또한 火金이 중중한 상황에 甲戌대운으로 戌토가 火金을 통기시킨다. 아울러 甲목이 戌토에 뿌리내리지만 조열하여 건강이 문제될 수 있어서인지 허리디스크로 병원에 입원을 하는 등 슬픔과 기쁨이 교차하며 수시로 변화하고 바뀐다는 것이다.

坤	乙	丙	辛	戊
命	未	戌	未	戌

<55쪽 참조>

　위 사주의 주인공은 丙申년에 건강이 악화되어 고생을 많이 한다. 그 이유를 살펴보자면 월간 丙화가 기신인데 병신으로 묶여있어 기신 역할을 못한다. 그런데 세운에서 丙화를 만나면 辛금은 들어온 丙화와 합을 한다, 그러면 월간 丙화는 자유스런 몸으로 기신역할을 하여 불행한 일이 벌어진다.

第 29 題

火가 많고 金이 적으면 모아지다 흩어지는 일이 많다.

金은 火를 만나야 연금(鍊金)이 되고 그릇이 될 수 있다. 그러나 火가 지나치게 강하고 金이 허약하면 연금(鍊金)이 되고 성기(成器)가 되나 열(熱)이 지나쳐서 다시 녹아버리니 그릇이 될듯하면 무너지고 무너지면 다시 그릇이 되었다가 녹아버리니 끝내 성물(成物)이 될 수 없다 그와 같이 머리가 비범하고 성급하여 무엇이든 재치 있고 빠르게 작사하고 성사하니 완성단계에서는 지나치게 서들은 나머지 와해가되니 속성속패(速成速敗)가 되풀이 될 따름이다. 될 듯 하 다 가는 깨지고 깨지면 다시 이뤄지다간 또 무너지고 초조하고 불안하며 좌불 안전으로 동서분주하나 어느 것 하나 순조로이 성사 되거나 뜻대로 이뤄지는 것이 없으며 모든 것이 시작은 있고 끝이 없는 도중하차다. 이제는 있으나 무게가 없고 덕이 없으며 실력과 분수에 넘치는 과욕을 부리다가 역부족(力不足)으로 패(敗)하는 것이니 신중하게 힘을 기르고 경거망동을 삼가는 것이 성공의 길이요 열쇠다.

[원문 해설]

火는 많은데 金이 적은 예를 들어 말한 것인데 균형이 맞지 않아 잘 되지 않는다는 이치를 설명한 것이다. 인간사에서는 잘 될 것 같다가 깨지고 바쁜 만큼 소득이 적고 삶에서 불안초조 경거망동 등 불안한 균형을 잃은 삶을 살게 된다.

乾命	丙戌	甲午	丙子	丁酉
수	2	12	22	22	42	52	62
대운	乙未	丙申	丁酉	戊戌	己亥	庚子	辛丑

<火多金少의 命>

위 사주는 午月 丙火가 丙丁이 천간에 나타나고 甲木이 生火하니 화기충천(火氣衝天)이다. 이런 경우는 水로 制火 하거나 土로 설기시켜야만 하는데 자오가 상충하여 탈진한 자수는 무력하여 쓰기 어렵고 戌土로 설기 生金하는 것이 상책이다. 그런데 火는 많은데 金이 적으니 용광로는 크고 석물은 적은 결과로 성기(成器)가 시원치 않게 된다. 위 사람은 석공으로 출발 석재회사를 차려 운영하다가 己亥대운에 실패하였다는데 己토는 상관이고 亥수는 정관 운이다. 상관견관(傷官見官)운으로 불리하다. 상관이 정관을 달고 오는 운은 불리하다, 더욱이 원국의 형상이 火多金少格이어서 매사가 신통치 못하고 큰 발전이 없다.

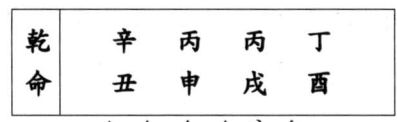

<火多金多의 命>

申月의 丙火가 申酉戌 金方局을 이루어 金이 매우강하다. 3火5金인 형상으로 丙火가 약간 약한 형상이므로 남방 火대운에 발복하였고 동방木운에 거부(巨富)가 된 팔이다. 이 사주는 비겁이 용신으로 비겁 운에 발복하고 인성 운에 득재(得財)하게 되는 것이다.

乾命	丙申	辛卯	丙申	辛卯

수	2	12	22	22	42	52	62
대운	壬辰	癸巳	甲午	乙未	丙申	丁酉	戊戌

　위 사주는 특이한 형상을 이룬 命이다. 丙辛합과 申卯귀문관살로만 구성 되었다. 丙화는 어느 계절에 태어나든 관계없이 태양으로서 만물을 키우는 역할이 주 업무인데 辛금이 옆에 있어 합을 하면 丙화의 역할이 감소된다. 辛금 뿐이 아니라 丙화에게는 癸수는 구름 같고 己토는 암흑 같아 병화의 역할을 감소한다. 이런 사주를 만나면 무어라고 간명할 것인가? 일단 자신의 역할이 잘 안 된다고 보아야 한다.
　본명은 丙화가 辛금에 합하여 역할이 감소되어 자기모습이 변하여 자기 정신이 아닌 사람으로 행동하고 생각한다. 가정사는 뒷전이고 잡기에 능하여 정상적인 삶을 살아가지 못한다. 병신이 합할 때는 겁재 丁화가 있어 극하거나 乙목이 있어 乙辛충 하면 좋아진다. 청년기 巳午남방火운은 좋았으나 乙未운부터 내리막길로 접어든다, 그 이유는 회기무광(晦氣無光)으로 未토가 빛을 가리고 未토는 乙木의 庫地로서 乙목의 역할을 감소시킴이고 西方金운도 역시 헛발지란 많이 하는 운이다.

乾命	辛丑	丙申	辛巳	丙申

　이런 사주를 만나면 정상적인 삶을 살기 어렵다. 본명은 전주에서 법사로 일하고 누이는 무속 인이고 아내는 역술인으로 살아간다. <丙화도 辛금도 巳화도 申금도 묶여서 역할이 안 됨>

第 30 題

火가 많고 金이 적으면 약해서 녹이지 못한다.

火는 金을 만나야 쓸모가 있고 출세를 한다. 그러나 金이 지나치게 많고 火力이 허약하다면 태산 같은 金덩어리를 등잔불로 녹이는 것처럼 애는 쓰되 녹일 수가 없다. 金은 金대로 답답하고 초조하며 지루하고 염증이 생기며 숨이 통하지 않고 소화가 불능이니 몸부림치고 발버둥 칠 따름이다. 머리를 짜고 꾀를 다하여 동분서주해도 녹일수가 없으니 만사가 허사다. 세상 사람이 그를 무능력자로 비웃으니 울화가 치밀고 얼굴을 쳐들을 수가 없다. 귀가 막히고 말이 통하지 않는다. 어리석고 우물 안의 개구리처럼 아집이 강하며 융통성이 없고 아량과 이해성이 없으며 대화가 통하지 않는다. 그와 같이 그는 세상에 어둡고 사리에 어두우며 우매하고 미련하고 옹고집이다. 어느 것 하나 능한 것이 없듯이 성사되는 것이 없다. 만사가 막히고 침체하듯이 소화가 안 되고 체증이 있으며 간이 약하고 심장이 허약하여 기혈이 막히고 만사가 완만치 못하다.

[원문 해설]
火가 해야 할 일을 金을 녹이는 일이다. 金도 많고 火도 많으면 건강한 사람이 할 일이 많은 것이지만 火는 강한데 金이 약하든지 金은 많은데 火가 약하다면 金은 金대로 火는 火대로 답답하고 느리고 지연 된다는 말이다.

乾命	丁丑	戊申	丁酉	辛丑
수	10	20	30	40	50	60	70
대운	丁未	丙午	乙巳	甲辰	癸卯	壬寅	辛丑

<火少金多의 命>

위 사주는 申월생의 丁화가 土금이 많아 허약한 命으로 比劫이 용신이다. 남방火운에는 대학을 졸업하고 회사생활을 했고 甲辰대운 초에 자영업을 시작하여 열심히 운영하다가 辰대운 말 크게 부도를 내게 되었다. 본명은 식상생재격 으로 火金에 土가 통관지신이다. 土를 극하는 木운은 불리하다. 동방木운인 壬寅 癸卯운에 손재가 많았다. 본명은 火少金多의 命으로 "金이 지나치게 많고 火力이 허약하다면 태산 같은 金덩어리를 등잔불로 녹이는 것처럼 애는 쓰되 녹일 수가 없다. 金은 金대로 답답하고 초조하며 지루하고 염증이 생기며 슌이 통하지 않고 소화가 불능이니 몸부림치고 발버둥 칠 따름이다. 머리를 짜고 꾀를 다하여 동분서주해도 녹이수가 없으니 만사가 허사다. 세상 사람이 그를 무능력자로 비웃으니 울화가 치밀고 얼굴을 쳐들을 수가 없다."

坤命	乙酉	戊子	丁巳	己酉

위 사주는 子월 丁화가 戊己土식상이 월 시간에 나타나고 年과 時에 酉금 편재를 놓으니 식상생재격이 된다. 재물과는 인연 있어 돈을 많이 벌었으나 夫星과는 인연이 적어 미혼모로 살아간단다. 木火운에 발복하고 金水 운은 꺼린다. 辰대운에 사업 확장 壬申 癸酉 두 해에 부도내고 망하였다.

第 31 題

사주를 볼 때에는 오행의 면면을 살피고 사주 판의
세력을 본 연후에 좋고 나쁨과 그 힘을 봐야한다.

命을 관찰하는 데는 먼저 五行의 체(體)와 면(面)과 형국(形局)과 대세(大勢)를 분석한다. 體는 下體인 地支를 말하고 面은 얼굴인 天干 上體를 말한다. 가령 庚申하면 庚은 얼굴인 (面)이요, 申은 體에 해당한다. 庚辛은 金의 面이요 辛酉는 金의 體이며 壬癸는 水面 이요, 亥子는 水의 體이며 丙丁은 火의 面이요, 巳午는 火의 體이며 甲乙은 木의 面이요, 寅卯는 木의 體이며 戊己는 土의 面이요, 辰戌丑未는 土의 體다. 體를 가진 面은 뿌리 있는 싹으로서 힘차게 자라나고 꽃이 피며 푸짐한 열매를 맺듯이 面을 가진 體는 싹이 튼 뿌리요 얼굴을 가진 육신으로서 체력이 왕성하게 치솟고 보람 있는 공을 세우는데 반하여 체가 없는 면은 체가 없는 면은 뿌리 없는 나무요 하체를 잃은 얼굴처럼 초라하고 무기력(無氣力)하며 꽃피고 열매 맺기란 하늘의 별따기 듯이 面없는 體는 싹없는 뿌리요 얼굴 없는 몸 등이 같이 재능(才能)은 있으나 나타낼 기회를 얻지 못해서 평생(平生) 발버둥 친다. 그야말로 體面을 세울 수가 없다. 무엇을 해도 체면이 서질 않는다. 體와 面을 갖추었으면 사회적 활동의 기회는 충분히 있으나 얼마만큼의 능력(能力)을 가졌느냐? 가 문제다. 득령(得令)을 한 것은 대권을 잡은 것이니 가장 왕성하고 三合이나 方合으로 局을 이루었으면 천하대세를 잡으니 득령 보다도 우세하다. 만일 때를 잃은 실령자(失令者)이거나 형 충 파 해 또는 칠살의 극해를 입은 자는 무기력하고 병든 노약자로서 아무런 작용도 하기 어렵다. 體와 面이 반듯하고 건전하며 형국과 세력이 완전한자는 왕성하고 강대한 유능자로 판단하고 體와 面이 불실하고 형국과 대세가 어지러 운자는 쇠퇴하고 허약한 무능자로 판단을 해야 한다. 그와 같이 왕쇠강약(旺衰强弱)은 體面과 국세(局勢)를 바탕으로서 종합적으로 결론을 내려야 한다.

[원문해설]
 사주를 볼 때는 제일 먼저 오행의 체면과 형국과 대세를 분석한다는 말로 체면이란 천간은 얼굴이고 지지는 몸이란 말로 뿌리를 내렸는가, 를 보고 그다음이 형상과 세력을 어느 오행이 잡고 있는가를 살펴야한다는 말이다.
體와 面을 갖추었으면(뿌리내린 오행)사회적 활동의 기회는 충분히 있으나 얼마만큼의 능력(能力)을 가졌느냐? 가 문제다. 득령(得令)을 한 것은(월지를 얻은 것) 대권을 잡은 것이니 가장 왕성하고 三合이나 方合으로 局을 이루었으면 천하대세를 잡으니 득령 보다도 우세하다. 만일 실령(失令)했거나 형 충 파 해 또는 칠살의 극해를 입은 자는 무기력하고 병든 노약자로서 아무런 작용도 하기 어렵다는 말로 일단 사주는 형 충 파 해가 안 걸려야 하고 뿌리가 있어 반듯하고 건전하며 형국과 세력이 완전한자는 왕성하고 강대한 유능자로 판단하고 뿌리가 불실하고 형국과 대세가 어지러 운자는 쇠퇴하고 허약한 무능자로 판단을 해야 한다. 그와 같이 왕쇠강약과 뿌리를 바탕으로서 종합적으로 결론을 내려야 한다는 것을 설명한 것이다.

體面(몸 체 낯 면): 얼굴과 몸으로 면은 천간 체는 지지를 말한다.
得令(얻을 득, 우두머리 령) 일간이 월지에 인비를 본 것을 말한다.
失令(잃을 실, 우두머리 령)월지에 식재관이 놓여있을 때를 말한다.

1965년 04월 01일 酉시생				
乾命	乙巳	庚辰	乙卯	乙酉

수	9	19	29	39	49	59	69
대운	己卯	戊寅	丁丑	丙子	乙亥	甲戌	癸酉

위 명조의 경우는 관살태왕에 자신의 존재가 없어지는 팔자입니다. 辰월로 목왕절(木旺節-寅卯辰월은 木이 강한 계절)의 乙卯일주이고 천간에 2乙木 비견이 나타났음에도 천간에서는 乙庚이 합을 하고(乙庚합을 해서 金으로 변했다는 것이 아니고 묶여있어 비견의 역할이 안 됨)지지는 卯酉가 상충 되어 충거(沖去-충해서 없어지거나 힘을 못 씀)로 상했고 辰토는 辰酉합 巳화는 巳酉합을 하고 있습니다. 합이란 근본적으로 묶임의 의미로 각자의 역할이 잘 안 된다는 것이지요, 그렇다면 이런 식으로 합 충이 안 걸리는 글자가 없이 걸려버리면 일단 문제성이 있는 팔자로 보아야 합니다. 또한 四柱는 네 기둥이 얼마나 튼튼한가도 살펴야 하는데 근본은 튼튼하게 태어났음에도 합 충 에 의해 허약한 명이 된 것입니다. 일단 인체나 사주나 허약하면 자신의 역할을 못함으로 신의 제자라든지 어디에 의지하고 살아야 합니다. 팔자는 못 속인다더니 강 ○ ○ 님 팔자도 좋은 팔자는 못 됩니다.

[문] 용신이 무엇일까요?

명리학을 공부하거나 개업을 한 분들도 용신이 전부인양 용신에 목숨 걸고 있는 분들이 많은데요, 用神이란 글자그대로 내 사주에서 쓸 만한 별을 의미하기에 좋은 역할을 하는 것이지 사주전체가 용신이 좌지우지 할 수 없습니다.

강 ○ ○님의 명조에서 용신을 찾아보자면 水가 용신일 수 있습니다. 그런데 水가 원국에 있었더라면 이렇게 고달픈 삶은 안 살게 되었을 겁니다. 金과 木이 상전(相戰), 서로 싸우는 사주는 水가 있어 통기(通氣)시키면 좋습니다. 그래서 水를 통관용신 그러죠, 그런데 水가 와서 좋을 수도 나쁠 수도 있습니다. 예를 들자면 천간으로 오는 壬수나 癸수는 대체적으로 좋습니다. 그런데 지지로 오는 亥수는 巳亥 충 子수는 子卯 형을 합니다. 亥子水가 천간에 어떤 오행을 달고 오느냐에 따라 다를 수 있으나 巳亥충이 되면 활동이 정지되는 상황이니 하는 일에 막힘이 많고 子卯 형은 막히고 지연되고 관재구설이니 답답함이 발생하는데 문서나 육친으로 나와 가까운 사람들 즉 내 형제 또는 친구들과 분쟁 구설이 따를 수 있습니다. 壬申년에 좋았다고요? 壬수는 정인으로 나한테 좋은 별이고 申금은 巳申 형을 하지 않고 巳申 합을 합니다, 合水되어 좋습니다. 사주에서는 선합망충(先合忘沖)이 원칙이기도 하지만 이 사주에서 申금이 들어오면 辰토가 바로 옆에 있어서 申辰반합水기가 되고 巳申이 만나서 水로 변한다, 이 말입니다. 사회복지사 시험합격은 壬수 문서의 영양인데 지지에 申금이 정관인데 명예죠, 관인상생(官印相生)되어 막힘없이 잘 되는 해입니다. 그런데 말입니다. 丙戌년은 안 좋았다고요. 그 이유부터 말씀 드리자면 丙화는 상관입니다. 이 사주에서 火가 용신이라고 하는 사람들은 金기가 강해서 火로 눌러주라는 말인데요, 丁화는 좋은데 丙화는 상관성이라 불리한 것입니다. 상관 운을 만나면 내 몸을 지켜주는 정관 이상하기 때문에 내 몸이 상하거나 아니면 범법행위 등을 하게 됩니다. 더군다나 丙화가 戌토를 달고 들어와 辰戌 충 하게 되는데 이 사주에서 辰戌 충을 하면 庚辰 괴강살을 건드리게 되어 발동하므로 싸움질 등이 발생 할 수 있습니다. 그러므로 水나 火가 좋은 역할을 다 하는 것이 아니라 오행

글자에 따라 좋을 수도 나쁠 수도 있으므로 水용신이라고 水가 다 좋은 것이 아니고 火용신이라고 火만 오면 다 좋은 것은 아니기 때문에 용신은 참고정도로 하고 합 충의 변화 중화의 변화 등을 보고 희기를 따져야 합니다.

위 사주에서 보듯이 乙卯로 體와 面이 좋아도 합 충 형 또는 칠살의 극해를 입은 자는 무기력하고 병든 노약자로서 아무런 작용도 하기 어렵다. 體와 面이 반듯하고 건전하며 형국과 세력이 완전한자는 왕성하고 강대한 유능자로 판단하고 체와 면이 부실하고 형국과 대세가 어지러운 자는 쇠퇴하고 허약한 무능자로 판단을 해야 한다.에 해당함

坤命	壬戌	甲辰	戊寅	丙辰			
수	7	17	27	37	47	57	67
대운	癸卯	壬寅	辛丑	庚子	己亥	戊戌	丁酉

위 명조의 경우는 辰월의 戊토가 실지했어도 득세하여 신강한 명조인데 더욱 기쁜 것은 천간에 甲丙壬이 나타나서 구색을 갖춰주고 네 기둥이 튼튼하여 단단하게 지어진 가옥처럼 어지간한 풍랑은 견딜 수 있어 대 세운이 약간 불리해도 큰 기복 없이 잘 살아가는 팔자이다. 다시 네 기둥을 살펴보자면 壬수는 辰토 水庫지에 뿌리하고 甲목은 인목에 뿌리했으며 戊토는 辰토에 丙화는 寅목에 뿌리 하여 四柱가 강건하고 형상으로 보아도 辰월의 戊토가 관성인 甲목이 유력하니 夫星과 직업성이 좋고 나무를 키우는 땅으로 물과 불이 있어 모자람이 없으니 살아가면서 막히고 답답함이 없는 부귀명(富貴命)이다.

乾命	丁巳	辛亥	甲申	庚午
수	5	15	25	35	45	55	65
대운	庚戌	己酉	戊申	丁未	丙午	乙巳	甲辰

위 명조는 월지 亥수가 핵(核-중심, 핵심)이다. 관살이 혼잡되고 식상이 혼잡 된 상태에서 관성은 관인상생으로 순한 양같이 변하고 식상은 조후도하면서 관살을 제금하므로 분수를 지키고 중화를 이룬다. 만약 亥수 인수가 없었다면 관살은 甲목을 강하게 극하고 식상은 강하게 설기시켜 삶이 순탄치 못했을 것이다. 비록 체와 면이 부실해도 득령(得令)을 한 것은 대권을 잡은 것이니 가장 왕성하고에 해당 되며 體와 面이 부실하지만 생극제화(生剋制化)가 원만하여 좋은 사주에 속한다. 위 사람은 제2 금융권에 근무하는 자로 잘 나가는 사람이다. 그러나 丁화를 만나는 해는 별로 좋지 않았다며 丁酉년은 어떤지 물어온 사례인데 과거 丁亥나 丁丑은 불안 초조했다는데 丁화는 상관성이라 불리한 것이지만 지지에 무슨 글자를 달고 오느냐에 따라 약간 다르게 나타난다. 丁亥는 상관성이 인수를 달고 와서 인수가 충을 먹어 불리한 것이고(巳亥沖) 丁丑은 상관이 관고(官庫인 丑土)를 달고 와서 직장문제가 원만치 못했으며 丁酉는 상관이 見官을 한 해로 직장 문제성이 있을 것 같지만 酉금은 庚금의 왕지라서 무난하게 넘길 것이다, 그래도 관에 타격이 있을 것이니 매사 잘 챙기라고 말해주었다. 아무리 좋은 팔자라도 대 세운에 따라 변화가 있게 되고 굴곡이 있게 된다.

第 32 題

金이 많고 水나 火가 없으면 완전한 金일 뿐이다.

　金이 왕성(旺盛)한데 설기하는 水나 녹이는 火가 없으면 쓸 모없는 무쇠덩이로서 아무런 조화도 부리지 못한다. 인간이 움직이고 돈을 벌고 먹고사는 것은 모두가 조화의 형상이다. 조화를 부리지 못하는 金은 활동할 기회와 재능이 없듯이 생활이 불가능 하다. 오장육부의 기능 또한 온전할 수가 없으니 소화나 기혈의 순환 또한 온전할 수가 없다. 숨이 통하지 않는 꽉 막힌 사람이니 세상물정이나 사리가 통할리가 없다. 어리석고 우물 안의 개구리 같은 봉건적이고 봉쇄적인 유아독존의 아집에 사로 잡혀서 무엇 하나 통하고 능한 것이 없다. 답답하고 미련하고 본능적이며 욕심만 부리고 인정사정없다. 일찍이 주색을 탐하고 본능적인 향락에 빠지며 마침내는 과색으로 허로(虛勞)하여 지치고 병들어 오래도록 고생하다가 죽는다. 그러나 戊寅日生이나 戊寅時生이면 절처봉생으로 도리어 부(富)하고 장수(長壽)할 수 있다.

[원문해설]

　金은 불로 녹여 그릇을 만들던지 물로 닦아 빛나게 함이 좋을 진데 火나 水가 없으면 금덩어리 자체일 뿐이므로 삶이 정지된 상태요, 건강 또한 기혈이 막힌 형상으로 온전할 수가 없고 어쩌면 우매하여 욕심과 주색에 빠질 가능성이 많다는 말이다. 오행은 금뿐이 아니라 모든 오행은 설기하고 제지하지 않으면 막힌 형상으로 삶이 원만하지 못하다.

絶處逢生(끊을 절, 곳 처, 만날 봉, 살생): 끊어진 곳에서 생을 만나다.
長壽(긴 장, 목숨 수): 오래 사는 것,
虛勞(빌 허, 힘쓸 노: 노력한 만큼 소득이나 공이 없다.

| 坤命 | 丁丑 | 己酉 | 庚申 | 乙酉 |

위 사주는 庚일생이 酉丑金局을 이루고 천간에서 乙庚合化金하니 終革格이 분명한데 年干에 나타난 丁화가 있어 가종(假從)으로 보아야 한다. 종격은 진종이라야 좋고 가종은 불리한 점이 많다. 또한 금이 旺한데 설기신인 水가 없는 것이 결점이다. 만약 수가 있었더라면 년간에서 부터 월로 월에서 일로 일에서 水가 시간 乙목만 生 할 수 있었으면 貴命인데 참으로 안타까운 命이다. 사주에서 財官이 없어졌으므로 무용지물이나 다름없는 금덩어리가 된 것이다. 본명은 비구니 스님의 命인데 고서에서 말하기를 신왕무의 위승도 (身旺無依 爲僧道)라 했고 화개가 봉공(華蓋가逢空)하니 정통승도 (正統僧道)라 했으니 이명은 중 팔자인 것이다.

乾命	辛巳	辛丑	辛酉	甲午
수	1	11	21	31	41	51	61
대운	庚子	己亥	戊戌	丁酉	丙申	乙未	甲午

위 사주는 巳酉丑 金局을 이루어 金이 왕한 사주지만 위 일간 辛금은 보석금으로 불로 지지면 없어지는 金이다. 그러나 金旺하고 丑월 凍金이니 火를 용해야 할명이다. 그러나 용신 巳午화가 己亥대운 己亥년에 용신이 충 극하니 19세 젊은 나이에 세상을 뜨고 말았다고 하니 이 사주도 水가 원국에 없어서 문제가 된 경우로 보아야 한다. 그러므로 왕금은 설기신이 있어야 함을 다시 한 번 생각게 하는 사례이다.

第 33 題

甲乙木 일간은 흙에 뿌리내고 水로 기상을 펴고
金으로 다듬어야 재목이 된다.

木日生은 土로서 뿌리를 재배(栽培)하고 水로서 지엽(枝葉)이 신장(伸長)하며 金으로서 전지(剪枝)하여 성재성기(成材成器)한다. 土를 얻으면 뿌리가 튼튼하니 기반을 잡고 장수하며 정착(定着)할 수 있고 水를 얻으면 가지와 잎이 무성하니 형제자매(兄弟姉妹)가 번창하고 자녀(子女)또한 창영(昌榮)하며 金을 얻으면 교양과 율법을 갖춤으로서 언행이 단정하고 유능한 인재로 출세한다.

[원문해설]
甲乙목인 사람들은 土가 있어야 뿌리내리고 물인 水를 만나야 가지가 번성하며 金인 쇠로 다듬어야 재목으로 적재적소에 쓰일 수 있다는 말이다.

得: 얻을 득. 根: 뿌리 근. 培: 북돋을 배. 技: 재주 기. 暢: 펼 창.
成: 이룰 성. 材: 재목 재. 枝: 가지 지. 葉: 잎 새 엽. 剪: 자를 전.
伸: 펼 신. 長: 길 장. 昌: 창성할 창. 榮: 영화 영. 定: 정할 정,
着: 붙을 착.
得土根培(득토근배): 木은 흙을 얻어야 뿌리를 북돋아 잘 키운다.
得水技暢(득수기창): 木은 물을 보아야 펼치는 재주를 보인다.
得金成材(득금성재): 木은 金인 쇠를 만나야 큰 재목으로 다듬다.
枝葉剪枝(지엽전지): 木의 가지와 잎을 잘라 다듬다.
成材成器(성재성기): 재목을 만들고 그릇을 만들다.
伸長(신장): 길게 펴다.
昌榮(창영): 번창하고 영화롭다.
定着(정착): 안정 되게 붙다. 완전하다.

| 坤命 | 庚辰 | 戊寅 | 甲辰 | 庚午 |

위 사주는 寅월 甲목이라도 財官이 득세하여 신허 하므로 화를 못 쓰고 인비(印比:인성과 비겁)를 써야 하는 사주이다.

| 乾命 | 壬午 | 壬寅 | 甲辰 | 己巳 |

위 사주는 寅월 甲목이 인수가 득세하여 신강 하므로 火土를 써야 하는 팔자이다. 무관사주로 직장생활은 정년하기 어렵지만 대운에서 관운이 늦게까지 들면 정년도 하는데 본명은 55세 대운이 戊申대운이라서 관운은 들었지만 申금이 寅巳申 삼형을 먹어 58세 기묘년에 회사를 그만두게 되어 자영업을 시작했으나 어려움이 많다고 한다.

| 乾命 | 壬辰 | 辛亥 | 甲子 | 甲戌 |

위 사주는 亥월 甲목이 음습한 金水의 기운이 강하여 火土를 써야 하는 팔자이다. 초년 壬子 癸丑 운은 음습한 운이라서 조실부모하고 편모슬하에서 자랐으며 甲寅운은 무난하여 결혼도하고 좋았는데 乙卯 운부터 신병으로 고생하였고 丙辰운을 만나면서 발복하여 잘나가더니 丁巳운을 만나면서 변화가 감지되기 시작하여 집안에 우환이 잦고 자신도 건강에 이상 징조가 보인다고 한다. 이 사주는 水기 태왕으로 火土로 조후하고 뿌리내려야 하는데 火도 巳화나 午화는 문제가 발생하고 丙화는 좋고 정화는 상관이라 불리하며 巳화는 해수를 충하고 午화는 왕신 子수를 충하여 대흉(大凶)하다.

第 34 題

甲乙木은 寅卯목을 기뻐하고 三合木局이면 어질고 장수 한다.

 木은 寅卯에서 성숙하니 춘생(春生)과 寅卯를 기뻐하고 만일 三合木局을 이루었다면 춘생이 아니더라도 신왕(身旺)하니 인다(仁多)하고 장수(長壽)한다. 木人은 火多하면 분목(焚木)이 되고 金多하면 손신손수(損身損壽)하며 토허(土虛)하면 재배(栽培)가 불능(不能)이고 수범(水泛)하면 윤(潤-윤택할 윤)하지 못하니 몸이 온전할 수 없는 동시에 만사가 허명허리(虛名虛利)로 끝나고 유시무종(有始無終)하다 그러나 춘생목(春生木)이나 寅卯 또는 三合을 얻으면 이미 성숙하였으니 그 피해(被害)는 감소(減少)된다.

[원문해설]

 甲乙목은 봄인 寅卯월에 나아야 뿌리내려 튼튼하다는 말이고 三合木局(亥卯未)되어도 신주가 강하니 어질고 장수한다는 말이고 火가 많으면 木이 다타버리고 金이 많으면 칠살되어 나를 치니 몸이 아프거나 장수 못하게 되고 토가 없다면 뿌리내리지 못하여 자라지 못하며 물이 많으면 윤택하지 못하고 떠다니는 나무되며 이름만 근사하지 실속이 없고 시작은 있으나 끝이 없다. 그러나 봄 생이거나 삼합목국(三合木局)을 이루면 이런 점이 적어진다는 말이다.

春生(봄 춘, 날 생): 봄에 태어난 사주.
焚木(불사를 분. 나무목): 나무가 불타버린다.
損身損壽(덜 손, 몸 신, 목숨 수): 몸도 상하고 수명도 짧아진다는 말.
栽培(심을 재, 북돋을 배) :심어서 잘 키운다는 말.
水泛(넘칠 범, 물 수) :물이 넘쳐흐른다.
虛名虛利(빌 허, 이름 명, 이로울이) :이름도 이로움도 없다는 말.
有始無終(있을 유, 처음 시, 없을무, 끝 종): 시작만하고 끝이 없음>

乾命	甲子	丙寅	甲寅	乙亥
수	10	20	30	40	50	60	70
대운	丁卯	戊辰	己巳	庚午	辛未	壬申	癸酉

위 명조는 건록격 사주에 대인군자의 성격으로 강직하여 푸른 대나무와 같도다. 水木火 3신이 상생되고 丙화가 월간에 나타나 왕성한 나무는 丙화를 만나야 精을 뿜으니 光明이 환히 통하는데 이를 木火通明이라 말한 것이다. 운로까지 木 火운으로 50년간 운행되고 말년에 金운을 만나니 금상첨화로다. 春生이 5木2水로 신태왕(身太旺)하니 인다(仁多)하고 장수(長壽)한다. 만약 병화가 없었다면 상황은 달라진다.

| 乾命 | 庚戌 | 丁亥 | 甲午 | 癸亥 |

위 명조는 오행을 두루 다 갖추고 인수와 상관성이 유력하여 좋을 것 같지만 문제점이 보인다. 亥월 亥시생이 癸수가 시간에 나타나서 인수인 水가 태왕하다. 그런가하면 丁午 火상관이 나타나 水火 相戰을 한다. 그런데 甲목이 뿌리 할 寅卯 목은 보이지 않고 戌土 또한 午戌 火局을 이루어 "토허(土虛)하면 재배(栽培)가 불능(不能)이고 수번(水泛)하면 윤(潤-윤택할 윤)하지 못하니 몸이 온전할 수 없다"에 해당 되는 사주로 관운도 좋아 공무원으로 서울 시청에 근무하다 그만두고 다시 외무부 공무원으로 전직하여 잘 살고는 있는데 신장병으로 이틀에 한번 씩 투석하고 있다. 이와 같이 오행전구에 사주가 멀쩡해 보여도 병든 것을 찾아내야 한다. 또한 결혼도 못하고 독신으로 산다.

| 乾命 | 甲寅 | 庚午 | 甲午 | 庚午 |

　위 명조는 甲목 일간이 年柱에 甲寅목을 놓고 월 일시지에 3午화가 連坐하고 월 시간에 庚금이 나타난 명조로 특이한 팔자이다. 행시로 5급사무관으로 근무하고 있는데 丙申년에 4급서기관으로 승진 했다. 그런데 이 사람 병신년에 척추디스크로 20여 일간 병원에 입원해 치료 받고 겨우 퇴원한 상태다. "金多하면 "손신손수(損身損壽)한다"는데 건강관리 잘 해야 할 것이다.

| 坤命 | 丙申 | 丙申 | 甲戌 | 丙寅 |

　위 여명은 財官이 약한 팔자로 남편의덕이 적다. 申금관살이 丙화 아래에 놓여있어서이고, 戌土재성이 甲寅목과 두 申금에 제설(制洩)당해 허약한 상태여서 재물의복이 적은 것이다. 본명 주인공은 丙午년 남편과 사별하고 포장 이사짐쎈터에서 일하며 살아간다. 역마성이 강해 이사짐쎈터 일이 맞다. "무수(無水)에 토허(土虛)하면 재배(栽培)가 불능(不能)이고"에 해당 되어 힘겨운 삶을 살아가게 되는 甲목 인 것이다.

　木일간 사람들은 위 사례에서 보았듯이 木은 生物이라 흙인 土도 있어야 뿌리내리고 볕인 火도있어야 성장하고 쇠인 金도 있어야 다듬어 쓰임새에 쓰이며 물인 水도 있어야 윤택하게 벗어나가고 木도 있어야 그 힘을 발휘 할 수 있으니 오행전구(五行全具)가 제일이다.

損身損壽(덜 손, 몸 신. 목숨 수): 손 신은 병고요, 손수는 단명을 말함.
五行全具(오행 전구)란? 명조에 오행을 다 갖추었다는 말이다.

第 35 題

水는 亥子수에 뿌리를 내리고 寅卯辰巳에서
수납한다.

水는 亥子를 원천(源泉)으로 하니 亥子가 있으면 生生不息이다. 寅卯辰 東方과 巳에서는 水火가 水를 收納하니 氣를 잃는다. 北方水地에서는 水氣가 旺盛하고 氾濫하여 파란(波瀾)이 萬丈하고 起伏이 無常한데 반하여 東方木地에서는 水氣가 衰退함으로서 風浪이 잠들고 平和를 누리다. 亥子月生은 木氾波高하니 土多함을 기뻐하고 東方運에서는 水氣는 衰退하였다하나 역시 土가 약간 있는 것이 木을 기르는데 有益하다. 그러나 土多하면 土가 水氣를 모두 흡수하고 木을 成育할 수 없음으로서 크게 꺼린다. 水는 申西酉方에서 生하고 亥子北方에서 水는 슬기롭게 水旺則智盛하기 때문이다.

根源(근원): 뿌리 근, 근원 원-근본의 뿌리가 된다.
納平(납평): 바칠 납, 평평할 평-고르게 거두어 가다
源泉(원천): 근원 원, 샘 천,-근본 뿌리를 말함 샘이 솟는 근본,
收納(수납): 거둘 수 바칠 납-거두어드리는 것.
旺盛(왕성): 왕성할 왕, 담을 성,-기운이 왕 하여 짐을 담다.
氾濫(범람): 넘칠 범, 퍼질 람)- 물이 넘쳐 퍼져나감
波瀾(파란): 물결 파 물결 란-물결이 세게 일다.
萬丈(만장): 크고 길다 가득하다
無常(무상): 없을 무, 형상 상- 형상이 없다.
衰退(쇠퇴): 쇠할 쇠, 물러날 퇴,-늙어서 힘이 약하다.
風浪(풍랑): 바람 풍, 물결 랑.-바람으로 물결이 일다.
平和(평화): 평평할 평, 화합할 화.- 안정되고 화합한 형태.
木氾波高(목범파고): 물갈래 파. -나무가 높은 파고에 떠다님.
成育(성육): 이룰 성, 기를 육,- 기르고 이룬다.
水旺則智盛(수왕즉지성): 지혜지. 담을 성,-수왕하면 지혜롭다.

[원문 해설]

 물은 亥子가 물의 근원이 되고 뿌리가 단단해야 잘 흐른다는 말이고 동방 木과 巳에는 물기 흡수가 잘 되어 힘이 빠지고 북방 水운은 水기가 왕성하여 어쩌면 범람으로 파란이 많고 기복이 심하여 무상함을 느끼지만 동방목지를 만나면 풍랑은 잠들고 평온해져서 평화를 누리게 된다는 말이다. 亥子월에 태어난 사람은 물이 많아 木은 물에 뜨고 파고가 심하니 土가 많음을 기뻐하고 木운을 만나도 土가 있어야 뿌리를 내릴 수 있고 그러나 土가 너무 많으면 水기를 말려 木을 기를 수 없으니 물은 겨울 운이나 가을 운에 지혜로워진다는 말이다.

1961년10월19일07시생						
坤命	辛丑	己亥	癸亥	丙辰		
수	4	14	24	34	44	54	64
대운	庚子	辛丑	壬寅	癸卯	甲辰	乙巳	丙午

<원문과 딱 맞아떨어진 사주의 사례>

 위 女命은 亥월의 癸수가 일지에 다시 亥수를 놓았으며 지지모두 水기로 충만하니 木火로 다스려야 하는데 원국에 火는 있으나 木이 없는 것이 결점인데 다행이도 청 장년기 30년 동안 동방 木운으로 흘러서 기쁘고 이어서 바로 말년 30년이 火운이라서 일생 동안 무난하게 살아갈 것이다. 다만 원국에 수기충만(水氣充滿)한데 설기신이 없어 마음이 음흉하여 드러내 놓음은 적고 감추려는 마음이 강하며 亥中戊土와 暗合이 妬合되어 숨겨놓은 남자있다 로 보아야 하는데 이 여인 젊어서부터 부부가 오랫동안 떨어져(해외파견근무 현재 중국)있어 애인을 둘 수밖에 별 도리가 없었다고 실토하기에 사주 상으로 숨겨놓은 남자가 있는 팔자라고 말해주었다.

金水의기가 왕성하여 어쩌면 번뇌으로 파란이 많고 기복이 심하여 무상함을 느끼지만 동방목지를 만나면 풍랑은 잠들고 평온해져서 평화를 누리게 된다는 말이다. 亥子월에 태어난 사람은 물이 많아 木은 물에 뜨고 파고가 심하니 土가 많음을 기뻐하고 木운을 만나도 土가 있어야 뿌리를 내릴 수 있고 그러나 土가 너무 많으면 水기를 막혀 木을 기를 수 없으니 물은 겨울 운이나 가을 운에 지혜로워진다는 말이다. 라는 원문과 딱 맞아 떨어진다. 水기가강한데 木은 없지만 土기가 강해서 둑을 쌓을 수 있었고 木운을 만나서 흙과 물이 섞인 경우라서 木이 뿌리내릴 수 있어서 평온하고 안정 된 삶을 살아가는 것이다. 본명의 주인공은 남편은 기술이사로 중국에 근무하기에 재정적인 궁핍도 없고 자신도 직장생활 원만하게 하고 있고 현재 사귀고 있는 5년차 애인이 머리에서 발끝까지 모두 다 챙겨준다니 이런 행복이 어디 또 있겠느냐 말해주었다. 다만 불륜이란 단어가 따라다니지만 젊은 나이부터 부부가 떨어져 살아왔으므로 끓는 열정을 참아가며 살기란 힘들었을 것이다. 그러므로 이 여인에게 그 잘못을 다 떠넘길 수 있으랴 동정이 가기도 한다. 오랫동안 떨어져 살아온 관계라서 오히려 남편이 객 같고 애인이 주인 같다면서 이 또한 팔자소관이냐고 상담해온 사주다.

위 사례는 申酉戌의 물이다. 비록 土는 없지만 木이 많아 壬수 물이 설기가 잘 된 경우이다. 3신이 상생 되어 좋은 팔자지만 火土가 없어 안정감이 적다. 삶은 풍요롭고 막힘이 없었는데 건강이 안 좋아 약간의 풍기가 있다.

전화로 상담해온 사주를 감명해서
매일로 보내준 것을 공부차원에서 올려봅니다.

1969년11월06일 낮 시간출생						
坤命	己酉		丙子	癸亥		丁巳
수	8	18	28	38	48	58	68
대운	丁丑	戊寅	己卯	庚辰	辛巳	壬午	癸未

    여사님 사주는 물 달에 물로 물 날 태어나서 물 기운이 강한 사주랍니다. 물은 水(물수)라 하여 임수(壬)라는 바다 같은 물이 있는가하면 계곡에서 작지만 맑게 흘러나오는 맑은 물도 있습니다. 이물을 역술용어로 계수(癸)라 하는데 여사님은 癸수로 태어났습니다. 물 달 물 날 물로 태어났으므로 강한 물입니다. 물이라는 것은 지혜롭다하여 水는 智(지혜지 슬기지)라 하지요, 그러므로 차분하고 지혜롭고 슬기로운 성품을 가지고 있습니다. 약간 내성적이긴 해도 말입니다. 그런데 사주에 문제가 있어요, 물은 생물을 기르는 역할을 하는 것인데 본인사주에 생물인 목(木-나무목) 즉 나무가 없습니다. 그런데 남편에게 木이 3개나 있으므로 남편을 보는 순간에 뿅 간 것이죠, 그래 바로 이 사람이야! 내가 필요한 내 남편 깜이야, 하고 결혼에 골인 한 것입니다. 그런데 말입니다. 물을 막 남편에게 주고 싶은 거예요, 인간사에서는 잘 되라고 말 하는 잔소리인 것입니다. 그래서 아내 말만 잘 들으면 남편이 잘 될 것인데 라고 한 것이죠, 남편입장에선 행여나 물이 많아 홍수로 나무가 떠내려갈까 염려도 하는 거죠, 그런가하면 壬수는 바닷물로 따뜻한 물인데 癸수는 차가운 물이거든요, 더욱이 차가운 11월 달 차가운 물이라서 남편은

염려하는 거죠, 남편입장에서는 내 아내 물은 차가운 물이라서 잘 못하면 동상에 걸려 나무가 꽁꽁 얼어 죽을 것 같은 거예요, 그럴 수도 있어요, 그런데 아니라는 거죠, 여사님이 태어난 시간이 아침에서 낮에 태어났으므로 따뜻한 시간 즉 불로 녹인 물이라는 것인데 남편은 차가운 물로만 생각하는 것입니다. 착각이요, 견해차이입니다. 남편사주에서 나무인 木이 관성이라 하여 직업의 별입니다. 직업의 별이 나무인 木이므로 아내의 따뜻한 물을 주면 잘 클 것인데 말입니다. 그래서 남편 사업장에 아내가 왔다만 가도 귀인 역할로 잘 된다고 한 말입니다. 이해가 되시나요, 하 하 하 사주이야기 그럴 듯합니다. 사실이거든요,

다시 아내인 여사님 성정 성품으로 돌아갑니다. 위에서 잠시 언급했듯이 지혜롭고 영리하고 차분한 성격이지만 나름대로 성질나면 불같은 성격일 수도 있습니다. 남편이 너무 무서워서 커서 꼼짝 못할 뿐이지 나름대로 한 성질 하는 성격인데 꾹 참자니 속병 생길까 염려 됩니다. 내속에 들어있는 생각, 하고 싶은 말을 해야 속이 풀리겠는데 남편은 두 마디만 하면 입을 딱 막아 버립니다. 속 터지지요, 열불나지만 참습니다. 속이 터져 썩어 버립니다. 그래서 필자는 이런 경우 친구를 사귀라고 말합니다. 남자친구면 더욱 좋겠는데 남자는 대형사고 날 염려가 있으니 여자 친구, 내말 잘 들어 줄 수 있는 나와 의사소통하고 내편 되어 줄 수 있는 사람 말입니다. 그리고 취미생활 여가생활로 스트레스 풀고 속에 있는 말도 품어내고, 재미를 그곳에 집중시키면 남편에게 매달리지 않을 수 있거든요, 이 나이쯤 되면 남편은 애인이나 사랑하는 그이가 아니라 가족일 뿐이거든요, 없으면 허전하니까, 그냥 버팀목정도면 족합니다. 또 방법이 있습니다. 일주일에 한번정도는 노래방에 가서 혼자도 좋고 친구하고 둘

107

이도 좋고 노래방에서 한 시간 정도 곡조 가사 필요 없이 내 맘대로 질러댑니다. 한 시간 후면 속이 확 풀립니다. 속을 풀어내지 않으면 화병 날까 염려 되서 하는 말입니다.

인간에게는 사주팔자 외에 운이라는 것이 있습니다. 10년 대운 그러는데 10년간씩 주기적으로 바뀌는 인간이 달려야 할 도로사정을 말합니다. 사주도 좋고 운인 도로도 좋으면 좋으련만 오복을 다 주지 않는 것이 조물주이니까요. 여사님 사주는 중급정도고요, 운로 운세는 47세까지는 자녀 키우고 가정지키며 살아가는 운 이였다면 48세 이후 30년간은 재물 운이 와서 활동으로 돈을 벌고 싶은 마음이 들고 어쩌면 사회활동을 해야 할 운입니다. 그런데 적극적이지 못한 성격이라 바로바로 결정하기가 힘들 것 같습니다. 운세도 무난합니다. 인간사는 길흉의 일을 당년, 당년 만나는 년 운이 결정짓는데 2016년도를 丙申년 원숭이 해 그럽니다. 이런 해를 만나면 약간 막히고 답답한 일들이 자주 벌어집니다. 양력 9월 달을 넘겨야 안정이 될 것 같습니다. 추석을 전후해서 마음 상할 일 있을 수 도 있으니 참고하고 참고 또 참고 인내하시기 바랍니다. 결론적으로 말하자면 애기들이 둘 있다 하셨죠, 대학생 아직은 성인으로 보긴 그렇죠, 엄마 입장에선 애기들이니까요, 결손가정 자녀들의 아픈 마음을 헤아려 보세요, 모성애라 그러죠, 옛날 엄마들은 꾹 참고 저것들 봐서 인내하셨답니다. 그런데 지금은 아니죠, 부부 모두 사주 안에 이별 할 수 있는 기운이 내포되어있는 사주들이라서 어떤 이들은 이혼 수 있어 그렇게 말 할 수 있는 사주들을 가지고 태어났으므로 그런 기운을 항상 안고 살아가야 합니다. 오늘은 여기까지만 할께 요, 담에 또 답답하시면 상담하세요, 다정한 친구같이 속 풀어 드릴께 요, 저는 운명도 바꾸어드리는 운명수선공 김동환이었습니다. 김 동 환 술사

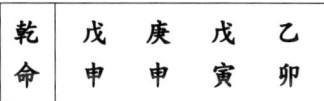

　본명은 위 癸亥일주 남편의 명조입니다. 관살과 식신성이 강해 자기 식 대로 살아가야할 팔자이다. 부부가 사이가 좋지않아 이혼해야 하나요? 라는 상담을 해 온 경우인데 두 부부사주에 배우자 궁이 충살 로 깨져서 이혼가능성이 항상 잠재된 팔자들이지요, 참고 살아가지 않으면 안 되는 팔자들입니다.

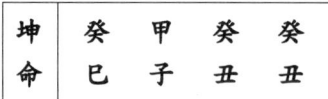

　위 사주는 子월 癸丑가 천간에 癸水가 셋이나 나타나서 水氣 태왕한 편고 된 명조에 지지는 凍土로 寒氣를 더하니 이 물로는 甲목을 키울 수 없고 이土로는 除濕制水를 못하니 無用之土다, 그나마 巳中戊土가 除濕하고 丙火가 조후하여 살아가기는 하겠으나 힘겨운 삶을 살 수 밖에 별 도리가 없는 팔자이다. 丁卯대운 결혼은 하였으나 夫德이 적어 남편은 오랫동안 고시공부하다 포기하고 사업을 시작하였지만 실패로 자신이 생계를 유지해야 할 형편이었다고 하니 팔자는 못 속인다는 말이 딱 맞는 사례이다. 癸수는 차가운 물로 火土를 만나야 따뜻한 물로 甲목을 흙에 뿌리내리게 하여 튼튼하게 키워야만 하는데 본 癸수는 子월생에 丑日丑時를 만나서 土가 남편인데 동토로 남편 노릇 못하게 된 것이고 활동하는 신인 甲목 식상의 별도 凍木으로 크지 못하니 하는 일이 잘 될 수 없고 삶이 고달플 수밖에 별 도리가 없는 忌神덩덩리만 차고 있는 사주이다.-

第 36 題

수왕한데 넘은 수를 보면 지나치게 넘치게 된다.

　水旺者가 壬癸 亥水를 보면 범람하여 넘치고 홍수(洪水)를 이룬다. 水는 만물을 기르고 후생(厚生)하지만 홍수는 만물을 휩쓸고 크게 해친다. 이는 비단 正五行의 水뿐 아니라 납음 五行의 水를 만나도 역시 홍수로 변하여 큰 水害를 일으킨다. 命에 土가 있으면 둑으로서 防水하니 水害를 미연에 방지할 수 있지만 만일 土가 없으면 홍수를 막을 수 없고 수해가 필연적(必然的)이니 만사가 수포(水泡)로 돌아간다. 물은 항상 흐르고 떠돌아다니니 정착하기가 어렵고 가정을 이루기가 어렵다. 방랑하는 버릇이 있고 동서를 유랑하니 처자의 인연이 박하다. 방랑하면서 세상물정을 익히니 박학다식할 뿐 아니라 천부적인 총명과 재치로서 예능에 능하니 예술인으로서 크게 이름을 떨칠 수 있다.

[원문 해설]

　수왕자란 亥子월생의 壬癸수를 말하는데 거기에 壬癸水 肩 劫이 천간에 나타난 경우를 말하는 것으로 이럴 경우 넘치고 넘치니 홍수로 본다는 것이다. 거기에 正五行 水뿐 아니라 納音오행 水를 더하면 水害를 면할 수 없다는 말이고 수해를 방지 하는 방법은 戊戌土로 制水하는 길 밖에 없는데 원국에 土가 없으면 만사불성이고 파란이 많게 된다. 그런가하면 물의 성정이 흐르는 것이어서 가정을 이루고 정착해 살 수 없으니 유랑생활이 되고 처자의 인연은 없지만 총명하고 박학다식하게 되는데 이는 水는 지혜로 슬기롭고 박학다식 하게 되기도 하고 재주와 재치기 남다르니 예체능계에 두각을 나타내기도 한다는 것이다.

| 坤命 | 甲申 | 丙子 | 癸亥 | 壬子 |

 위 사주는 子월 癸수가 지지는 申子水 亥子水로 水기 태왕한데 시간에 壬水까지 나타났으므로 홍수를 이룬 형상이다. 천간에 甲丙이 나타나서 어느 정도 除濕 洩水는 시킬 수 있으나 戊戌조토로 제방을 쌓았더라면 좋았을 터인데 토가 없는 것이 일점 흠인 사주다. 납음 오행으로 甲申은 천중수(泉中水)로 샘물이고 丙子는 간하수(澗下水)로 계곡에서 내려오는 시냇물로 물바다를 이룬 형상이어서 더욱 홍수를 이룬 것이다. 甲戌대운에 결혼하였으나 무덕하여 본인이 장사로 생계유지를 해야만 했고 결국 壬申대운에 이혼하고 다시 辛未대운 己巳 년에 연하의 남자와 동거하고 있다고 하니 이 또한 팔자대로 살아온 것이다. 甲戌대운에 결혼 할 수 있었던 것은 戌土로 제방 쌓고 戌土가 정관성인 夫星이라 결혼 할 수 있었던 것이고 壬申대운은 대 홍수를 만난 격이니 戌土로 들어온 남편이 둑이 터져 水多土流 된 것이어서 이혼한 것이고 辛未대운 역시 未土 편관성이 보이니 남의 남자 같은 연하와 동거하게 된 것이다. 庚午대운은 왕신 子수를 午화가 충 함으로 왕신이 충발(沖發)되어 生死의 문제가 발생할 것이다.

| 乾命 | 癸酉 | 癸亥 | 癸巳 | 癸亥 |

 위 사주는 장점으로 泉原一氣格이 된다. 巳中戊丙의 火土가 조후 제습 하였고 대운이 초년은 서방금운이라 별로였으나 남방화운에는 발전이 있었고 처덕으로 무난하게 살아갈 수 있었음은 처궁인 일지에 길신이 있었음일 것이다.

第 37 題

봄의 물은 마른물이라도 잘 흐르고 여름 물은 잘
흐르면서도 어딘지 부족함이 있다.

春은 木旺節이니 木多하여 건조하고 만물이 갈증을 느낀다.
이때에 水를 얻으면 해갈하고 生氣를 윤택케 한다. 비록 만
물이 풍족하게 生育하기에는 不足하지만 누구에게나 生命水
를 베푸니 어디가나 기쁨과 즐거움이 넘치나 목왕수곤(木旺水
困)하니 욕다반패(欲多反敗)하고 저축이 불가능(不可能)하며 낭
비는 버릇과 인색함이 심하다. 작은 물로 큰 나무를 기르니
선무공덕이요 만사가 시작은 있으나 열매는 맺기가 어렵다.
만일 金이 있어서 生水하고 단지(斷枝)하면 크게 공(功)을 이
룰 수 있다. 여름은 火旺하고 수절(水絶)하니 물이 흐를 수가
없고 흙에 얽히어서 진흙을 만들고 흙탕물을 이룬다. 물인지
흙인지 분간 못하는 애매한 상태에서 본연(本然)의 자세인 유
수(流水)를 못하니 만사가 어지럽고 막히며 침체한다. 머리가
혼탁하니 판단이 흐리고 흐르지 못하니 고집과 편견이 심하
며 만사에 보수적이고 우유부단하다.

[원문 해설]

　봄물은 생물을 키워야 하므로 물이 많을수록 좋다는 말이
고 물이 풍족하지 못하면 나무는 많고 물은 적으니 물 입장
에서 고달프고 그러므로 키우려는 욕심은 많으나 잘 키우기
힘겨우니 반은 실패로 돌아가고 저축 또한 힘들어서 모아지
지 못하는 상황이니 낭비가 심한 것이며 노력은 많으나 공
이 적고 유시무종으로 시작만 있고 끝이 없는 형상이다. 그
러나 金이 있어 生水하고 가지를 전지해주면 그 공을 이룰
수 있으니 노력한 만큼 소득도 있다는 말이다.

여름 물은 火旺節인 관계로 물이 절지로 소모량만 많고 물같이 흐르지 못하니 흙을 만나면 진흙탕 물이 되고 물로서의 역할이 안 되니 정신이 혼미해지니 판단력이 흐려지고 고집과 편견으로 결단력도 없고 되는 일도 적다는 말이다.

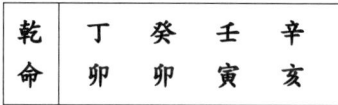

위 사주는 卯월인 봄의 물이다. 3水가 있고 辛금이 生水하나 지지가 木이 많아 할 일 많은 힘겨운 물이지만 대운이 40대까지 북방水운이라서 잘 살고 축재도 할 수 있었다. 己亥대운에 정계 입문하여 금뺏지도 달아보았으나 戊戌대운을 만나면서 관재구설로 곤욕을 치르다가 서방金운을 만나면서 안정되고 평안한 삶으로 노후를 보낸 사례인데 본명은 시에 辛亥 金水가 있어 다행이었지 만약 허약한 사주였다면 머리가 혼탁하니 판단이 흐리고 흐르지 못하니 고집과 편견이 심하며 만사에 보수적이고 우유부단하였을 것이다. 다행이 金水 있어 木을 전지하고 일간을 도와주었으므로 잘 살게 된 것이다.

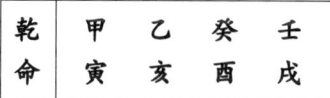

위 사주는 亥월의 癸수라도 寅亥合으로 亥水의 역할이 잘 안 된다. 더욱이 천간에 甲乙목이 나타나서 설기가 심함으로 印比가 도왔어도 신약한 命이다. 초년 丁丑대운은 丁화가 壬수를 묶고 관성이 형살을 먹으니 고등학교 때 사고를 내고 퇴학과 동시교도소를 갔다 왔고 그 후에도 동방 木운이라서 정상적인 삶을 살지 못하고 있다니 또한 운명이다.

| 乾命 | 丙戌 | 甲午 | 癸丑 | 庚申 |

위 사주는 午月 夏水지만 시에서 庚申금이 生助 하고 旺火를 丑土가 설기시켜 중화를 이룬 命으로 五行全具에 시간 庚金 에서부터 년간 丙火까지 生生不熄으로 귀명이다. 이사람 명문대를 졸업하고 정부공사에서 국장직위까지 오르고 가정도 원만했다.

| 乾命 | 甲午 | 己巳 | 壬辰 | 丙午 |

위 사주는 巳月 夏水로 木火가 태왕한 命이다. 火土기 忌神이고 金水가 길신인데 사주원국엔 金水가 보이지 않는다. 다행이도 청년기부터 金水운으로 흘러 원만한 삶을 살 수 있다. 壬申대운에 공무원이 됐고 癸酉운은 무난하게 승승장구하더니 甲戌대운 서기관에 승진은 됐지만 戊寅년 45세 젊은 나이에 명예퇴직 하였다. 甲戌대운도 승진은 하였지만 썩 좋은 운은 아니었고 戊寅세운은 戊토칠살기신이 인목을 달고 들어와 寅巳 형을 함으로써 관재구설에 자리를 뜨게 된 것이다.

| 乾命 | 丁未 | 丁未 | 癸丑 | 丙辰 |

위 사주는 未月 癸水가 3火 4土로 구성 되어 의지할 곳 없는 팔자이다. 丙午대운 壬戌년에 뇌에 이상이 생겨 식물인간이 되었다는데 사주도 균형을 잃었지만 대운까지 火木 운으로 요지부동이다. 이상에서 보듯 원국이 불안 하면 대운 이라도 좋지 못하면 이런 상황이 된다.

第 38 題

火가 木지에 있거나 봄을 만나면 木은 빼어나고
火는 밝으니 부귀영화 누린다.

火는 불꽃이요. 木은 심지다. 火가 寅卯의 심지를 얻거나 寅卯月生이면 심지가 튼튼하니 平生 火光이 밝고 견실하다. 木은 生物이요. 火는 꽃이다. 꽃나무에 꽃이 피니 나무는 才能을 발휘하여 총명하고 청수하며 火光은 四海를 照明하여 光明을 베푸니 온 천하에 이름을 떨친다. 총명하고 착하니 인자하고 후덕하며 사리가 밝고 관찰력이 비범하다. 만사에 능소능대하니 큰 뜻을 이룰 수 있고 부와 귀를 누릴 수 있는 동시에 평생 영화를 즐긴다. 木은 심지요 水는 기름이니 木旺하면 火를 자생하나 水根을 얻어야 木이 長壽하고 火光을 오래 보존할 수 있다. 때문에 木旺者는 金水를 겸해야만 永生하고 다시 木地를 만나는 것을 꺼리며 金을 얻어야만 春火는 才能과 뜻을 발휘할 수 있다. 金이 없는 火는 무대 없는 배우처럼 재주는 많으나 쓰일 곳이 없는 것과 같아 이를 자재무용(多才無用)이라고 말 하는 것이다.

[원문 해설]

木왕절의 木은 火를 만나야 잘 탄다는 것을 설명한 것이다. 火가 木을 보면 기쁘다는 말이고 아울러 木왕자는 金이 있어야 재능 발휘를 하듯이 깎고 다듬어 적재적소에 쓰일 수 있다는 말이다. 金이 없는 木은 무용지재(無用之材)에 속한다. 木은 火를 보아야 좋지만 기름단지인 水도 있어야만 길게 타오를 수 있어 기쁜 것이다.

坤命	癸未	甲寅	丙午	癸巳
수	3	13	23	33	43	53	63
대운	乙卯	丙辰	丁巳	戊午	己未	庚申	辛酉

본명은 寅月 丙화로 木火가 강해서 잘 타오르는 불이다. 년과 시간의 癸수가 있어 炎上을 극하니 水가 病인 사주이다. 炎上은 잘 타오를 때 발전한다. 丁巳대운은 癸수를 충하고 인사가 형을 만들어 의외로 고생을 한다. 그러나 戊午는 다르다 戊토가 癸수를 잡아 묶어 午화로 잘 타오른다. 그러므로 축재를 할 수 있다. 己未운 역시 좋은 운이긴 한데 상관 운이라서 문제 발생 요소가 있다. 壬申과 癸酉는 壬癸가 합작하여 기신역할을 한다. 이런 경우 申년은 寅巳申 삼형으로 이어져 대수술 수다. 큰 수술을 하게 되었다고 한다.

坤命	庚辰	己卯	丁丑	甲辰

위 사주는 卯월의 丁화가 시간에 甲목이 나타나서 신약하지 않다. 卯辰은 辰中乙목이 있어 木旺節 로 보아 신강한 命인데 土金으로 설기시켜 중화를 이루므로 큰 어려움 없이 잘 살아가는 팔자이다. 대운 역시 북방水운에서 서방金운으로 중화를 이룬 명이다.

乾命	癸酉	乙丑	丁未	丙午

위 사주는 丑월의 丁화다, 월간에 乙목이 나타나고 시에 丙午 화로 도와주어도 일단 丑월이란 점이 문제다. 이 사주

의 주인공은 15대운인 癸丑대운에 교통사고로 6년째 식물인 간으로 숨만 쉬고 있다고 한다. 丙申년 辛丑 월을 넘기기 어려울 것 같다. 이와 같이 태어난 달이 매우 중요하다 火는 丁화던 丙火던간에 寅卯목을 만나야 힘을 받는다. 본명같이 丑月의 丁화라면 乙목이 월간에 나타나도 무용지물이다. 丁화를 돕기는커녕 자신이 丑토에 얼어 죽을 형편이라 돕지 못하니 그림에 떡이다. 또 살펴야 할 것이 있는데 乙丑 백호에 丁未가 양인이고 丙午 양인을 놓아 심상치 않다. 사주에 양인이 둘 이상이면 농아나 봉사 등 장애인이라 하였으니 이 사람도 백호와 양인이 충을 하여 대형 사고를 친 것이다.

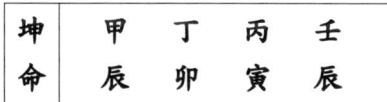

위 사주는 지지전국이 木方局을 이룬 경우로 丙화가 태왕한 형상이다. 이런 경우 庚금으로 다듬었더라면 좋았을 터인데 金은 보이지 않으니 壬水관살을 용신해야 할 형편이다. 이런 경우 관살이 壬水가 용신이라도 힘이 없어도(木이 많아 극설 당하고 辰토가 剋水함)운이 북방수운으로 흘러 젊어서는 잘 살았을 것이고 중년이후는 서방金운이라 운은 좋아 일하면서 잘 살아왔지만 건강문제로 보면 水가 약하니 자궁이 약하고 土가 약하니 자손의 별이 약해서 자손을 두지 못했다.다.

위 사례들에서 보았듯이 火는 기름덩지인 木이 있어야 잘 타는 것이고 운에서 木方을 만나야만 활발해진다. 그렇다고 극 왕해도 불리하고 일단 오행전구에 극 충 합 형이 많지 않아야만 좋은 사주인 것이다. 그래서 오행은 고르게 生剋制化가 잘 이루어진 사주를 좋은 사주로 보는 것이다.

117

第 39 題

여름불은 크게 타오르니 물이 있으면 일찍 귀하고
물이 없으면 어려서 죽는다.

 여름은 火의 고장이니 화기가 충천(火의 庫藏이니 火氣가 衝天)하고 열광(烈光)이 치열하여 천지가 염열(天地 炎烈)하다. 만물은 火로서 생육(生育)하고 성장하나 火氣가 지나치면 건조하여 습이 막히고 고갈하니 단명(枯渴하니 短命)하고 빈곤하다. 만일 비가 내리고 땅이 윤택하면 만물이 生氣를 얻고 뜨거운 태양아래 일취월장 성장(日就月將成長)하고 조열(早熱)하니 소년등과(少年登科)하고 대귀(大貴)를 누린다. 水火는 木의 보좌관(補佐官)으로서 水火 그 자체보다도 木을 위주로 길흉(吉凶)을 분별한다.

[원문 해설]
 여름 火는(巳午未月)불기가 하늘을 찌를 듯이 불빛이 뜨거워 생육하기 어렵다는 말로 인간사에서는 단명하거나 빈곤하게 살 게 된다. 그러나 水가 있어 땅이 젖으면 태양화의 역량으로 날로 발전한다는 말로 이런 경우 일찍 출세하거나 크게 귀하여 행복한 삶을 살아가게 된다. 그래서 水와 火는 木을 생육하는 영양제와 같으므로 보좌관이라 말한 것이고 사주를 볼 때에도 목을 위주로 길흉을 분별하게 된다.

太 炎: 클 태 불탈 염- 활활 잘 타오른다는 말.
有水則早貴: 있을 유 물수 곧 즉 새벽 조 귀할 귀- 물이 있어야 일찍 귀
無水則早夭: 없을 무 물수 곧 즉 새벽 일찍 죽을 요- 물이 없으면 夭死
庫藏: 창고고 감출 장, 炎烈: 불탈 염 세찰 열, 衝天: 찌를 충 하늘 천
烈光: 세찰 열 빛 광, 枯渴: 마를 고 목마를 갈, 短命: 짧을 단 목숨 명
日就月將: 날일 취할 취 달월 장차 장-날로 달로 마땅히 취함
少年登科: 젊을 소 햇 년 오를 등 과정과 일찍 과거에 합격함,

| 坤命 | 庚寅 | 辛巳 | 丙午 | 甲午 |

위 사주는 巳월의 丙화가 午일 午시를 만나고 시간에 甲목이 나타나니 화기충천(火氣衝天)이다. 木 火 5에 金이 3으로 편고 된 명조로서 일생 동안 파란 만장할 것이다. 이런 때에는 土가 있어 通氣시키면 좋아지는데 土도 水도 없으니 말이다. 己卯 戊寅대운에 戊己토를 만나서 간호학과를 나와서 큰 병원에 근무하면서 남편을 만났으나 무덕하여 자신이 가정을 도맡아 끌고 가야만 했단다. 이 사주에서 水가 남편의 별인데 夫德이 없을 수밖에 별 도리가 없다. 양인이 둘이나 차고 현침살이 3개나있어 잘됐으면 의사지만 그래도 간호원이라도 해서 다행이다. 富는 이룰 수 있었을 것이나 덕은 적다. 원국이 너무 조열하여 水가 운에서 들어와도 걱정이다. 본명은 亥수도 子수도 불리하다함은 편고 된 명조여서이다.

| 乾命 | 戊辰 | 戊午 | 丁亥 | 戊申 |

위 사주는 午월 염천(炎天)의 丁화라도 천간에 3戊토가 설기시키고 지지에 金水로 制洩하니 조화를 이룬 경우이다. 본명은 군장교로 입대하여 한평생 큰 어려움 없이 군 생활을 할 수 있었던 것은 대운까지 金水로 흘러서였을 것이다.

| 乾命 | 壬寅 | 乙巳 | 丁巳 | 辛丑 |

위 사주는 오행을 모두 갖춘 사주로 좋아 보이지만 문제성이 많은 팔자이다. 壬수가 용신인데 무력하고 寅巳형살을 하여 사고수를 달고 다닌다, 戊戌대운에 중풍환자가 되었다.

第 40 題

가을 붉은 金은 성한데 火는 死로 빛은 감추어지고 안으로만 비춘다.

 가을은 金이 왕성한데 반하여 火는 死地로서 위력(威力)이 없다. 금성화쇠(金盛火衰)하니 火光은 나타나지 못하고 金이 묻히어서 어둠속을 고요히 조명(照明)할 뿐이다. 비록 열광(熱光)은 약하나 어둠을 비치는 불꽃은 유난히 밝다. 그 빛은 어두울수록 더욱 밝아지니 秋火는 밤을 밝히는 등불이요 달빛과 같다 日時에 火의 旺氣를 얻는다면 더욱 찬란히 빛날 수 있으니 쓸모가 있고 이름을 얻는다.

[원문 해설]
 가을에 태어난 丙丁화는 사지로 위력이 없고 어둠속을 고요히 비치는 등불로서 역할을 한다. 사주구성면에서 일과 시에 기름단지인 木을 보거나 火를 만나면 삶이 윤택해진다는 말이다.

乾命	丙戌	丁酉	丙戌	戊戌

 위 사주는 酉월 丙화가 천간에만 丙丁이 나타나고 뿌리가 약하며 식신 4土가 있어 식신생재로 이어지는 命이라서 젊어서는 건어물 장사를 하여 재미를 보았다고 하는데 그것은 水가 조후용신이라 해산물이 맞는 것이었고 현재는 건물관리 하는 용역업체에서 일한다. 만약 일시에 목화가 있었다면 더 좋았을 터인데 식신이 태과하여 신허(身虛)해서 장사를 걷어치운 것이고 말년 운은 동방木운이라 건강하게 잘 살 것이다. 다만 사주가 탁격(濁格)이라 큰 발전이 없었다.

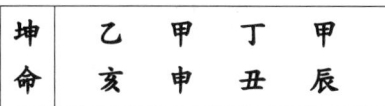

위 사주는 申월의 丁화라도 천간에 甲乙3木이 나란히 나타나서 신약은 면 했다. 이 사주는 조후용신으로 비겁이고 약신이 木이 된다. 본명은 시간에 나타나 木이 있어 말년은 평안하게 자녀들과 잘 살 수 있다 다만 배우자궁에 백호가 앉아있고 官庫인 水庫 辰土를 놓아 배우자와 해로하기 어려운 팔자이다. 남편은 금융권에 근무했고 戊子대운 庚寅년에 남편이 과로로 급사했다. 戊토 상관대운에 庚寅년을 만나면 월주 甲申과 甲庚충 寅申충으로 천충 지충하였던 것이다.

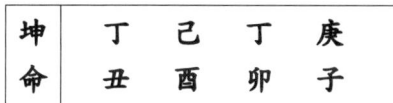

위 사주는 酉월의 丁화가 일지에 卯목을 놓고 년간에 丁화가 나타났어도 신약한 命이다. 그 이유는 丁화는 丑토에 극설 되고 卯목은 濕木 이기도 하지만 卯酉 충으로 힘이 없어 일간을 돕지 못한다. 더욱이 배우자궁이 형 충이 동시에 들어 배우자 덕이 없으며 아울러 여명에 왕지가 극성하면 파란곡절이 많은 팔자이다.

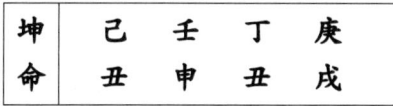

위 사주는 천지사방을 둘러 봐도 의지할 곳이 없는 팔자이다. 식신생재로 이어지는 命이라서 사업가의 팔자인데 甲戌 乙亥운에 蓄財를 하였으나 丁丑대운 50세에 암으로 사망하였다고 한다. 이와 같이 의지할 곳 없는 사주는 단명하다.

第 41 題
겨울 불은 기름을 얻은 것으로 산과 강을 따뜻하게 한다.

   겨울은 水旺하고 火滅하니 독자적으로는 火가 움직일 수 없다. 같은 火를 여러 개 만나거나 기름덩이인 木을 얻거나 화근(火根)인 寅午戌 巳午未를 支에서 많이 얻음으로서 火夫를 내뿜고 눈서리를 녹이며 천지를 따뜻하게 품어줄 수 있다. 火를 도와주는 火夫가 많으면 천하의 중생이 부모보다도 더 따르고 우러러 봄으로서 크게 출세하는데 반하여 火夫가 無力하면 無用之火니 평생 無能하고 빈곤하다.

[원문 해설]
   겨울 火는 기름단지인 木을 만나지 못하면 火는 움츠리고 움직이지 못한다는 말로 겨울 생의 火는 일단 火夫(火夫란? 火를 도와주는 별 즉 火나 木을 말함)가 있어야만 힘이 발생한다는 말로 木火가 도와주면 출세도하고 火로서의 역할을 할 수 있지만 화를 도와주는 별이 없이는 쓸모없는 불로 평생 무는 한 인생을 보내게 된다.

火滅(불화, 멸망할 멸, 없어지다.) -火의 기운은 없어지다.
火根(뿌리 근) -화의 뿌리
火夫(지아비 부, 도와주는 사람)-화를 도와주는 오행을 말한다.
無力(없을 무, 힘력)- 힘이 없다, 힘이 빠진 상태.
無用之火(쓸 용, 갈지, 어조사지)-쓸모없는 불 ,힘없는 불.
無能(없을 무, 능할 능 ,잘하다)- 능력이 없음, 힘이 없는 상태.

坤	壬	癸	丁	辛
命	辰	丑	丑	亥

 위 女命은 겨울불로 기름단지인 목도 없고 부조해줄 火도 없는 상황에 관살인 水와 金과 凍土로 똘똘 뭉친 상황이다. 어떤 이는 이를 일러 종격운운 하지만 종격이고 변격이고 따지기 전에 이 여명이 정상적으로 살아갈 수 있을까를 봐야한다. 더욱 불리한 것은 대운이 북방水운에서 서방金운으로 흘러가 더욱 불리하다는 점이다. 만약 東南方운으로 운행되었다면 힘겹지만 그래도 잘 살아갈 수 있었다. 실제로 이 여성이 어떻게 살아왔는지를 검증해 볼 필요가 있다. 庚戌대운에 결혼하여 己酉대운 甲戌년에 이혼하고 친정 부모님 신세만지고 무능하게 살아가고 있다고 한다. 庚戌운은 戌土가 燥土로 제방을 쌓아온 결과요, 己酉운은 배우자궁 丑土가 酉金도화와 合去 됨도 원인이고 甲戌년은 배우자궁 丑土와 丑戌 형살을 하여 깨졌음이고 아울러 머리 숙이고 쥐구멍만 찾든 丁화가 甲목의 조력으로 최후의 몸부림일 수도 있다. 이와 같이 丁화 주위에 기신덩어리만 우굴 거리니 될 일이 없는 것이다.

乾	癸	乙	丁	丙
命	酉	丑	未	午

 위 사주는 112쪽에서 언급했던 사주인데 丑월 丁화라도 丙午시를 만나고 무력하지만 월간에 乙목도 나타났어도 대운이 癸丑운을 만나서 天剋地沖하고 丁화를 무력하게 하므로 대형 사고를 당했던 것이다. 이와 같이 운세의 작용이 크다는 점을 알아야 한다.

第 42 題
土는 辰戌丑未가 다 있으면 좋고 남은 오행도 역시 같다

土는 만유를 生하고 기르고 보살피는 모체(母體)이니 근기(根氣)가 튼튼해야 한다. 地支에 辰戌丑未가 있거나 납음토(納音土)가 있으면 바탕이 충만하고 왕성하니 능히 만물을 生하고 먹이고 입히고 가꾸고 기를 수 있다. 寅은 간위산(艮爲山)으로서 태토(泰土)이니 土와 똑같이 貴하고 자생(資生)할 수 있다. 그러나 干支가 모두 土星이거나 地支에 水氣가 없다면 황무지(荒蕪地)와 같으니 도리어 쓸모가 없다. 다만 地支에 토성(土盛)함을 기뻐할 뿐이다.

[원문해설]
土는 우주 만물의 모체요 근기이므로 지지에 사고지인 辰戌丑未가 다 모여 있으면 최고의 사주로 본다. 다만 간지가 모두 土이거나 土는 많은데 水가 없다면 황무지 같은 土로 쓸모없는 土가 되기도 하지만 戊己土 일간은 천간보다 지지에 土를 기뻐한다. 아울러 土는 納音土도 같이 보며 寅목 역시 큰 토로 본다고 하였다.

母體(어미 모, 몸 체): 어머니의 몸, 바탕이 되는 물체.
根氣(뿌리 근, 기운 기): 근본이 되는 힘.
荒蕪地(거칠 황, 거칠어질 무, 땅 지): 거칠어 쓸모없는 땅.
土盛(담을 성, 가득 차다): 토기가 가득해짐.

乾命	戊	乙	己	甲
	辰	丑	未	戌

위 사주는 지지에 四庫支인 辰戌丑未를 다 놓고 천간은 甲己合土化格을 이루었으니 금상첨화의 命이 되었다. 本命은 2木 6土로서 土가 많으면 약이 木이 되는데 甲乙 목이 천간에 나타나서 특별한 사주로 구성 되어 병에 약이 있는 명조로 이사주의 주인공은 전 대통령이신 고 김영삼님의 팔자이다.

乾命	戊	壬	己	辛
	辰	戌	丑	未

위 사주도 戌월 己토가 지지에 辰戌丑未 一氣로 구성 된 특별한 팔자다. 같은 己토라도 己未일주는 甲乙목 약신이 있고 기축일주는 설기신인 辛금이 용신인데 土多金埋로 용신 역할이 안 되어 신분격차 행복지수 성공 실패로 갈린 사례다. 본명은 己未일주와 비슷해 보이지만 전혀 다른 사주이다. 같아 보이는 것은 지지에 辰戌丑未를 놓았다는 점일 뿐 천간에 나타난 오행의 질이 다른 점인데 오행이 뭉치는 것은 병으로 보고 뭉친 즉 편고 된 사주에는 약신이 있어야 길하다 그랬는데 위 己未일주는 土는 병이고 약은 木인데 목이 있었고 己丑일주는 金水는 있어 기름진 땅이긴 하나 戌월인 늦가을이라 가색의시기가 아니어서 土를 병으로 보고 약인 木성이 있어야 하는데 없음으로 평범한 일반인으로 살아가면서 손재도하고 처와 이별의 아픔도 겪고(群劫爭財:무리지은비견겁재가 재성을 놓고 싸운다. 로 보아 손재 부부불목으로 본다) 자손무덕으로 고통 받는 삶을 살았다.

五行別로 정리한 納音五行

木	壬子癸丑 뽕,산뽕 나무	戊辰己巳 큰 재목 나무	壬午 癸未 버드나무 가지	庚寅辛卯 소나무 잣나무	庚申辛酉 석류 나무	戊戌 己亥 평지 나무
火	戊子己丑 벼락속의 불	丙寅丁卯 화로속의 불	甲辰 乙巳 거꾸로오른 불	戊午己未 하늘 위의 불	丙申丁酉 산 밑의 꽃	丙戌 丁亥 지붕위의 흙
土	庚子辛丑 아름다운 흙	戊寅己卯 성꼭대기 흙	丙辰 丁巳 모래속의 흙	庚午辛未 길 옆의 흙	戊申己酉 큰 역전의 흙	丙戌丁亥 지붕위의 흙
金	甲子乙丑 바다속의 금	壬寅癸卯 금속의 작은 금	庚辰 辛巳 꿀벌 집속 금	甲午乙未 모래속의 금	壬申癸酉 칼끝속의 금	庚戌 辛亥 팔찌속의 금
水	丙子丁丑 계곡서 흐르는 물	甲寅乙卯 큰 시내 물	壬辰 癸巳 모래속의 흙	丙午丁未 하늘에서 흐르는물	甲申乙酉 샘 속의 물	壬戌 癸亥 큰 바다의 물

坤命	丙辰	戊戌	戊戌	辛酉

 위 사주는 火土가 주류를 이룬 命으로 辛酉金이 용신인데 사주에 財官(水木)이 없으므로 無用之土 라고 보아야한다. 흙인 土는 반드시 물이 있어 潤土라야 관(木)도 쓸 수 있어 나무가 자랄 수 있는 것이어서 필수적이다. 이 사주의 주인공은 부모이혼으로 편모슬하에서 자랐고 비견이 흉신이라 나쁜 친구들과 어울려 청소년기를 나쁜 길로 빠지기도 했다.

乾命	乙酉	癸未	戊戌	壬戌

 夏土는 潤濕함이 없으면 고난과 파란이 많다. 본명은 未월 戊토가 천간에 壬癸水가 있다 해도 癸水는 戊癸합되고 壬水는 고립되어 무력하다. 오행이 편고 되고 중화를 이루지 못하면 건강에 문제되는데 본명도 중풍으로 고생하고 있다.

第 43 題
木이 때를 잃으면 성장도 없고 쇠퇴 사한다.

木이 때를 잃으면 성장(成長)할 수 없이 쇠퇴(衰退)하고 쇠(衰)가 극(極)하면 사(死)한다. 木은 물로서 생장(生長)하니 水가 허(虛)하면 木은 쇠하고 水가 갈(渴)하면 木은 사한다. 水가 허하고 木이 갈(渴)하면 피가 마르는 나무처럼 윤기가 없고 껍질이 말라서 병들고 굳어버린다. 경개생기(梗介生氣)가 부족(不足)하니 의욕이 없고 만사를 감당할 수 없으니 기회를 얻을 수 없고 항상 질병이 떠나지 않으니 빈천(貧賤)하다. 水氣가 탈진하면 木은 완전히 시들고 고목(枯木)이 된다. 죽은 것이다. 물이 하나도 없으니 기진맥진하여 마침내 말라죽은 것이다. 생기(生氣)가 탈기되었고 피가 통하지 않으니 산송장과 다를 바 없다. 신혈(身血)이 부족하여 오장육부가 마비상태이고 기능이 정지 상태이니 삶을 이어갈 수가 없다. 어려서부터 사지오체(四肢五體)가 온전하지 못하고 일찍이 요절(夭折)한다.

[원문해설]
　木은 생물이라 때를 잃으면 성장도 불가요, 주위 환경이 좋아야 성장 발전하는데 특히 물이 부족하면 고갈로 죽게 되는데 이는 인생사에서는 빈천이고 몸에 혈기가 없는 것 같아 사지 오체가 온전하지 못하다 하였으니 건강에 문제가 되고 일찍 죽는 일도 발생한다.
梗介生氣(가시나무 경, 껍질 개, 살 생, 기운 기):가시나무껍질의 생기.
貧賤(가난 빈, 천할 천): 가난하고 천함.
身血(몸 신, 필 혈): 몸에 피기가.
四肢五體(넉 사, 팔다리 지. 다섯 오, 몸 체): 팔다리 눈코입귀항문 등.
夭折(일찍 요, 꺾일 절): 젊어서 어려서 일찍 죽다.

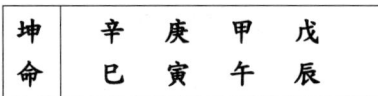

　본명은 寅월 甲목으로 성장해야하는 나무인데 물이 없는 것이 흠이고 庚辛金이 천간에 나타나서 忌神이며 印比가 용신이다. 일지상관 놓은 여자는 남편의 덕이 없고 식상이 강해도 夫德은 생각지도 말아야 하고 자신의 피나는 노력으로 살아가야한다. 본명의 주인공도 남매를 둔 남자 후처로 결혼하였으나 남편이 무능하여 자신이 포장마차로 생계를 유지하고 있다고 한다.

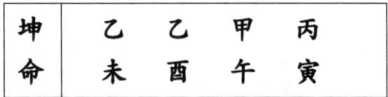

　본명도 酉월 甲목 이지만 물이 없는 命造로 木이 많아도 身이 虛하므로 木이 흉신은 아니다 다만 金이 와서 다듬어 주면 발전이 있게 된다. 본명의 주인공도 북방水운에는 고생을 많이 했다. 庚寅대운부터 발복하여 辛卯 운까지 무난하게 잘 살아가고 있다. 甲목이라도 봄 나무와 가을 나무는 전혀 다르다. 봄 나무는 성장기 나무이므로 물이 반드시 필요하고 가을 나무는 물 보다는 다 큰 나무이므로 다듬는 金이 필요한 것이다. 다만 일지상관을 놓아 이여명도 처녀의 몸으로 후처로 결혼해 살고 있다.

　본명은 木火通明의 命이다. 비록 辰월이지만 方局을 이루어 목이 태왕한데 丙丁이 천간에 나타나서 금상첨화로 변했다.

第 44 題

金이 지나치면 흉함이 많고 火가 꺼지면 새지에
좋고 水왕 할 때는 반드시 土를 봐야 좋다.

　金이 왕성(旺盛)하고 태과(太過)하면 자제력(自制力)을 잃고
횡포를 서슴없이 하니 움직였다하면 쇠망치로 휘두르듯 살
상이 심하고 피해가 많으며 재난이 꼬리를 문다. 화왕지(火旺
地)에 이르거나 水를 얻으면 제설(制泄)하여 중화(中和)를 얻으
니 전화위복한다. 火가 치열하면 만물을 불 살리니 그로인해
재난이 충천한다. 수왕지(水旺地)에 이르면 자제(自制)하고 예
를 지키면 총명한 재능을 떳떳이 시험하니 벼슬하고 출세한
다. 만일에 金水地가 아닌 목화향(木火鄕)에 이르면 불길이
치솟아서 마침내 자분(自焚)하고 자멸(自滅)한다. 불길이 지나
치면 갑자기 꺼지듯 성급함이 지나쳐서 급사하는 것이다. 水
가 범람(氾濫)하여 도도히 파도를 치면 土를 만나서 빨리 치
수(治水)를 해야 어장(漁場)이나 관광지로서 크게 번창할 수
있지만 만일 土를 얻지 못하면 물로써 천하)를 휩쓸 듯 스스
로 물에 빠져죽는 자멸(自滅)의 길을 걷게 한다.

[원문해설]
　金이 너무 많으면 제멋대로 살아가는 사람이다, 그러므로
재앙이 따르고 재난이 꼬리를 물게 되는 것이고, 水나 火를
만나면 중화로 전화위복된다 함은 火로 制金하거나 水로 설
기생수(洩氣生水)하면 순해진다는 말이다. 火가 어느 정도여야
제금되어 중화를 이루는 것이지 불이 지나치면 도리어 재앙
으로 변하고 水가 강해지는 운은 설기로 중화시킴의 원리요,
木火운은 불길하며 水가 범람 할 때는 土로 제방함이 좋다.

乾命	庚申	己丑	辛卯	庚寅

수	7	17	27	37	47	57	67
대운	庚寅	辛卯	壬辰	癸巳	甲午	乙未	丙申

위 사주는 금목상전(金木相戰)의 사주이다 水가 통관지신(通關之神)이 되는데 운에서도 만날 수가 없다. 그래서 탁격(濁格)으로 보아야 한다. 본명의 주인공은 하고 있는 일이 불로 쇠를 녹이는 일을 한다고 해서 직업은 좋다고 말해주었다(制金 함의원리) 혼전임신으로 얻은 자손이 있다. 丁酉년에 다른 여자와 결혼식 날자 잡아놓고 동거하다 헤어지고 싶다고 신부감이 상담 의로 한 命인데 女命은 庚申 乙卯 乙酉 戊寅이다. 함께 해로하기 어려운 궁합이라 말해 주었다. 이와 같이 운이 木火 운으로 흐르면 매사 불성이다. 다만 남방 火운으로 흐르면 官運에다가 일단 희신 이므로 돈 벌고 일하는 것은 좋으나 일신이 편치 않고 액운이 따른다. 그 이유는 火는 金을 녹이는 이치로 할 일인 官運은 좋지만 불로 지저대는 형상이라 아픔이 따르고 불안 초조한 흉사가 발생한다. 그러나 水운이오면 金의 기운을 설기시키고 火의 기운을 制火함으로 안정과 평화를 만날 수 있다. 丁酉년 운세는 정화의 기운이 70%작용하고 酉금이 30%작용한다. 丁화 七殺을 만났으니 평지풍파가 예상 되고 酉금은 卯酉 相沖으로 배우자 궁을 沖 하기에 있던 배우자도 떠나가는 형상이다, 라 말해야 한다.

金木相戰(금목상전): 金木은 쇠와 나무이고 相은 서로 상, 戰은 싸움 전
通關之神(통관지신): 통할 통 빗장 관 갈지 귀신 신, 기운을 통하게 함.
濁格(탁격): 탁할 탁 바로잡을 격. 官運(관운): 벼슬 관 돌 운
制火(제화): 억제할 제 불화. 七殺(칠살): 편관을 칠살 로, 相沖(상충)

第 45 題

火가 극성하면 열기로 만물을 해롭게 함이
심하다

火는 南方에서 열기(熱氣)를 뿜는다. 火가 극성(極盛)하면 만물(萬物)이 화상(火傷)을 입게 되니 해물(害物)함이 극심하다. 무엇을 하든 과격해서 일을 그릇 치니 자신도 망(亡)하고 남도 해친다. 불은 西北方에서 사절(死絶)하고 휴식(休息)하니 西(死)와 亥(絶)에 이르면 열이 식어버리고 따사로운 온도(溫度)로서 만물을 흠흠하게 보살피니 도리어 유익(有益)한 불로서 애용(愛用)되고 출세(出世)한다.

[원문해설] 火는 불로 남방火地에서 열기를 뿜게 되고 또한 화기가 심하면 모든 물질이 화상으로 해를 입게 된다. 그러므로 자타까지 해를 입게 되니 모두 불리하다. 불은 서북방이 사절지지만 열기가 식어 오히려 이때 발복하게 된다.

乾命	甲戌	丁卯	丙午	己丑

 위 사주는 木火土 3신의 사주로 구성 된 명이다. 만약 목화만 잇고 土가 없었다면 신체불구나 불리한 점이 많았을 것이다. 대운이 청년기 남방 火운으로 흘러 되는 일이 없었다. 火가 극성하면 만물이 화상을 입게 되니 해물 함이 극심하다. 에 해당 되는 사주이다.

焚熱(불사를 분, 더울 열): 열기가 극성하면 다 타버린다는 말.
害物(해칠 해, 만물 물): 물질에 해가 간다.
死絶(죽을 사, 끊을 절): 사절란 힘이 없어 죽고 끊어진 경우.
休息(쉴 휴, 실 식,): 쉬는 것을 말함
有益(있을 유, 더할 익): 도움이 된다.

第 46 題

水가 극성하면 냉기로 만물이 얼어 죽는다.

水는 北方에서 한기(寒氣)로 변(變)한다. 한기가 극성하면 엄동설한의 냉기가 극심하니 만물이 얼어 죽는 살물(殺物)로 둔갑하고 그 피해가 격심하다. 東南方으로 향(向)하면 어름이 녹고 온수(溫水)로 변하여 만물이 자생(自生)하니 만금(萬金)의 가치가 있다. 卯地에선 水가 死하니 어름도 풀리고 巳에서 水가 절(絶)하듯 냉기(冷氣)가 열기(熱氣)로 바꿔지니 추위를 다스리고 생명수(生命水)로서 부활(復活)한다. 이와 같이 극성자(極盛者)는 왕지(旺地)에서 패(敗)하고 사절지(死絶地)에서 전화위복 한다.

[원문해설]
亥子丑은 북방이고 겨울이며 水로 본다. 水는 차다, 로 한기가 극성하면 만물이 다 얼어 죽거나 웅크리게 된다. 그런데 동남방인 寅卯辰 巳午未로 운이 운행 되면 解凍되어 전화위복이 된다. 는 것인데 이는 강약으로 본 것이 아니고 조후로 본 것이다.

寒氣 (한기-찰 한 ,기운 기): 차가운 기운
殺物 (살물-죽일 살 ,만물 물): 만물을 죽인다.
溫水 (온수-따뜻할 온 물 수): 따뜻한 물
自生(자생-스스로 자, 날 생) : 저절로 살아나는 것,
冷氣 (냉기-찰 냉, 기운 기): 차가운 기운.
熱氣 (열기- 뜨거울 열, 기운 기): 뜨거운 기운.
復活 (부활-다시 부, 살 활) 다시 살아나다.
極盛者 (극성 자-다할 극, 성할 성,) 지극히 성하다.
死絶地 (사절지-죽을 사, 끊을 절, 땅 지.) 아주 약한 것.
旺地 (왕지-왕성할 왕, 땅 지) 지극히 강하다.

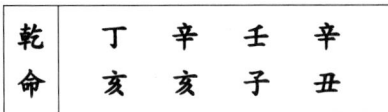

위 사주는 金水사주로 格局으로 말하자면 윤하격(潤下格)이라고 말 할 수 있다. 그런데 丁화 재성이 亥수 겁재와 동주하여 불행의 조짐이 보이더니 戊申 대운은 戊토가 제방을 쌓아 무사하였으나 丁未대운으로 접어들면서 다시 癸亥년을 만나서 홍수가 범람하여 丁화 財가 산재(散財)로 이어지고 만다. 더 흉한 것은 未토는 제방역할도 못하고 오히려 亥子丑 水方局을 丑未 충으로 건드려 둑이 터진 결과이다. 본명은 한기가 극성하여 재성인 불도 꺼지고 비겁이 중중하여 군겁쟁재(群劫爭財)도 하게 되고 한기로 살물(殺物)하니 남방화운은 좋기는 하지만 수화상전에 왕신 충발이 염려 되는 사주이다. 다만 丙午대운 문제없지만 丙午세운을 만나면 왕신충발로 대흉(大凶)하게 된다.

乾命	癸	癸	癸	癸
	巳	亥	亥	亥

위 사주는 水火가 상전하는 사주인데 이런 경우 식상이 통기시키면 좋은 사주가 되지만 그렇지 못한 경우 군겁쟁재(群劫爭財) 하게 된다. 순리로 버는 돈이 아닌 마구잡이로 벌고 싶은 마음뿐이다. 그러므로 도박에 빠져 가산을 탕진한 남자인데 아마 이런 사주를 가진 자 는 밤일을 하게 된다. 야간 총알택시운전자라고 하니 팔자소관이다. 본명은 木이 통기시켜야 좋아지는데 대운에서도 동방木운을 늦게 만나게 되니 불행한 팔자이다. 기복이 매우 심한 팔자로 남방화운을 기대 해 볼만 하다.

133

| 坤命 | 癸丑 | 癸亥 | 辛亥 | 己亥 |

위 사주는 천지사방이 물바다이다. 財官이 부실한 命이고 자신의 역할이 안 되니 신에 의지해야 하는 팔자지만 운이 동남방으로 흘러 이것 도 저것도 잘 안 되는 팔자이다. 이여인 신을 받았지만 말문이 안 열려 어렵게 살아가는 형편이다. 본명은 土金水 三神의 사주지만 水多하고 한기가 서려 살(殺物)하게 되므로 되는 일이 없다.

| 坤命 | 壬子 | 壬子 | 戊寅 | 丙戌 |

위 사주도 무당의 팔자이다. 꽁꽁 얼은 땅이지만 시간 丙화로 조후하고 일지 인목으로 수로를 열면 살아갈 수는 있으나 남편은 무능하고 재성역시 기신이니 별 도움 안 되지만 운이 남방 火운에 진입하는 50대가 되면 좋아진다.
　본명은 첫 남편과는 이혼하고 새로운 남자를 만나 살아가기는 하는데 정이 좋지는 못하다. 이는 官이 성갊의 원인이고 운이 잘 흘러 무난하게 살아갈 것이다.

위 두 사주는 일간이 수는 아니지만 水旺한 팔자들로 삶이 고달픈 사람들의 팔자이다. 水旺하면 한기가 殺物 하여 보편적으로 삶이 고달프던지 아니면 건강에 문제가 있던지 가난 하거나 접신이 잘 되어 신에 의지해 살아가게 되기도 한다.

第 47 題

土는 火를 水는 金을 만나면 이로움이 있고 해가
더할수록 넉넉해진다.

　土는 대지로서 태양의 열광(熱光)을 받음으로서 따듯하고 밝으며 중생이 생기를 얻어 꽃을 피우고 열매를 거두니 점차로 무성하고 풍요로워 진다. 기혈이 순환하니 무병하고 장수하며 광명이 사해(四海)를 발하니 문명(文明)이 개발되고 이름을 크게 떨칠 수 있다. 그러나 중생은 태양의 열광으로만 살수 없다. 물이 있어야 육신이 살고 살이 찌며 정력을 저축하고 자식을 낳을 수 있다. 만일 火만있고 水가 없으면 가뭄에 지쳐서 목이타고 피가 말라 죽는다. 水는 陰의 精으로서 중생의 피와 살을 만든다. 水는 만물의 영양으로서 얼마든지 필요하고 당장에 소비된다. 金은 水의 원천인 샘으로서 水를 生하고 보호하니 생생불식(生生不息)한다. 중생의 꿀과 젖이 무궁하게 샘솟고 온 지상을 기름지고 윤택케 하니 세세년년 풍작(世世年年 豊作)과 성장(成長)을 거듭하여 뛰어나게 장족의 발전(長足의 發展)을 이룩한다.

[원문해설]
　土는 火를 水는 金을 만나면 이로움이 있고 해가 더할수록 넉넉하고 풍요로워진다는 말이고 그러나 土는 火만있고 물이 없으면 흙으로서의 역할이 안 된다는 말과 水역시 金이있어야만 무궁하게 샘이 솟으니 오래도록 성장발전 할 수 있다는 말이다.

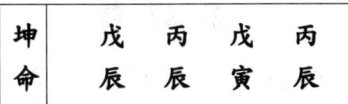

| 坤命 | 戊辰 | 丙辰 | 戊寅 | 丙辰 |

위 사주는 辰월 戊土가 자좌인목(自坐寅木)하여 소토(疏土)는 되나 조열한 명(燥熱한 命)에 水가 없어 무용지토(無用之土)가 된다. 이 사주는 정통명리에서는 가색격(稼穡格)으로 본다. 가색은 왕세를 거역하는 木이 기신이다. 그런데 寅목 기신이 배우자궁에 놓여있어 실제로 23세인 甲寅대운에 관살 기신 운이라서 유부남을 만나 동거하면서 자녀 둘을 낳고 소실로 살아간다.

본명은 5土2火로 土는 火만있고 물이 없으면 흙으로서의 역할이 안 된다는 말과 水 역시 金이있어야만 무궁하게 샘이 솟으니 오래도록 성장발전 할 수 있다는 말이다. 에 해당 되는 사례의 사주이다.

坤命	甲辰	己巳	戊寅	庚申
수	8	18	28	38	48	58	68
대운	戊辰	丁卯	丙寅	乙丑	甲子	癸亥	壬戌

위 사주는 巳월의 戊土로서 水가 없는 것이 일점의 흠인 사주로서 청년기대운에서 木운을 만나고 38세 중년 대운이후 水를 만나고 잘살아가는 命 이지만 부족한 점 또한 많은 사주이다. 丙申년 丙申월에 상담의뢰 했던 사람인데 만나자마자 앞뒤 가리지 않고 속사포 쏘아대듯 사주구성이야기 부터 삶의 방향과 지금까지 전체 적인 운세 흐름 등을 아래와 같이 말해 주었다.

역동성이 강한 여성으로 비록 여성이라도 아이 낳고 집안 살림만 해야 하는 가정주부로 살아갈 수없는 강인함으로 사회생활을 남자같이 해야 하는 팔자입니다. 항상 사고수를 달고 살아야하고 잘 넘어지고 다치는 등의 일이 자주 발생하며 직업적으로는 교육자가 적성에 맞으나 정년 하기는 어려울 것 같고 어쩌면 동분서주하며 바쁘게 움직이는 일을 하면서 살아야 하고 사주구성상으로 보아 무재사주지만 돈 버는 기술은 좋고 운세 상으로 보아 38세 대운부터 30년간 재물 운이 들어 돈도 많이 벌고 궁색함 없이 살아갈 것 같은 기운으로 흘러 아무걱정근심 없을 것인데 금년 들어 무슨 근심 걱정이 그리 많으신가요? 7월 들어(申月)문서 운이 들어와서 문서잡고 새로운 일을 시작 하려 하는데 가끔씩은 난관에 부딪쳐 마음의 동요가 일어나지만 8월초가 지나면 안정 되고 편안 해 질 것이며 금년도 후반부인 9월부터는 발복하여 좋습니다. 내년이면 매우 좋아지는 운인데 지금 실제상황이 어떤가요?

 다 듣고 나서야 차분히 입가에 미소 지으며 대체적으로 선생님이 하신 말씀이 맞습니다. 저는 결혼을 안 해서 가족이 없어요, 가르치는 일을 하다가 중년에 사고로 오래 병원생활을 하느라 그만두고 지금은 전국을 오가며 바쁘게 살아갑니다. 현재 거주지는 포천시 이동면이고 서울에서 살다가 壬辰년에 이곳에 대지 200여 평을 사서 전원주택을 지어 혼자 살고 있는데 집을 몇 달씩 비워놓고 돌아다니다 보면 풀이 산같이 솟아나고 혼자 힘으로 감당하기 어려워 고민 끝에 유원지라서 민박집을 하려고 민박허가를 득하여 준비 하느라 이달한달 바쁘게 움직였는데 도중에 이러저러한 일로 고민도 되고 앞으로 잘 될 것인지도 걱정이며 독신이다 보니 누구와 의론하고 얘기 할 사람이 없어 상담 차 왔습니다.

그로부터 두 시간 가까이 이러 저러한 인생사를 가족같이 의논하고 돌아가면서 함박웃음 지으며 날아 가 듯 승용차를 몰고 가는 모습을 보면서 오늘도 좋은 상담 해 주었구나 하고 마음이 흐뭇했습니다.
지금부터는 학습차원에서 왜? 라는 단어를 앞에 놓고 자세히 짚어보겠습니다.
[왜?] 역동성이 강한 여성으로 비록 여성이라도 아이 낳고 집안 살림만 해야 하는 가정주부로 살아갈 수없는 강인함으로 사회생활을 남자같이 해야 하는 팔자라고 한 이유는?
[답] 역동성은 寅巳身 역마가 있어서 한 말이고, 남자 같이란? 역동성도 보이지만 활동성인 식신 庚申이있고, 배우자궁이 깨져서 부덕(夫德)으로 살아가기 보다는 자신의 피나는 활동을 남자 즉 가장 노릇으로 살아야 하는 팔자로 보여서 한 말이다.<寅巳申을 갖춘 사주를 조용현 작가는 족보 있는 사주라 했음>
[왜?] 항상 사고수를 달고 살아야하고 잘 넘어지고 다치는 등의 일이 자주 발생하며 직업적으로는 교육자가 적성에 맞으나 정년 하기는 어려울 것 같고 어쩌면 동분서주하며 바쁘게 움직이는 일을 하면서 살아야 하고 라고 한 이유는?
[답] 사고 수는 寅巳申 三刑을 보고 한 말이고, 교육자란 巳화 편인 성을 보고 한 말이고, 정년하기 어렵다는 것은 관성이 합 충으로 거(去)하여 깨졌고 운세흐름으로 보아 30대 후반에서 40대 초에 官운이 끝나서 한 말이며, 甲己 합 寅申 충으로 去하여 가버렸고, 37세 대운까지는 인목관운이 건재 하지만 乙卯 木 官운에는 乙庚 합으로 去하여 관운이 끝나서 정년은 어렵다고 한 말이고, 동분서주하며 분주히 사는 삶이란? 3역마가 왕성하고 40대엔 財운으로 財生官하여 열정과 역동이 움직임으로 한 말이다.

[왜?] 무재사주지만 돈 버는 기술은 좋고 운세 상으로 보아 38세 대운부터 30년간 재물 운이 들어 돈도 많이 벌고 궁색함 없이 살아갈 것 같은 기운으로 흘러 아무걱정근심 없을 것인데 금년 들어 무슨 근심 걱정이 그리 많으신가요? 7월 들어(丙申月)문서 운이 들어와서 문서잡고 새로운 일을 시작 하려 하지만 가끔씩은 난관에 부딪쳐 마음의 동요가 일어나지만 9월초가 지나면(丁酉月) 안정 되고 편안 해 질 것이며 금년도 후반부인 9월부터는 발복하여 좋습니다. 내년이면 매우 좋아지는 운인데 지금 실제상황이 어떤가요?

[답] 무재(無財)란 재물의 별이 없음을 말한 것이고, 돈 버는 기술은 식신성이 발달됨을 보고한 말이며, 38세운부터 亥子丑 水운이라서 돈 많이 벌고 잘 지킬 수 있었고, 丙申년운세는 丙화의 편인은 새로운 일 시작을 의미하고 申 역마는 일을 만드는 역할을 의미 하는데 巳화 문서와 申금역마가 합형을 함으로 일이 꼬이기도 풀리기도 하며 특히 7월은 丙申월로 丙申이 겹치니 더욱 심했을 것이며 丁酉월 부터는 좋다고 함은 戊토 일간에 丁화는 정인이고, 酉금은 상관이지만 희(喜)신이고 辰酉 합으로 좋아진다고 한 것이며 그 이후는 亥子丑 水운이라서 안정 되고 평안 할 것이기에 한 말이다.

결혼적으로 볼 때

상담하면서 결혼이야기는 못한 이유는 오늘 온 이유가 그것이 아니고 굳이 묻지도 않는 말 지껄일 필요성도 없거니와 필자는 어느 정도 배우자궁을 간파했지만 당신 결혼 못했지, 라고 단언하기는 쉽지 않았다. 이사람 살아가기는 잘 살아가지만 고독한 명으로 외롭게 살아갈 팔자인 것을 어찌하겠는가, 이 모든 것을 팔자소관으로 돌려야 것 것이다.

第 48 題

木이 다 크고 많으면 金을 얻어야만 다듬어 쓰임새에
쓰일 수 있다.

 木이 成長하고 무성하면 金으로 가지를 치고 멋있게 굽히
고 바로 잡는 등 아담하게 가다듬어야 비로소 모양이 있고
품위 있는 훌륭한 나무를 만들 수 있듯이 인생은 성장하면
서 권이 있는 귀인에 의하여 인격을 도야하고 품위를 향상
해야만 비로소 사회에 쓸모 있는 일꾼으로 높이 기용되고
크게 출세할 수 있다.

[원문해설]
 木은 金으로 다듬어야 적재적소에 쓰인다는 말이다. 다만
春木은 金不用이라지만 木이 많으면 반드시 金을 얻어야만
자기 역할이 된다.

乾命	甲寅	庚午	甲午	庚午			
수	5	15	25	35	45	55	65
대운	辛未	壬申	癸酉	甲戌	乙亥	丙子	丁丑

 위 사주는 午월 甲목이 다 크고 많아서 金으로 다스려야
적재적소에 쓰이는 팔자로 행시사무관으로 공직에 입문하여
이사관으로 丁酉년에 승진한 명의 주인공이다. 다만 건강문
제로 丁酉년 초 고생을 하였는데 이는 상관운의 탓이고 45
세부터 북방수운을 만나면 조열한 팔자에서 인수를 얻으니
승승장구 할 것이다.

第 49 題

오행이 뿌리가 있어 힘을 얻으면 상극도 별 해가
없고 오행이 허하여 힘을 받지 못하면
상생해도 재앙이 따를 수 있다.

 五行이 저마다 有力하고 쓸모가 있으면 합심협력(合心協力)함으로서 설사 相剋이 있다 해도 무난히 물리치고 소원을 성취할 수 있으니 平生 福을 누릴 수 있다. 반대로 五行이 無氣力하고 쓸모없다면 산송장을 묶어 놓은 것과 같으니 설사 相生을 해준다 해도 無能하니 아무런 소용이 없고 부담과 장애만 되니 平生재난이 끊어질 수가 없다.

[원문해설]
 오행은 일단 뿌리가 있어야 힘을 받게 되므로 설사 상극에도 무난하게 대처 할 수 있지만 만약 오행이 고립되거나 힘이 없으면 기진맥진한 상태라서 설사 도와준다고 해도 별로 도움이 안 된다는 말로 일단 사주구성이 튼튼해야하며 서로 상생됨이 원만해야 약간의 불운에도 잘 넘길 수 있다는 말이다.

有力(유력): 있을 유, 힘력. 여기서는 뿌리가 있어 힘이 있는 것을 말함.
合心協力(합심협력): 합할 합, 마음심, 맞을 협, 힘력, 한마음 한 뜻으로.
相剋相生(서로 상, 이길 극, 살생,) 서로 싸우고 서로 도와줌을 말함.
平生 福 (평생 복): 평평할 평, 살생, 복복, 살아가는 동안 복을 받음.
無氣力(무기력): 없을무, 기운 기, 힘력 ,기운과 힘이 빠진 상태.
無能(무능): 없을 무, 능할 능. 잘 하는 일이 없는.

乾命	甲子	丙寅	甲寅	乙亥

수	10	20	30	40	50	60	70
대운	丁卯	戊辰	己巳	庚午	辛未	壬申	癸酉

　위의 명조는 건록격 사주에 대인군자의 성격으로 강직하여 푸른 대나무와 같도다. 水木火 3신이 상생되고 丙화가 월간에 투간되어 왕성한 나무는 丙화를 만나냐 精을 뿜으니 光明이 환히 통한다, 고로 木火通明이라 말한 것이다. 운로까지 木 火운으로 50년간 운행되고 늙을 막에 金운을 만나니 금상첨화로다.

(1) 驛馬合印 海外留學(역마합인 해외유학)
역마 寅목과 인수 亥수가 합하여 해외유학 하였다.
역마성이 많으니 해외출입 자주하게 된다. 木은 仁也라 했고, 인월갑목 수집교편(寅月甲木 手執敎鞭)이라 했으니 寅月 甲木이 다시 인수를 만났으니 교편을 손에 쥐었도다.

(2) 甲日天門 身登醫業(갑일천문 신등의업)
甲일생이 亥시 천문을 놓아 그 몸이 의료업에 종사한다.
이와 같이 업이 교육이니 의사라면 의대교수의 命이로다. 더욱 기쁜 것은 水木火星이 수기유행(秀氣流行-그 빼어난 기가 잘 흘러 통함)하여 의학박사로서 가문을 크게 빛냈다. 그러나 비겁이 사방에 무리지어 합하였으니 배다른 형제도 있다.
　　　　　　〈여산 간, 별난 사람들의 별난 사주에서 발췌〉

☞ 네 기둥이 튼튼하다 년 시지에서 생목하고 寅월의 甲목이 월간에 丙화를 얻어 木生火로 설기시키니 금상첨화다. 無官無財라는 단점이 있어도 오행이 유기하고 3신이 相生하니 궁함이 없었고 대운 또한 화운으로 용신 운이었다.

第 50 題

金이 많거나 木이 왕해도 일찍 죽고 물이 많으면 둥둥 떠다니고 土가 많으면 어리석고 火다하면 둔하다.

金多하면 수색(水塞)하고 목곤(木困)하니 기혈(氣血)이 허하고 색체(塞滯)하여 단명(短命)하고 木旺하면 수곤(水困)하고 기색(氣塞)하니 역시 기혈(氣血)이 부족(不足)하여 단명(短命)하다. 水가 盛하면 生命의 주체(主體)인 木이 표류(漂流)하니 물결 따라 평생(平生) 떠돌아다니는 류랑생활(流浪生活)을 해야 하고 土多하면 화허(火虛)하고 水困하니 정신이 몽롱하고 어리석으며 고지식하고 인색하며 우물 안의 개구리처럼 융통성이 없고 현실에 어두우며 바보천지와 다를 바 없다. 말이 통하지 않고 사리(事理)를 분별치 못하며 소견이 좁고 고집불통이다. 火多하면 木因하고 수허(水虛)하니 기름 없는 등잔불꽃과 같다. 기름이 떨어지면 불꽃이 빨갛고 빛이 없으며 열(熱)도 식어서 차갑다. 겉으로는 심지가 타는 듯 아는 척 하지만 배운 것이 없고 든 것이 없듯이 현실과 사리에 어둡고 매사에 우둔하며 완고하고 인색하고 무기력하고 시기 질투가 심하다.

[원문해설]
위 원문을 요약하자면 오행은 많아도 병, 적어도 병이 된다는 말이다. 그래서 오행은 고르게 분포 된 것과 중화 되고 살아서 숨 쉬고 막히지 않는 것을 최고로 본다는 아주 중요한 것을 말한 것이다.

☞ 아주 중요한 부분이라서 다시 자세하게 설명하려 합니다.

金多하면 수색(水塞)하고 목곤(木困)하니 기혈(氣血)이 허하고 색체(塞滯)하여 단명(短命)하고,

金이 많으면 水는 막히고(塞-막힐 색) 나무인 木은 괴롭다는 말로 이렇게 되면 기와 혈이 허하고 막혀서 일찍 죽는다는 말이다. 그러나 단순히 많은 것으로 이렇게 단정하면 안 된다 흐름이 중요한 것이다. 오행의 이치를 다시 설명하자면 금이 많아 金生水로 물을 만들어 내면 물은 水生木으로 수로(水路)가 확 트여야만 되는 것인데 금이 많으면 자연적으로 목이 쇠하니 수로인 물길이 좁아지는 형국이라 막히고 답답하니 일찍 죽는다는 원리를 말한 것이다.

木旺하면 수곤(水困)하고 기색(氣塞)하니 역시 기혈(氣血)이 부족(不足)하여 단명(短命)하다.

木이 많으면 水인 물은 괴롭고 기가 막혀 기혈이 부족하여 일찍 죽는다. 이 말은 나무가 많으면 물이 그 많은 나무를 먹여 살리려면 고단하다는 이치를 말한 것이다.

坤命	戊申	辛酉	戊申	癸亥			
수	9	19	29	39	49	59	69
대운	庚申	己未	戊午	丁巳	丙辰	乙卯	甲寅

<金多한 命造>

위 여명은 金이 많은 팔자이다. 그러나 시주에 癸亥 水가 있어 확 트인 命으로 답답하거나 일찍 죽는 팔자는 아니다. 삼신의 사주지만 운에서 반드시 필요한 木火 운으로 운행되어 잘 살아가는 사주지만 부족한 것이 많다. 사주를 감정할 때는 많은 것도 부족한 것도 문제성을 안고 있으니 반드시 짚고 넘어가야 한다. 위 여인 고객으로 간명한 팔자이다.

無官사주에 金이 많은 戊토 일주의 여명이라면 남자 복이 없다, 특히 배우자궁에 식신 申金이 있고 월주가 상관성인 辛酉라면 보나마나 과부거나 시집못간 독신자이거나 이혼녀일 가능성이 90% 이상 된다. 이 여성 29세 丙子년에 결혼하여 31세 戊寅년에 이혼하고 20년을 독신으로 살아 왔단다. 그동안 남방火운은 피아노 가르치는 일을 하면서 사회복지사자격증을 얻어 지금은 동두천에서 복지센타를 운영하면서 커피숍을 하려고 한다는데 운세를 보러온 고객이다. 동방목운은 안정된 직업을 가지고 잘 살아갈 것이라고 조언해 주었다.

☞ 丙子년 결혼하게 됨은 배우자궁으로 子辰합(六合)됨이고 戊寅년에 이혼함은 배우자궁과 배우자별이 寅申상충함의 원이리라 말 할 수 있다.

상관성이 강한 여명은? 독신자이거나 독신으로 살아간다. 상관과 식신이 혼합되면 식신도 상관 역할을 하게 된다.

상관론(傷官論)

상관은 겁재의 편인이 된다. 가령 甲일생은 己토가 정재인데 상관인 丁화는 己토의 편인으로 서모에 해당한다. 편인을 보면 식신이 만신창이가 되고 밥그릇이 깨지는 도식 이니 財가 생산될 수 없다. 노력을 해도 공이 없으니 머리를 쓰고 보다 더 공을 들이지만 결과는 역시 도식이다. 머리를 너무 쓰다 보니 두뇌는 최고로 개발 되어서 총명하고 신경과민이며 날카롭기가 칼 날 같다. 그러나 식신은 재를 샘물처럼 생산하는데 반하여 상관은 제아무리 발버둥 쳐도 물이 나오지 않고 의식이 부족하니 불평과 불만이 가득차고 누구라도 따지고 시비를 가리고저 한다. 같은 운전수라 해도 식신이 있는 사람은 고객이 요금을 두말없이 지불하는데 반하여 상관이 있는 운전수는 고객이 지갑을 잃었느니 옷을 잘못 바꿔 입고 왔느니 무엇인가 이유를 붙여서 요금을 주지 않으니 어찌 경우를 따지지 않을 수 있는가? 그러나 상대방은 너무 야박하다고 상관자를 싫어하고 멀리하려든다. 하도 여러 번 번 번히 실패하고 일한 대가를 받지 못함에 따라서 상관자는 이 세상을 비판하기에 여념이 없다. 반항과 반발심 그리고 욕구 불만에 가득 찬 날카로운 머리를 가지고 무엇이든 사사건건 개입해서 시시비비를 따지고 가리려 한다. 남의 일에 뛰어들어서 간섭하고 비판하기를 서슴치 않는 반면에 남이 자기를 간섭하고 비판하면 단호히 대항하고 반격하여 용납지 않는다. 관용성이나 이해성이 없고 자기본위로 우월함이 대단하며 거만하고 냉정하다. 아무리 윗사람이라 해도 옳지 않은 것은 따지고 비판하기 때문에 어디가나 성격상 불화가 생기고 미움을 사며 고독하다. 자기고집이 대단하고 자율적이고 자유하고 자활하는 철저한 개인주의자로서 일체의 간섭과 지배를 거부하고 독자적인행동을 취한다. 그러나 무엇을 하든 머리는 좋고 활동력은 왕성하나 소득과 결실이 부족함으로서 불평과 불만이 가슴속에 연기처럼 가득 차있다. 예술계나 발명계 그리고 기술계나 의술, 역술 또는 문학과 학술계에서 크게 재능을 발휘할 수 있고 시비와 흑백을 가리는 경찰, 헌병, 특무대, 검사, 판사, 형사, 신문기자 등으로도 명성을 날릴 수 있다. 윗사람을 극하니 부모덕이 없고 형제와도 인연이 박하며 냉정한 성격인지라 자녀와도 정이 박하다. 상관은 재가 부실한데서 불행하고 반항하는 것이니 財가 있으면 전혀 딴사람이 된다. 가령 재가 있으면 재를 얼마든지 생산할 수 있음으로서 상관무재처럼 불평하고 비판하고 반항할 이유가 전혀 없다. 오로지 돈 버는 데만 정신을 기우리고 열심히 활동함으로서 대재를 생산한다. 머리가 비범한지라 뛰어난 기술로서 거재를 마련하고 안전하게 발전시킬 수 있다. 돈을 자유로이 벌고 치부를 하였는데 불만이 있고 다툼을 즐길 리는 없다. 모든 것은 가난한데서 싸움이 생기고 불만이 있는 것이다. 그와 같이 상관의 특색은 상관만 있고 재가 없는 상관무재의 사주에서 두드러지게 나타난다. 상관은 정신의 별로서 총명이 자본이니 독자적으로 출세하는 길은 지능을 최고도로 승화시키는 기술 분야에서 진면목을 나타낼 수 있다. 그러나 어떠한 기술이든 소득과 결실은 야박하고 부족하다. 그래서 상관자는 한 가지 기술로서 만족하지 않고 여러 가지 기술을 배운다. 열두 가지 재간을 가지고도 가난하다는 것은 바로 상관의 별을 두고 하는 말이다.

  상관은 뛰어난 재능을 가지고 있으나 버릇이 없고 거만하며 남을 비판하고 남의 일에 참견하는 것이 크나큰 결점인데 수양에 힘쓰고 자중자숙하면 대인물이 될 수 있다. 아량과 관용과 침묵과 원만성을 기르는 것이 출세와 성공의 비결이다. 신왕자가 상관이 있으면 성장한 나뭇가지에서 꽃이 피니 멋진 재능을 발휘하지만 신약자가 상관을 보면 병든 환자가 뜀박질을 하는 것처럼 꼴불견이듯이 감당하지 못할 일을 무리하게 고집으로 추진하다가 크게 실패보기 마련이다. 머리가 날카롭고 신경질이 대단하며 오기와 고집이 지나쳐서 모가 나고 해인(害人)함이 심하다. 신왕자는 상관을 기뻐하고 도리어 크게 발전하는데 반하여 신약자는 상관을 싫어하니 평지풍파를 일으킨다. 이를 길흉 두 가지로 나누어 살펴보기로 하자.

아래에 기록한 사주는 육사출신으로서 군전역사무관으로 부구청장 까지 한 사람의 사주입니다.

乾命	辛卯	丙申	甲辰	丙寅			
1951년 8월01일申시생							
수	8	18	28	38	48	58	68
대운	乙未	甲午	癸巳	壬辰	辛卯	庚寅	己丑

<木多 水困한 팔자>

본 명조는 申월의 甲목이라는 거목(巨木)으로 태어났습니다. 甲목은 미래지향적입니다. 우두머리가 되어야 하는 팔자지요. 최고가 되어야 직성이 풀립니다. 2등하면 속상합니다. 태어난 날이 甲辰일인데요. 甲辰은 백호살이라 대단히 센 놈인데요. 그래서 센 일을 해야 합니다. 군인 경찰관 검 판사 등인데요. 申금 편관이 丙화 아래(丙申)에 있어 정년은 곤란한 팔자지요. 木生火로 봉사하면서 살아야 할 팔자로 변합니다. 사주원국으로 보면 정치인으로 봉사하면서 살아야하는 팔자랍니다. 현재운세가 어떤지 살펴보자면 58庚寅 대운으로 좋은 대운이긴 한데 寅申 相沖으로 약간 불리합니다.

申월이라 다 큰 나무이므로 물이 별로 필요 없다고는 하지만 木이 많아서 물리 필요한데 원국엔 없지만 물 운을 만나면 물리 괴로울 것인데 壬辰년 운은 壬水가 水庫를 달고 와서 무난하지만 癸巳년을 좀 다르다, 癸水가 巳화위에 있어 곤할 것이다 더욱이 寅巳申 삼형까지 겹치므로 관재구설이 따르고 癸수 문서가 괴로우니 나쁜 문서일 것이다. 갑자기 생활무대에서 잠적했는데 관재수로 감옥가지 않았다면 해외 이주로 보아야 할 것이다. 일단 庚寅대운 말이 대흉하기에 癸巳년 丙申년 양년은 불리한 운인 것이다.

第 51 題

오행이 지지를 잃고 극 당하면 재난을 피하기
어렵다.

　五行이 실령(失令)하고 사절(死絶) 되면 고목(枯木)처럼 생기(生氣)를 잃고 동작(動作)할 능력(能力)이 없으니 만일 귀살(鬼殺)을 만나면 꼼짝없이 재난(災難)을 당하고 피하거나 극복(克服)할 도리가 없다. 金은 子寅에서 근절(根絶)하고 火는 酉亥에서 몰락(沒落)하며 木은 午申에서 무형(無形)하고 水는 卯巳에서무위(無位)한다. 근절(根絶)된 金이나 몰락한 태양이나 무형의 木이나 무위한 水는 이미 사멸(死滅)되어 전혀 무능무력(無能無力)함으로서 어떠한 작용(作用)도 할 수 없듯이 어떠한 재난(災難)에도 무방비상태(無防備狀態)다.

[원문 해설]
　사주팔자에서 네 기둥의 오행이 뿌리가 든든하면 잘 지어진 건축물이고 실령 사절 된 상태라면 부실공사로지어진 건축물과 같다. 잘 지어진 집은 비바람 몰아쳐도 걱정 없지만 날림공사로 지어진 건축물이라면 작은 비바람에도 견디기 어려운 것 같다는 말이고, 건강한 인체엔 세균이 침범하지 못하지만 쇠약한 신체에는 면역력이 약하여 바람만 쏘여도 감기들 듯 허약한 사주에 官도 殺 노릇을 하게 된다는 말이다. 金은 子에 死요, 寅에 절이고 火는 酉 亥에 몰락한다함은 12운성을 말한 것이다.

失令: 잃을 실 우두머리 령, 死絶 : 죽을 사 끊을 절, 枯木: 마를 고 나무 목,　生氣: 살 생 기운 기, 動作: 움직일 동 일어날 작, 能力: 잘할 능 힘력, 鬼殺: 귀신귀 죽일 살, 災難: 재앙 재 어려울 난, 克服: 이길 극 좇을 복, 根絶: 뿌리 근 끊을 절, 沒落: 빠질 몰 떨어질 락,　無形無位(무형 무위: 형상도 없고 자리도 없음) 根絶死滅(근절사멸) 無能無力(무능무력)

1988년07월19일19:30분							
乾命	戊辰	庚申	丁巳	庚戌			
수	3	13	23	33	43	53	63
대운	辛酉	壬戌	癸亥	甲子	乙丑	丙寅	丁卯

<사례1 네 기둥이 튼튼한 사주>

1950년음06월06일寅시생							
坤命	庚寅	癸未	丙辰	庚寅			
수	6	16	26	36	46	56	66
대운	壬午	辛巳	庚辰	己卯	戊寅	丁丑	丙子

<사례2 네 기둥이 부실한 사주>

 위 사례 1의 경우는 네 기둥이 튼튼한 경우이고 사례2의 경우는 네 기둥이 부실한 경우를 기록한 사주이다.
丁巳일주의 男命은 삼성카드라는 대기업에 입사하여 잘 나가는 청년인데 그만두고 자기 사업을 하겠다고 하여 모친이 상담 온 사람의 사주인데 네 기둥이 튼튼하기도 하지만 식상생재로 사업가기질이 강하고 재성이 건록이라 좋고 운이 반드시 필요한 水 木운으로 흘러 좋으므로 아들자신의 의사에 모든 것을 맡겨라 고 조언 했고, 사례2의 女命은 사주가 부실하고 편재성이 강하여 욕심은 많은데 다행이 운이 좋아 그동안은 잘 살아왔는데 丙子대운에 접어들면서 운이 내리막길이니 각별히 조심하고 도박성이나 투기성에 말려들면 큰 손해를 볼 것이라고 강조 했는데 丙申년에 사기도박꾼들의 꼬임에 빠져 꽁지 돈 대주다가 평생 목욕탕에서 때밀이로 피 땀 흘려 번 돈으로 축재 한 것을 하루아침에 몽땅(1억원) 날렸다고 한다. 庚금 편재성이 천간에 떠서 욕심 많은데 경금이 절지에 앉아있어 잘 못하면 날아가는 돈이고 일주가 허약한데 寅목의 부조와 운에서 동방 木운이라 좋아서 잘나가다가 丙申년운을 만나면서 신금이 인목을 날려버리니 허약한 일주가 거금을 감당하지 못한 것이다. 이와 같이 사주인 네 기둥이 튼튼해야지 부실하면 악운을 잘 못 넘기다.

第 52 題

윤하격자는 문학으로 귀함이 나타나고 가색자는
경상으로 부귀를 얻는다.

윤하격자(潤下格者)는 수성(水盛)하니 따듯하고 밝은 태양을 얻어야만 어둡고 추운 水體(찬 물의 몸)를 만천하에 밝히고 활용(活用)할 수 있다. 火는 문명(文明)이요 문화(文化)이니 문학과 문장서예(文學과 文章書藝)로서 크게 명성(名聲)을 떨치고 출세한다. 가색격자(稼穡格者)는 토성(土盛)하니 水木을 전용(專用)한다. 水는 상재(商財)요 木은 경륜(經綸)이니 상업과 경영관리에 비범(非凡)한 재능과 두각(才能과 頭角)을 나타내고 부귀(富貴)를 이룩한다.

[원문 해설]

 윤하라 함은 물이흐름을 의미하므로 물이 많아 차가움으로 태양이 필요함으로 밝은 문명인 문화라는 말이고 가색자는 심고거두는 土를 의미함으로 상업과 경영관리로 두각을 나타내고 부귀를 얻게 된다는 말이다.
☞ 潤下格을 말하다.
윤하격이라 함은 潤濕 즉 적신다, 습하다. 는 뜻이요, 下라 함은 流下 즉 흘러내려간다는 뜻이니 윤하란 만물을 적시고 흘러내려가는 性을 가진 자 즉 壬癸수를 말하는 것이니 윤하격이란? 壬癸일생이 지지에 申子辰 또는 亥子丑으로 全局을 이룬 것을 말하는 것이다.

潤下格者(윤하격자) : 水가 주체를 이룬 사주로 물은 차고 아래로 흐름을 의미함
稼穡格者(가색격자) : 土가 주체를 이루어 심고 거두는 격인 사주를 말함

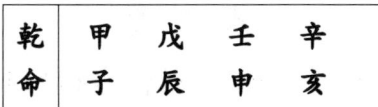
<潤下格中 別格>

　위 사례의 경우 윤하격 중에서 별격으로 취급되는 사주이다. 正格이 되려면 흐르는 물을 막는 土가 없어야한다, 라고 되어있으나 결국 용신을 중요시하는 구학파에 해당하는 것이고 本命은 윤하격 중에서도 별격으로 보는 것이다. 사주를 감정 할 때는 壬수가 申子辰 水局을 이루고 신해시를 만났으니 潤下의 기운이 강하다고 보고 또 물이란 막아서 저수용으로 쓸 경우와 흘러 보내서 生木으로 써야할 물로 크게 구별해 보기도하고 통대원문에서 말했듯이 차가운 물은 태양을 봄으로서 활발해진다는 점도 고려해야 한다.
　본명은 교사의 사주인데 관인상생도 했고 甲목이있어 흘러 보냈고 운에서 남방火운도 만나게 되어 무난한 삶을 살아갈 것이다.

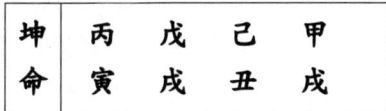
<稼穡格中 正格>

　위 사례의 경우는 가색격으로 사주첩경에 기록된 명조인데 첩경에서는 寅木은 寅戌로 火局을 이루고 甲木은 甲己 合化土로 정격이라고 해설 했으며 서방金운과 남방火운을 好運으로 보고 동방木운과 북방水운을 大忌로보아 辛卯 운에 모든 것이 끝났다고 보았는데 그는 잘못 본 것으로 사료된다. 통대원문에서 가색은 水木을 專用한다고 되어있음이 타당하다고 본다. 그 이유는 가색은 심고 거둠의 원칙인데 심고 거두려면 물이 있어야하고 나무가 없는 땅은 無用之土로보아서이다.

본명은 여의사로서 젊어서는 잘 나갔다고 기록 된 것을 보면 가색의 격이지만 丑戌 형살이 있어 여의사가 된 것이고 甲寅木이 있어 경영관리로서 의사로 왕성한 활동을 했을 것인데 묘목운도 대기로 보면 안 될 것 같다.

결론적으로 가색이든 윤하든 간에 격국에 너무 치우쳐 매달리지 말고 사주의 흐름과 오행의 근기(根氣)를 보고 가늠해야 할 것이다.

[알고 갑시다]

☞ 稼穡格을 말하다.

稼穡은 글자가 의미하는 대로 심고 거둔다는 뜻으로서 농사짓는다는 의미로 농사를 지으려면 농토가 있어야 하므로 사주팔자에 土가 주체가 되는 격을 "가색격"이라 말하는 것이다. 이를 구체적으로 말하자면 戊己土 일생의 사주가 지지에 辰戌丑未 또는 巳午未가 많은 팔자를 말하는 것이다. 다만 가색에는 木인 官殺이 있으면 격을 이루지 못하는 것이고 未월생도 안 된다 하는데 그 이유는 未中丁火가 암장되어 있고 화월 염천지토(火月炎天之土)인 관계로 심고 가꾸는 일이 잘 안 된다는 것이다. 가색에 가장 좋은 달은 辰월이고 좋은 운은 남방火 마을이나 서방金 마을로 본다. 그러나 木운은 극파가색(剋破稼穡)이라 하여 크게 꺼리는 것이다.

第 53 題

봄철 생목은 어진마음과 덕을 품고 여름철 생은
마음속에 밝고 분명한 재주를 간직하고 있다.

木者는 미성숙(未成熟)한 소년소녀의 춘화(春花)이나 순진(純眞)하고 순결(純潔)하며 착하고 어질다. 인정이 많고 베풀기를 좋아하며 감정이 풍부하고 측은한 온정(溫情)과 눈물이 많다. 특이 춘생목(春生木)은 그러한 인덕이 충만(仁德이 充滿)하여 주위에 춘풍(春風)을 불러일으킨다. 火者는 성장(成長)한 청년이요 열화(烈火)같은 태양으로서 정신력이 왕성(旺盛)하니 사리(事理)가 분명(分明) 관찰력이 뛰어나며 시비(是非)와 흑백이 일목요연(黑白이 一目瞭然)하다. 특히 火氣가 왕성한 夏生火는 무르익은 만월(滿月)같은 光明으로서 총명하고 영준(英俊)하며 성급(性急)하고 민첩하며 자가발전(自家發電)처럼 예감이 빠르고 관찰과 판단력이 비범(非凡)하여 매사에 공명정대(公明正大)하고 사리와 처리가 분명(事理와 處理가 分明)하다.

[원문 해설]

봄철에 태어난 목은 순진 순결한 소년소녀 같아 아직은 미성숙해 감성이 풍부하여 눈물이 많다. 그러나 木이 火가 많으면 다 큰 사람으로 사리도 분명하고 정신력도 왕성하고 옳고 그름도 분명하고 총명하며 판단력 관찰력이 보통은 지난다. 이를 사주용어로 목화통명이라 말한다.

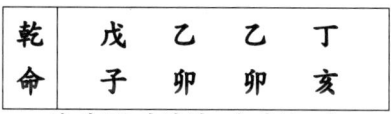
사례(1)정치인 강재섭 님

 사례1의 경우는 春木으로 신왕하고 丁화로 설기하니 좋고 대운 역시 남방火운에서 서방金운으로 좋았으나 62세 壬戌 대운부터 壬수가 丁화 희신을 묶고 戌土는 용신의 火의고지로 불리하다. 그러나 사주구성면에서 春木이 신왕하고 無金이며 왕지가 있어 정치인으로 여당 당대표까지 하였지만 우이 끝나 일직 정계를 떠나고 말았다.

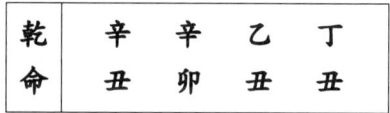
사례(2)정년 못한 공무원의 팔자

 사례2의 경우는 春木으로 신왕 관왕한 命으로 공무원으로 근무하다가 건강이 안 좋아 명퇴하고 낙향한 사람의 명인데 음 팔 통 사주에 丑토가 3개나 되어 관고가 됨으로 정년불가이다.

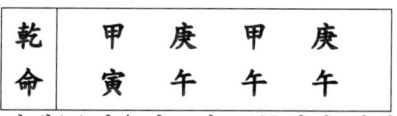
사례(3)서울시고위 공무원의 팔자

 사례3의 경우는 夏木으로 지지전국이 火局을 이룬 특이한 팔자로 목화통명도 좋지만 官을 써야할 팔자로서 입신양명하겠는데 조열하여 건강문제에 항상 신경 써야 하며 중년이후 북방水운부터는 안정 된 삶을 살아가게 될 것이다.

 위 사례3의 명은 현제 서울시청 사무관으로 시작하여 서기관으로 승진한 촉망받는 인물로 공직사회에서 공명정대 사리분별이 남다른 사람이다.

155

第 54 題

가을철 金은 굳세고 의지가 강한 성정이 많고
겨울철 물은 지혜와 대소를 분별하는
것에 능하다.

  金은 성숙(成熟)한 中年이요 오곡백과(五穀百果)이니 내부(內部)가 충실(充實)하고 견고(堅固)하다. 春木처럼 기분(氣分)이나 감정(感情)에 동(動)하지 않고 실리(實利)와 의리(義理)에 투철하며 일단 뜻을 세우면 끝까지 자신 있게 관철하며 어떠한 난관(難關)에도 불굴(不屈)한 채 극복(克服)한다. 특히 金氣가 왕성한 秋金은 무르익은 人生과 실력(實力)과 신념과 의지와 용기로서 무엇을 하든 확고한 설계와 풍부한 자력(資力)으로서 시작하고 초지일관함으로서 기필성사(期必成事)한다.

  水는 유수(流水)처럼 항상 신진대사(新陳代謝)하고 맑고 깨끗하여 슬기가 총명하며 동서남북의 물방울이 한데 모여서 한 줄기를 만들고 보다 큰 물결을 이룩하듯이 주위의 만유(萬有)를 점유하고 지배하는 권모(權謀)가 비범(非凡)하여 작전과 음모(陰謀)와 지략(智略)과 권모술수(權謀術數)가 탁월(卓越)하다. 특히 水氣가 득세(得勢)한 冬水는 대세(大勢)를 수합(收合)하고 집약(集約)하는 지모(智謀)가 비상(非常)하여 외춘내동(外春內冬)의 둔갑에 능하다.

期必成事 : 예정한 시간에 일을 이루어내다.
新陳代謝 ; 새로운 것이 오면 대신 물러날 줄 안다.
權謀術數 : 크고 작은 꾀와 꾀의 수
外春內冬 : 겉으론 봄이지만 속은 겨울인 속을 알 수없는

[원문 해설]

　金의성정을 적나라하게 소개한 것으로 결과를 나타낸 것이다. 다음으로 水를 설명한 것으로 水는 지혜로 꾀에 능하고 물속 깊이를 알 수없 듯 水의 마음 헤아리기가 어렵다는 것을 것은 봄 같지만 속은 겨울 같음으로 표현 했다.

乾命	丁巳	戊申	庚子	甲申			
수	1	11	21	31	41	51	61
대운	丁未	丙午	乙巳	甲辰	癸卯	壬寅	辛丑

　위 사례는 秋金이 申시에 나서 강해 보이지만 사주구성상으로 보아 秋金답지 않게 약해진 경우이다. 월의 申금은 巳申 合 刑을하고 시의 申금은 申子합을 한다. 이렇게 묶이면 금의역할이 감소되어 기필성사가 어렵다. 그러나 관인상생(官印相生) 되고 맑은 사주지만 대운이 불길 한 것이 한스럽다. 본인은 사시에 여러 번 낙방했다고 한다. 그 이유는 31 대운이 甲辰운으로 申子辰 水局을 이룸이 문제인 것 같다. 대운의 묶임은 세운보다는 강하지 않다고는 하나 삼합이라서 불리함으로 보아야 한다. 亥년이나 午년을 만나면 합이 풀려 성사 될 가능성이 있다.

坤命	癸丑	甲子	壬午	丙午

　위 사례는 子월 冬水지만 丙午火가 있어 凍水는 아니다, 壬子 양인에 丙午 양인을 둘이나 놓아 팔자가 드세다. 미혼으로 독신으로 살고 있다. 조혼은 불리하고 만혼이라야 살 수 있다. 권모술수는 능하지만 음흉한 命은 아니다.

157

第 55 題

木이 무성하고 金금이 없으면 인자하나 조화가
어렵다.

木은 자재(資材)요 金은 공구(工具)이며 자재는 과수(果樹)요 공구는 백과(百果)다. 재목은 풍성하고 과수는 무성해야 한다. 그러나 아무리 재목(材木)이 울창하고 풍작이라 해도 공수(工手)를 만나지 못하면 무용지물(無用之物)이니 아무런 조화(造化)도 부릴 수 없고 한 푼의 가치도 없듯이 아무리 과수가 무성해도 열매가 없으면 유명무실(有名無實)이니 외화내빈(外華內貧)이다. 木은 인자(仁慈)하니 천성은 온후(溫厚)하고 인자하나 기회를 얻지 못한다.

[원문 해설]

 나무인 木은 자재에 비유했고 쇠인 金은 공구에 비유하여 공구와 목수가 없는 나무는 쓸모없는 나무로 무용지물로 유명무실하거나 외적으론 화려하나 내적으론 가난한 형상이며 木은 仁也라 했으니 인정 있고 온화하지만 기회를 얻지 못한 형상으로 본 것이다.

☞ 木중에도 甲목은 庚금을 좋아한다, 동량지목을 다듬어 적재 적소에 쓰일 수 있기 때문이다. 庚金이 없는 甲목은 별 볼일 없는 나무로 火가 많으면 火木으로 불 땔 나무로 변한다.

乾命	乙卯	乙酉	甲子	甲子
수	2	12	22	32	42	52	62
대운	甲申	癸未	壬午	辛巳	庚辰	己卯	戊寅

위 사주는 金水木 3神의 팔자인데 金이 왕한 계절이지만 甲목은 陰金 辛酉보다는 陽金인 庚申금을 좋아하는데 庚금을 만나도 乙목이 잡아 묶어 관으로 쓰이긴 버거운 팔자로 보아야 한다. 다만 관인상생으로 水木사주라서 무용지물은 아니고 근본이 착하고 온후하며 정직한 사람으로 현재 강남에서 카페를 운영한다고 한다.

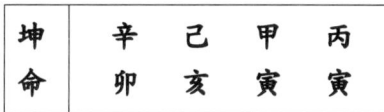

위 사주는 亥월 甲목이 印比가 강해서 丙화를 써야할 팔자인데 년간 辛금이 합을 하여 丙화도 辛금도 쓸 수 없으니 무용지물인 팔자로 유명무실 외화내빈으로 별 볼일 없는 사주이다.

乾命	壬寅	癸卯	甲子	甲子

위 사주는 水木으로만 구성 된 팔자로 양신이 상을 이룬 형국이다. 木성이 강하여 인자하고 온후하며 교육자로 살아가야 하는 팔자이다. 대운이 남방 火운에서 서방 金운으로 흘러 무난하게 살아갈 것이다.

第 56 題

木은 허약한데 火가 왕성하면 열심히 해도 귀함을
드러내기 어렵다

　火는 꽃이요 木은 수지(樹枝)다. 꽃은 수목(樹木)의 정화(精華)요 수재(秀才)이니 木이 화(花)를 보면 자기 재능을 개발하고 학문을 즐긴다. 그러나 목근(木根)이 허(虛)하면 결실(結實)하기 어려우니 이것저것 배우는 것은 많고 열심(熱心)이나 열매를 맺기가 어렵듯이 건강이 온전하지 못하고 근기(根氣)가 허약해서 성사(成事)하고 공명(功名)을 얻기는 힘들며 허명허리(虛名虛利)로 끝난다.

[원문 해설]
火를 꽃으로 보고 木을 나뭇가지로 비유해 말한 것인데 나뭇가지가 꽃을 보면 자기 재능을 개발하는 것이니 나무의 뿌리가 튼튼해야 꽃이 만개할 수 있지 허하면 활짝 펴봤자 볼품없는 꽃이듯이 인간사에서도 자신이 약하면 일이 잘 안 풀리고 이름도 드러나지 않고 이속도 없다는 것을 비유해 말한 것이다.
☞ 오행 중에서 유일하게 木만이 생물(生物)이다. 그러므로 木의 생은 주위 환경이 좋아야 한다. 태어난 계절도 중요하지만 주변 환경을 잘 살펴야 한다는 점 잊지 말아야 한다.

樹枝(수지): 나무 수, 가지 지, 秀才(수재): 빼어날 수, 재주 재,
木根(목근): 나무 목 뿌리 근. 結實(결실): 맺을 결, 열매 실.
虛名虛利(허명허리): 빌 허 이름 명, 이로울 리. 이름도 비고 이속도 없음.

乾命	辛卯	丙申	甲辰	丙寅

수	8	18	28	38	48	58	68
대운	乙未	甲午	癸巳	壬辰	辛卯	庚寅	己丑

　위 사주는 군전역사무관출신 종로부구청장을 끝으로 공직에서 물러난 사람의 命입니다. 申월의 甲목이라도 寅卯辰 木 方局을 이루어 버틸 수 있었을 것인데 庚寅 대운 말은 불리하다. 甲庚 충 寅申 충 되면 방국은 떨어지고 甲목은 허약해 질 수밖에 별 도리가 없다. 목근(木根)이 허하면 결실을 맺기 어렵다 했으니 이 사주 주인공도 寅대운말에 신상에 큰 변화가 예상 된다.

坤命	乙未	乙酉	甲午	丙寅

수	3	13	23	33	43	53	63
대운	丙戌	丁亥	戊子	己丑	庚寅	辛卯	壬辰

　위 女命은 4木이 있어도 寅목이 寅午 火局 이루고 있어 뿌리가 허(虛)하다. 이런 경우 水를 만나면 木根이 될 것 같지만 그렇지 못하다 木운을 만나야만 결실을 맺을 수 있다. 본명의 주인공은 북방水운에 죽을 고생을 하더니 동방 木운부터 대발하여 안정된 삶을 살고 있다. 庚寅대운은 庚금이 겁재를 묶고(乙庚合) 辛卯대운은 辛금이 충거(沖去:乙辛沖) 시키니 무난한 삶을 살았다. 壬辰대운 역시 辰토에 甲목이 뿌리내리면 재물이 풍성하고 만사가 형통할 것이다.

第 57 題

물이 많은데 흙을 만나면 둑으로 막아 쓰고
나무가 무성한데 금을 만나면 중임을 맡을
아름다움이 있다

　수성(水盛)하면 범람(氾濫)하고 넘치면 자유분류(自由奔流)하고 류토파물(流土破物)하니 기해(其害)가 불소(不少)하다. 이때에 土를 만나면 성제(成堤)하고 성강성호(成江成湖)하니 水才가 만발(滿發)하고 水氣가 충만(充滿)하다. 木이 무성(茂盛)하고 공수(工手)를 만나면 棟梁之材로 開發되고 木의 수기(秀氣)와 재능이 만발하니 천하대재로서 명진사해(水氣와 才能이 滿發하니 天下大材로서 名振四海)한다.

[원문 해설]
　물이 많아 넘치면 물이 제멋대로 흘러 둑이 무너져 홍수로 그 피해가 적지 않다, 이때에 土를 만나면 둑을 쌓아 강물을 막아 호수를 만드니 水才가 만발(滿發)하고 水氣가 충만(充滿)하다. 木이 무성(茂盛)한데 金을 만나면 나무를 다듬어 대들보로 쓰이는 형상이니 사방에 이름을 크게 떨친다,

成堤之功(성제지공): 이룰 성, 둑제 갈지, 공로 공.- 둑을 쌓아 얻어진 공
作棟之美(작동지미): 지을 작, 용마루 동,- 중임을 맡을 아름다운 기미
氾濫(범람): 넘칠 범, 넘칠 람. 自由奔流(자유분류): 자유스럽게 흘러내림 즉 홍수.
流土破物(류토파물):: 둑이 터져 물건이 파손됨, 즉 홍수의 피해.
成江成湖(성강성호):: 둑을 쌓아 강을 만들고 호수를 만들다.
棟梁之材(동량지재): 용마루나 마룻대가 될 재목, 큰 인물.
名振四海(명진사해): 이름을 사방에 떨치다.

坤命	辛亥	癸巳	壬寅	壬子
수	3	13	23	33	43	53	63
대운	甲戌	癸酉	壬申	辛未	庚午	己巳	戊辰

<壬수일주가 水多한 사례>

위 사주는 巳월의 壬수라도 金水太旺하여 自由奔流로 土流破物 할 기운이 강하다. 이 말은 물은 강한데 土가 없고 寅목이 있어 흘러 내려가는 물로 成江成湖는 안 되는 물로 보아야 한다, 그렇다면 인생사에서는 어떤 일이 발생 할까, 에 대하여 알아보자. 육신 상으로 土는 관성이니 남자의 별이고 水가 많아 土가 부지할 수 없는 형상에 배우자궁에 土를 극하는 寅목이 앉아있어 남자 인연이 박하다고 보아야 하는데 40대 후반까지 아직 미혼으로 살고 있다고 한다. 만약 조혼했다면 깨지는 형상이다. 그 이유는 寅巳형살이 있음이기에 하는 말이다.

坤命	壬子	壬子	辛卯	己亥
수	6	16	26	36	46	56	66
대운	辛亥	庚戌	己酉	戊申	丁未	丙午	乙巳

<四柱八字에 水多한 사례>

위 사주는 상관성이 강한 무관(無官-관성이 없음)사주이다. 여자의 命에 상관성이 강하면 독신팔자라 말한다. 상관생재(傷官生財)로 자신만의 삶은 무난하지만 육친상으로 관성이 매우 불리하다. 이 사람 공무원으로 봉직하고 있으나 남편이 자살하고 독신으로 살아간다고 한다. 대운이 서남방 운으로 흘러 관운이 좋아 정년은 할 것이다. 그러나 배우자 궁 역시 子卯형 亥卯合去하여 독신의 팔자다.

163

坤命	癸卯	癸亥	癸未	癸亥
수	1 11	21 31	41 51	61
대운	甲子 乙丑	丙寅 丁卯	戊辰 己巳	庚午

<四柱에 水木으로구성된 사례>

천원일기격(天元一氣格)으로 천간에 같은 기운으로 되어있고 지지 또한 삼합목국(三合木局)으로 木의 기운으로 化했으므로 水木相生格 이지만 윤하격 또는 종아격 (潤下格 또는 從兒格)등 여러격으로 말들 합니다. 아마도 水木이 서로 生하는 相生格 으로 두 개의 오행만이 존재하는 좋은 사주임은 틀림없지만 우리가 살아가면서 다섯 손가락으로 살아가면 불편한 점이 적은데 세 개의 손가락이 없는 두 개의 손가락만으로 살아 간다면 무엇인가 모르는 어딘가는 부족하고 불편한 점이 분명 있듯이 이런 사주의 주인공은 분명 남이 모르는 부족한 점이 있게 됩니다. 다행인 것은 대운이 동남방운인 木火로 흘러 좋습니다. 그러나 戊戌년운은 成江成湖(둑을 막아 호수를 만들다)로 무난하지만 己亥년운은 自由奔流로 土流破物(물은 많아지고 토는 약하니 홍수로 인한 피해) 할까 염려 됩니다.

乾命	甲寅	庚午	甲午	庚午
수	5 15	25 35	45 55	65
대운	辛未 壬申	癸酉 甲戌	乙亥 丙子	丁丑

<棟梁之材로 구성된 사례>

午月甲木이 무성한데 庚금이 월 시간에 떠서 공수(功手-목수) 를 만난 격으로 棟梁之材로 名振四海 로 성공한다, 로 보아 야 하는데 본명의 주인공은 서울시청 사무관으로 시작 丁酉 년에 서기관으로 승진한 장래가 촉망되는 청년의 命이다.

第 58 題

물과 불이 서로 균형 있게 머무르면 벌써
이루어졌고 (水火旣濟)
土體가 木이 왕성하면 심고 거두는 격이다

水는 물이요 火는 기다. 물과 기가 균형이면 심신이 건전
(水는 物이요 火는 氣다. 物과 氣가 均衡이면 身心이 健全)하니 상부상
조(相扶相助)하고 만사형통(萬事亨通)하여 부귀를 겸전(富貴를 兼
全)한다. 土는 母요 木은 父이니 모성이 부성(母性이 父性)을
만나면 비로소 생기(生氣)가 발랄하고 음양이 유정 (陰陽이 有
情)하며 子女를 분만하듯이 옥토(沃土)는 쟁기를 만나야 비로
소 경작(耕作)하고 오곡백과(五穀百科)를 생산(生産)할 수 있다.

[원문 해설]
 물과 불은 불과분의 관계로 균형을 이루면 만사가 마음대
로 이루어지고 부와 귀를 함께 누리게 되고, 土와 木은 어머
니와 아버지와 같아 土木이 역시 균형을 이루면 문전옥답을
쟁기로 갈아 경작하는 것과 같아 오곡백과를 생산 할 수 있
다. 그래서 水火는 상극도 되지만 서로 만나면 마침내 모든
일이 잘 이루어지는 것이고, 木土는 상극도 되지만 논밭에
나무가 없으면 쓸모없는 땅인 것과 같다는 의미를 말 한 것
이다.

相停(서로 상, 머무를 정): 서로 균형을 이루어 있는 상태,
旣濟(이미 기, 건널 제) 旣는 마침내 벌써의 뜻이고, 濟자는 이루어지다의
    뜻으로 쓰여 마침내 벌써 좋은 결과를 만들어지어진다는 뜻이다.
稼穡(심을 가 거둘 색) 심어서 거두어드리는 격이라 말한 것이다.

乾命	庚辰	丙戌	壬辰	丙午
수	7	17	27	37	47	57	67
대운	丁亥	戊子	己丑	庚寅	辛卯	壬辰	癸巳

<水火旣濟의 사례>

위 사주는 壬수일간이 兩 辰土 水庫支를 놓아 水氣태왕한데 월 시간에 兩 丙火를 투출시키고 戌土 火庫支와 午화 양인을 깔아 火氣 또한 태왕하니 水火가 균형을 이루어 부귀겸전한 命이다. 이런 격을 일러 水火旣濟 라 말한다. 이사주의 주인공은 경찰서장 출신의 사주로 네 기둥이 괴강 백호 양인을 놓았고 辰戌토가 칠살로 官을 쓰는 팔자인데 행정관이 아니라 사법관의 벼슬과 인연 있다.

坤命	丙辰	丙申	戊戌	甲寅
수	5	15	25	35	45	55	65
대운	乙未	甲午	癸巳	壬辰	辛卯	庚寅	己丑

<희용신이 무력한 사례>

위 사주는 火土가 강하니 식신 金과 관살인 木이 희용신이나 사주구성상으로 보아 관살은 인수 기신을 生하고 식신 申금은 두 丙화에 극을 당하여 무력하니 희신이 무력하면 별 도움이 안 된다. 라고 하는 것은 통상적인 사주해설이고 가색을 추구하려면 그 땅의 토질이 문제인데 물인 水가 없는 것이 흠이다. 행운에서 만나는 水운에 대발할 것이다.

第 59 題

불과 쇠가 균형을 이루면 좋은 그릇을 만들고
형살이나 해살 또는 고란살이 있으면
골육이 이별 한다

火는 鎔鑛爐요, 金은 鑛物이다. 火가 盛하고 金이 쇠(衰)하면 鑛(쇳돌 광)이 녹아 없어지고 金盛하고 火衰하면 鑛이 녹여 지지 않는다. 火金이 왕성 하면 용광로가 旺하고 金이 盛함으로서 비로소 훌륭한 그릇을 만들 수 있고 有用之物이다. 형해(刑害)는 不和不睦하고 孤鸞殺은 獨善的이니 肉親과 不和不睦하여 分離할 수밖에 없다.

[원문 해설]

火는 용광로요, 金은 광물(쇠 부치)이니 불이 성하고 만약 쇠가 약하면 쇳돌이 다 녹아 없어지는 형상이고, 쇳돌은 크고 많은데 불이 약하면 쇳돌을 녹일 수가 없다. 그러나 불과 쇳돌이 균형을 이루면 훌륭한 쓸모 있는 그릇을 만드는 형상이다. 형살이나 해살은 육친 간에 불화하고 화목치 못한 살이며 고란살은 독선적이고 육친 간에도 화목치 못한 악살이니 골육 간에 나뉘고 서로 떨어지게 된다.

鎔鑛爐(녹일 용, 쇳돌 광, 화로로,): 용광로는 불덩이 화로로서 쇠돌 을 녹이는 화로다. 鑛物(광물):쇳돌로 만든 물건, 有用之物(유용지물): 쓸모 있는 물건, 不和不睦(불화불목): 화하지도 못하고 화목하지도 못함,
獨善的(독선적):자신이 최고라고 과시, 孤鸞殺(고란살): 외로운 살,
肉親(육친)피가 섞인 사이, 分離(분리):나뉘어 떨어짐, 즉 헤어짐,

坤命	1978년6월3일17:55분생			
	戊午	戊午	庚午	乙酉
수대운	10 丁巳	20 丙辰	30 乙卯	40 甲寅	50 癸丑	60 壬子	70 己亥

<삼신 상생격의 사례>

위 사주는 三火 三金에 二土로 구성 된 命으로 火와 金이 균형을 이룬 팔자로서 더욱 묘한 것은 二土가 있어 通氣시키니 매우 좋은 팔자로 보인다. 더욱이 대운의 흐름이 동방 木운과 북방 水운으로 운행 되어 食財가 有力하여 금상첨화로 잘 살아갈 것이다. 현재 결혼하여 두 아들을 낳고 유복하게 살아간다.

乾命	丁巳	辛亥	庚申	戊寅

<박정희전대통령>

이 사주는 생지가 모두 충으로 엮어진 팔자다 (寅申沖 巳亥沖) 대체적으로 이런 사주들은 젊어서는 건달 나이 들면서 막노동꾼으로 험한 삶을 사는 사람들이 많다고 하는데 유독 이 분만은 권세도 누리고 시해도 당하는 등 파란 만장한 삶을 살아 왔다.

乾命	丙申	癸巳	庚寅	壬午

<노점상하는 천한팔자>

이 사주는 위 庚申일주와 비슷해 보이지만 전혀 다르다 첫째 인성인 土가 없어 火金을 통기시키지 못한다는 점이고 火도 金도 강해 보이지만 약하다. 그러므로 이 사람은 직업도 힘든 직업이고 본처와도 헤어진 제 맘대로 사는 명이다.

第 60 題

오행의 조화는 뭐니 뭐니 해도 칠살(관살)이 있어야 성공을 유도한다.

 만유(萬有)는 동(動)이 있음으로서 변(變)이 있고 변이 있음으로서 조화(造化)가 이뤄진다. 動은 여러 가지가 있다. 食神 傷官처럼 주체(主體)를 순리적으로 動하게 하는 것이 있고 財처럼 유혹을 해서 動하게 하는 것이 있고 官처럼 명령(命令)으로 動하게 하는 것이 있고 殺처럼 강제(强制)로 動하게 하는 것이 있다. 순리나 유혹으로 動하는 것은 임의(任意)이고 명령으로 動 하는 것은 거부할 수도 있지만 강제로 動하는 것은 꼼짝없이 움직여야 한다. 움직이면 변화(變化)가 있고 변화는 곧 조화이니 만유의 조화는 七殺에서 극성(極盛)한다. 비록 타의적(他意的)이고 충격적(衝激的)이고 강제력(强制力)이지만 칠살(七殺)앞에서는 죽느냐 사느냐의 막다른 생사결단(死生決斷)이니만큼 있는 역량(力量)을 최대한(最大限) 발휘할 수밖에 없으니 무력자는(無力者)는 망(亡)하고 유력자(有力者)는 비약적(飛躍的)인 조화(造化)를 이룬다. 그래서 육신중 최대의 조화는 칠살(六神中 最大의 造化는 七殺)에서 이뤄진다.

[원문 해설]
 이 세상 모든 것들이 움직임이 있어야 변하고 변화가 있어야 조화를 이룬다는 이치를 말 한 것이고 특히 육신 중에서도 칠살 즉 편관이 있어야 대발하게 되는데 칠살은 나에게 충격을 줌으로 사력을 다하여하므로 힘이 있어야 조화를 만들어 성공을 이끌어 내게 된다는 말이다.

1937년05월04일亥시생				
乾命	丁丑	丙午	庚午	丁亥
수	2	12	22	32	42	52	62
대운	乙巳	甲辰	癸卯	壬寅	辛丑	庚子	己亥

<殺 旺 한 八字>

위 사주는 살 왕한 팔자로 평생을 긴장 속에서 살아가는 형상이다. 午月 庚금이라서 용광로에 成器로 해수에 담금질 하였으니 단단한 연장으로 젊어서 재운이 들었으니 돈 잘 벌었을 것이고 40대 이후 30년간의 운은 북방水운이라 조후가 잘 되어 안정되고 평안한 삶을 살게 될 것이다. 현재 戊戌이므로 通氣시키는 운이라 무난하지만 노년의 몸이라 건강이 염려 된다.

위 글[통대원문]에서 밝혔듯이 오행은 움직여야 변하고 변해 가면서 조화를 만들어 내게 되는 것인데 움직임은 칠살로 극 당함이 가장 큰 충격을 받는 것이고 動과 變으로 이어지면서 비약적인 조화를 만들어 내게 된다. 그래서 사주 팔자는 靜(고요할 정)한 팔자보다 動(움직일 동)한 팔자가 발전성이 있으며 특히 살이 있어야 큰 발전ㅇ을 기대 할 수 있는 것이다.

위 命은 무재사주이다. 無財를 가난한 팔자로 보아서는 안 된다. 식상이 있고 대운에서 財운을 만나면 많은 돈을 벌 수 있는 것이다. 이 사주의 주인공은 젊어서부터 인쇄소를 운영 했는데 돈을 많이 벌었고 현재는 아들이 가업을 이어 받았다고 한다. 亥中甲木이 재성이니 숨겨놓은 돈 잇고 숨겨 놓은 여자도 있는 팔자다. 무재이니 돈에 대한 집착 여자에 대한 밝힘이 강하게 되어 젊어서는 바람을 많이 피게 된다.

1979년06월08일0시15분						
乾命	庚辰	丙戌	壬辰	丙午		
수	7	17	27	37	47	57	67
대운	丁亥	戊子	己丑	庚寅	辛卯	壬辰	癸巳

<七殺이 極盛한 八字>

　위 사주는 칠살이 극성한 팔자에 충격파를 주는 형상으로 역동적인 命이다, (丙壬沖 辰戌沖) 水庫支(辰) 를 둘이나 만나 약하지는 않다고 보여 지나 身이 약하다, 운에서 받쳐준 경우인데 초년에서 36세운까지는 북방 운으로 힘을 받았고 37세 이후부터 30년간의 운이 동방木운이었는데 칠살이 극성하여 병이라면 식상이 내편으로 약신이 되기에 왕성한 활동을 했을 것인데 이 사람 경찰서장 출신이란다.

第 61 題

木은 仁이지만 패지로 가면 인정이 없고
경거망동하며 金은 義라지만 金이 유약하면 의도
적고 배신 한다.

木은 인자(仁慈)하지만 목욕(沐浴)이나 사절자(死絶者)는 철부지거나 허약(虛弱)한 者로서 仁慈하지 못할뿐더러 분수(分數)를 지키지 않고 경거망동(輕擧妄動)하여 물의(物議)를 일으키고 재난(災難)을 자초(自招)한다. 그와 같이 金은 의(義)롭지만 노쇠(老衰)하거나 유약(幼弱)하면 간사하고 어리석고 인색하여 義를 저버리는 동시에 지나친 타산(打算)으로 배은망덕(背恩忘德)을 한다.

[원문 해설]

木이라는 성분은 仁也라 하여 착하고 인자하지만 木이 死絶地 등 패지로 가면 분수를 지키지 못할뿐더러 가볍고 망령되게 움직여 재앙을 불러들이고, 金 또한 義로서 의리가 있고 심지가 깊지만 老衰하거나 柔弱하면오히려 간사하고 가볍게 행동한다. 그 뿐만이 아니라, 인색하며 이해타산 적이어서 배신하고 은혜를 모르게 된다.

坤命	辛卯	己亥	甲寅	丙寅		
수	9	19	29	39	49	59	69
대운	庚子	辛丑	壬寅	癸卯	甲辰	乙巳	丙午

乾命	戊子	乙卯	庚寅	戊寅		
수	1	11	21	31	41	51	61
대운	丙辰	丁巳	戊午	己未	庚申	辛酉	壬戌

坤命은 인비가 강해서 木火를 써야 하지만 巳화는 불리하다, <寅巳형살>고로 巳대운 壬辰년 衰운에 영어의 몸이 되었다. 乾命도 財多身弱에 辛酉대운이 불리한 명조이다. <天擊地沖>

第 62 題

火가 멸하면 예의가 없고 水가 탁하면 지혜롭지 못하다.

　火는 文明이요 예(禮)로서 火旺하면 총명하고 호예(好禮)한다. 그러나 火가 衰하고 絶하면 빛을 잃으니 마음과 정신이 어둡고 어리석듯이 버릇이 없고 무례(無禮)하다.
　水는 맑은 슬기로서 水旺하고 淸하면 智謀가 뛰어나다. 그러나 土와 혼돈(混沌)되어서 土水가 相剋하면 흙탕물이 되고 물빛이 탁(濁)하여 물속을 헤아릴 수 없듯이 머리가 탁하고 어리석으면 무지몽매 하다.

[원문 해설]
　火는 禮로서밝고 명랑하니 문명으로 본다. 火는 빛을 發現할 때 예의도 있고 밝고 명랑 하며 총명한 것이지 火가 衰나 絶 또는 晦氣無光이면 예의도 없으려니와 아울러 어리석고 판단력이 흐려져 자기 꾀에 빠져 몰락한다.
　水는 智로 슬기요, 지혜로 맑아진 경우라면 智謀가 뛰어나지만 만약 土와 섞여 土水相剋 된 상태라면 어리석고 愚昧하여 판단력도 흐려지고 삶도 역시 힘겹게 살아간다.

　아래 사례의 명조는 丙戌일주가 다섯 가지 오행 중에서 금(金)이라는 쇠가 없는 것이 흠입니다. 음력 윤10월이지만 윤달이 들어 11월 달의 글자에 태어났으니 차갑게 해 주는 물이 많아 아쉽다. 자신은 丙화라는 태양으로 태어나서 년월에 木火를 놓아 아주 신약한 사주는 아니지만 년 월 시지가 추운 겨울의 물 글자들이라서(子·子·丑) 丙화인 자신이 무력하다. 그래서 자신의 역할이 잘 안 된다는 사주이다.

1984년윤10월26일02시				
乾命	甲子	丙子	丙戌	己丑
수	6	16	26	36	46	56	66
대운	丁亥	戊子	己丑	庚寅	辛卯	壬辰	癸巳

 이사람 성정은 착하고 다 주어야 마음이 편할 정도로 인정은 많지만 결실의 글자인 金이 없어 벌리는 일은 잘 하지만 거두어 드리는 일은 하지 못하는 팔자다. 사주팔자에서 장점보다 단점이 더 많은 팔자인데 단점하나 더 들춰 내 보자면 金이 재물의 별인데 金이 없으니 재물이 사주에 없는 걸로 본다. 그러니 돈에 대한 애착이나 관리가 잘 안 되는 것인데 돈은 없지만 돈 창고는 차고<丑土는 財庫> 있어 나중에 부자로 살 수 있겠다고 말 할 수는 있겠는데 이를 일컬어 재고 찼다 그런다. 재고란 재물 재 창고고(財庫)자를 써서 하는 말이지만 재고 찬 남자들은 대체적으로 돈복은 있을 지언 정, 처복은 적다 그 이유는 남자사주에서 재물을 돈으로도 보지만 육친으로 보면 아내의 별이기 때문에 아내가 창고 즉 땅속에 들어간 경우로 보아 힘이 없는 아내로 아내 덕이 적다고 보며 심지어는 아내 인연도 적지만 잘 못하면 아내 병수발 들다가 살림살이 안 된다고 까지 한다. 그리고 사주에서 배우자 궁이란 것이 있는데 배우자궁이 형살을 먹어 어쩌면 조강지처와 해로 못하는 사주라고도 할 수 있고 형이란 형벌형자(刑)로 배우자궁이 형살로 깨지면 부부해로도 못하거니와 처로 인한 쟁송 즉 소송 답답, 지연 등 안 좋은 일들이 발생 하게 된다. 무재사주지만 의식주 걱정은 없는 팔자이고 이 팔자는 조상부모 음덕이 많은 팔자인

것이 특징이고 여자는 지키지는 못하지만 꾸준히 들어오는 팔자로 이런 팔자를 가진 사람은 성정이 깐깐하고 정확하며 궁합 적으로 거두어들이는 결실인 金이 강한 여자를 만나야 잘 살 수 있다.

왜? 여자는 없지만 꾸준히 여자가 들어온다고 했을까.

여자의 별이 사주에 없으면 더 밝히기도 하지만 식상이 많아 생재로 이어지기에 간수는 제대로 못하는데 많이 들어온다고 하는 것이다. 이사람 조강지처와 이혼 소송중인데 또 여자가 들어왔단다. 기축대운은 상관에 회기무광이라 되는 일이 없고 우매하게 행동하게 될 것이다. 庚寅 운부터 발복하게 된다.

아래에 기록하는 사례는 필자가 직접 간명해준
사주이야기로 별난 사람들의 별난 사주이야기
108제 74쪽에서 발췌한 사례입니다.

1972년12월22일辰시생							
坤命	壬子	癸丑	壬戌	甲辰			
수	7	17	27	37	47	57	67
대운	壬子	辛亥	庚戌	己酉	戊申	丁未	丙午

<土水相戰四柱>

위 사주를 학문적으로 풀어보자면 네 기둥(四柱)이 괴강살, 백호살 로만 구성 된 팔자이다. 이런 경우 도 아니면 모라해서 무관으로 대성하는 팔자일 수도 있고 나락으로 떨어져 형편없는 삶을 살 아 갈 수도 있다. 그것은 사주구성도 좋아야 하지만 흐르는 운세가 좋아야 하는데 초년 운을 보아서 진로선택이 잘 되고 못 됨을 알게 된다. 그렇다면 이 사주의

주인공은 어떻게 살았을까 궁금하지요, 정답부터 내어놓고 시작합시다. 이름은 "경주"라고 하고 일본에서 75세 된 돈 많은 아저씨 현지처 노릇하며 살고 있었으나 하는 일도 없고 하루 종일 혼자 있는 시간이 많다보니 지겹고 그런 생활하기 싫어 탈출하는 마음으로 한국으로 건너왔답니다.

이 말을 듣고 팔자는 못 속인다는 말이 딱 맞구나 생각했다. 관살 혼잡에 음습한 사주인데 운마저 음습하게 흘렀으니 용빼는 재주 있나요, 창녀같이 살 수밖에요, 원래 이런 사주는 창녀 팔자라 그럽니다. 너무 심했나요, 공부차원에서 하는 말이니 이해하고 듣기 바랍니다. 간명하다 보면 가끔 이런 사주 만나게 됩니다.

만약 운이 동남방운인 木火운으로 흘렀다면 상황이 달라질 수도 있습니다. 그래서 이런 사주 만났다고 모두 나쁜 팔자로 보면 곤란합니다. 운세가 중요하니 운세를 보고 길흉을 얘기하기 바랍니다. 그러나 무조건 이런 명조만나면 특수한 팔자를 타고 났군요, 직업을 먼저 물어보세요, 이런 사람은 군경 검 판사 요리사 재단사 정육점 디자이너 등 자르고 꿰매는 일을 하면 좋고, 라고 못을 박아놓고 시작해야 합니다. 만약 그 길이 아니라면 불리한 삶 쪽으로 간명해야 할 것이기 때문에 직업부터 물어보라고 한 것입니다.

壬子는 양인살이고, 癸丑은 백호살이며 壬戌은 괴강살이고 甲辰은 백호살 입니다. 만약에 이런 팔자가 검 판사라면 정년하고 변호사 개업해라 그래야 하고, 의사라면 수술의사 개업의는 못할 것이고 늦게 개업해야 하고 라고 말해야 하는데요, 그 이유는 사주에 재성이 약해서 한 말이고 늦은 나이에 재성인 火운이 들어오기에 늦은 나이에 변호사나. 병원개업 하라 그럽니다. 수술의사라는 말은 丑戌형 辰戌충이 된 팔자라서 한 말이고, 월급자라야 하고 오직 출세만을 생각해

야지 이런 사주가진 공직자가 뇌물 받으면 쇠고랑 차기 십
상이지요,

[궁금한] 만약 결혼을 했다면 두 번은 헤어졌을 사주인데요,
라고 말한 것은 무엇을 보고 한 말인가요?

[훙장님] 관살 혼잡에다가 음기가 강한 명조에 운까지 읍습
하게 흐르고 배우자궁이 형 충을 쌍으로 먹은 것을 보고 알
게 되었습니다.

<참고> 원국에서 子丑합일 경우 亥子丑의 기운으로 凍水로
봅니다. 子丑합 토라는 것은 육합의 원리로 한 말뿐 실전에
서는 水로 보아야하고 형 충을 쌍으로 맞았다는 말은 丑戌
형 辰戌 충으로 배우자궁의 戌土 칠살이 두 번 얻어터진
형상이라서 이런 경우는 매우 심한 이유로 한 말이다, 그런
데 미혼인 것도 이런 영향이 미칠 수 있느냐를 물어본다면
약간의 영향은 있을 수 있지만 결정정적인 것은 아니라고
보고 다자무자(多者無者-많은 것은 없는 것이다) 원칙에서 미혼일
것이고, 수는 음기로 보아 음란행위로도 볼 수 있으나 월지
가 정관을 차서 나름대로 정확하고 의리 있고, 창녀같이 행
동은 못할 것이다.

[궁금한] 이런 사주를 가진 주인공은 크게 성공 할 수도 있
고, 아니면 숨어서 살아야 하는 팔자일 수도 있습니다. 라고
한 것은 무었을 보고 한 말인가요?

[훙장님] 성공할 수 있다는 것은 괴강 백호격 이기에 한 말
이고 다만 그런 일을 하고 있을 때에 해당되는 것이고, 숨어
서 살아야 한다는 말은 子丑合水에 壬癸水가 투출되어 음습
하여 한 말로 이런 경우 水는 감춘다, 밤이다, 어둡다는 원
리로 들어 내놓지 못하는 일로 보는 것이다.

[궁금한] 己酉운은 나름대로 살아가기는 형편은 좋아 보이
나 진흙탕 물에서 놀고 있는 형상이니 크게 빛은 보지 못할

운세지만 나이가 들수록 좋아집니다. 라고 한 것에 대하여 설명해 주세요?

[훈장님] 일간 壬수가 己토를 만나면 기토탁임(己土濁壬-壬수가 己토를 운에서 만나면 흐려진 물로 봄) 되어 한 말이고, 그러나 酉금은 정인으로서 金生水로 도와준다는 의미로 형편은 좋아 보인다고 한 것이고, 나이가 들수록 좋아진다는 말은 용기를 준다는 차원도 되지만 57대운부터 남방火운이라서 하는 말입니다.

[궁금한] 甲午년운세는 밝은 광명 찾아 활동하고 싶은 생각은 많으나 매사가 여의치 못하고, 乙未년은 건강관리 잘하고 현상 유지 하면 丙申년부터 좋아진다고 희망 있는 말을 해 준 것에 대하여 설명해주세요?

[훈장님] 甲午년운세는 甲木은 식신으로 활동성을 부여한 것이고 午화는 불로 광명이어서 좋기는 하나 午戌합으로 묶이고, 子午 충으로 무력해지므로 되는 일이 없다는 말이며, 乙未년은 乙목은 상관이고 未토는 나를 치는 관살로 丑戌未 삼형 되면 발동으로 수술수 구설수로 건강을 말한 것이다.

위 壬戌일주는 土와 섞여 土水相剋 된 상태라서 어리석고 愚昧하여 판단력도 흐려지고 삶도 역시 힘겹게 살아간다.
대운이 동남 木火 운으로 운행 되었더라면 아마 삶이 달라질 수도 있었겠다. 그런데 북서 水金 운으로 운행 되어 이렇게 살 수 밖에 별 도리가 없었을 것이다.
사주원국에 金이 있었더라면 土와 水를 通氣시켜 달라질 수 있었고 일단 木이 약신 이다. 시간에 나타났고 50대 마련운이 남방화운이라 말년은 안정 되고 편안하게 살게 될 것이다.

坤命	1972년12월22일辰시생			
	壬辰	庚戌	壬辰	壬寅

수	2	12	22	32	42	52	62
대운	己酉	戊申	丁未	丙午	乙巳	甲辰	癸卯

위 사주도 坤命이 양 팔통에 三柱가 괴강살로 구성된 팔자로 土水가 相戰하는데 월간에 庚金이 나타나서 通氣 시켜 약간 삶의 질이 좋을 수 있지만 사나운 팔자에 일부종사 못하고 두세 번 팔자를 고쳐가야 하는 기구한 운명을 타고 났다고 보아야 한다. 10대운이 불미스러워 진로선택이 잘 못 되었을 것이고 20대부터 남방 火운으로 흘러 결혼도 하고 자손도 얻어 원만한 삶을 살아가지만 사주 원국이 안 좋아 힘겨운 삶을 살았을 것이고 官이 안 좋아 좋은 남편이 아니었을 것이며 일복은 타고 났으므로 직업여성으로 살아가야 하는 명이다. 50대 甲辰대운에 관이 沖을 먹어 다시 남편과 이혼하게 될 것이며 말년운인 癸卯운은 겁재에 상관이라 건강관리 잘 하며 살아야 할 것이다.

이 여인은 경남 시골출신으로 10대에 마산으로 무단가출 술집을 전전하다 미혼모가 되었고 30대에 다시 남자를 만나 결혼하고 자식까지 낳고 힘겹지만 잘 살아오다가 50대에 다시 그 남자와 이혼하고 독신으로 살아가고 있다고 한다.

[문] 사나운 팔자에 일부종사 못하고 두세 번 팔자를 고쳐가야 하는 기구한 운명을 타고 났다고 보는 이유는?

[답] 女命은 官의 喜忌와 有氣여부를 살펴야 하는데 本命은 3官이 모두 괴강에 칠살이며 辰戌沖으로 연결 된 팔자여서 한 말이다.

[문] 10대운이 불미스러워 진로선택이 잘 못 되었을 것이고 라고 했는데 10대운이 서방 金운이면 통관지신이라 좋은 운이 아닌가요?

[답] 그렇게 생각 할 수도 있겠지만 오행은 변화의 신이다, 그런데 申金이원국과 어떤 사이인가를 살펴야 한다, 寅申沖 申辰合水 되면 寅목이 설기 신으로 喜神인데 水路가 막혀 버린 점, 합水로 水가 忌神인 점 등을 살펴보았을 때 10대운은 결코 좋은 운으로 볼 수 없습니다.

第 63 題

土가 木을 지나치게 극 당하면 말에 믿음이 없고
水 또한 많거나 극성하면 음란기가 많다

土는 언제나 그대로 분수를 지키고 약속을 고수한다. 그러나 木盛하면 剋土가 그 현상(現狀)을 지킬 수 없듯이 언제나 말과 약속을 지킬 수 없고 거짓을 잘한다. 水는 정력(精力)이요 精力은 음(淫)의 본(本) 정력(精力)이 旺盛하면 호색(好色) 하듯이 水盛하면 음란(淫亂)하고 과색(過色)하다.

[원문 해설]
  土는 信으로 분수와 약속의 별이다. 그런데 상하면(강하게 木剋土당 함)그 상태를 지킬 수 없다는 것이다. 그래서 반대 현상인 不信과 거짓이 난무하니 신용 없는 실없는 사람으로 전락하게 된다는 말이다. 水는 智로 보지만 지혜가 과하면 간교로 변하며 수는 정력인데 이도 왕하면 정력의 본색인 음기로 변해 색을 좋아하고 지나치게 좋아하다보면 음란으로 변색된다는 말이다.

1952년 윤5월19일子시생						
坤命	壬辰	丁未	丁巳	壬子		
수	1	11	21	31	41	51	61
대운	丙午	乙巳	甲辰	癸卯	壬寅	辛丑	庚子

  위 丁巳일주는 合多하고 水盛한 坤命인데 평생을 살아가면서 남자를 좋아하여 남편을 두고도 많은 다른 남자들과 교

제하며 살아온 사람인데 사주를 살펴보면 身旺 官旺한 팔자로 구성 되어서인지 남편은 공무원으로 정년 했고 해로하고 다른 남자들을 만나도 하나같이 큰 손해나 피해를 주는 이가 없었으니 그도 역시 신왕관왕으로 내 맘대로 관을 부릴 수 있음이었을 것이고 수인 관이 그것도 好色에 일가견이 있는 정임으로 合多하니 애인 또한 끊어질 날이 없었음도 팔자소관이라 하지 않을 수 없다.

현재는 남편 따라 낙향하여 살고 있는데 그곳에서도 사물놀이 반에서 인기 짱으로 또 애인을 두고 살아간다니 60이 넘은 나이인데도 젊음을과시하며 즐겁게 살아감도 역시 지혜와 수단일 것이다.

第 64 題

水일주가 土가 지나치게 많으면 서로해치고 마침내 되는 일이 없다

水日生이 土旺하면 土水가 혼탁(混濁)하니 진흙덩어리로서 수체(水體)가 온전하지 못하다. 아무리 몸부림치고 흐르려해도 막히고 분산되어서 만신창이가 되니 육신이 不全하고 끝내 成事할 수가 없다. 눈만 뜨면 흙과 싸우고 흙탕물이 되니 항상 불화쟁(不和爭)하고 만사다체(萬事多滯)하며 앞을 보는 눈이 흐리고 어둡듯이 어리석고 인색하며 고지식하고 답답하다.

[원문 해설]

壬癸水일에 태어난 사람의 사주에 土가 많으면 물과 흙이 섞여 진흙덩어리가 되니 일간 水의 몸이 말이 아니라는 말이고 이런 상태라면 아무리 흙을 털어버리려고 제아무리 몸부림쳐도 치면 칠수록 진흙탕 물로 변해 인간사에서는 막히고 답답하고 항상 불화에 전쟁이고 눈앞이 흐리니 판단력이 흐려 오판을 잘하고 어리석고 또한 베풀지 못하니 오히려 인색함만 더해진다.

相殘 ; 서로 상, 해칠 잔. 終無 ; 마칠 종, 없을 무. 混濁 : 섞을 혼, 흐릴 탁. 不和爭 : 아니불, 화합할 화, 싸움 쟁. 萬事多滯 :모든 일에 막히는 일이 많다. 막힐 체.

<사례 1>

| 坤命 | 壬辰 | 庚戌 | 壬辰 | 壬寅 |

사례 1은 3土지만 土의 뿌리가 약하고 庚금이 통기시켜 진흙탕 물은 아니다.

<사례 2>

| 乾命 | 戊午 | 丙辰 | 壬辰 | 丁未 |

<사례 3>

| 坤命 | 庚子 | 丙戌 | 癸未 | 甲寅 |

사례 2는 4土에 年干에 戊土가 뜨고 火土重濁이라 土氣가 강해 從殺해야 하는 命이다.

사례 3은 2土 1火지만 火土의 기운이 강하다. 다만 시주 甲寅목이 있어 制殺함이 좋아 보인다.

1958년 03월 18일 술시생

| 坤命 | 戊戌 | 丙辰 | 癸未 | 丙辰 |

수	10	20	30	40	50	60	70
대운	乙卯	甲寅	癸丑	壬子	辛亥	庚戌	己酉

<사례 4>

사례<4>의 명조는 창림이라는 육십대 초반의 여성의 사주입니다. 한눈에 보이는 것이 관살 혼잡이지요, 사릉이라는 서울 인근 도시에서 그 나이에 아직도 티켓다방에서 불려나가는 존재로 살고 있답니다. 일찍이 남자를 만나 결혼하여 3남매를 두고 남편이 사망했다 네요, 살아가기가 너무 힘들어 방안에 연탄불을 피워놓고 자손들과 가족동반자살을 시도 했는데요, 아들여석이 엄마 나 죽기 싫어 라고 해서 부둥켜 앉고 실컷 울고 나서야 그래 살자 라고 생각하고 별짓 다해가며 살았답니다. 지금은 자녀들은 다 커서 장성했고 혼자서 그럭저럭 살아간다는데요, 팔자는 못 속인다고 관살이

기신이니 지금도 이 짓거리를 하며 살아가는 가 봅니다. 한편으로는 안 됐다 싶은 생각도 들지만 그렇게 살지 않았다면 몸이라도 아파 고생할 팔자입니다. 관살이 기신이라 한 말입니다. 이런 사주를 만나면 고생 많이 하셨네요, 다행이 운이 북방 水운에서 서방 金운으로 흘러 이정도로 건강하게 살아온 것입니다. 말년 운이 좋다고 용기를 주면 만사가 다 해결 된답니다. 여러 말이 필요 없고요, 金운에 발복한다 말해주고 木운에 돈 들어온다 말해주세요, 甲午년 운세를 물어오기에 금년에 돈 들어오는 해라고 말 해주었더니 친정집 유산 조금 받게 됐답니다. 甲목 상관이 午화 재성을 달고 왔기에 한 말이고 다행이도 사주원국에 재성이 있고 木은 약신으로 좋으며 상관생재로 연결 되므로 한 말입니다.<별난 사람들의 별난 사주이야기 102쪽에서 발췌>

第 65 題
火가 불타고 水가 마르면 평생 마침내 되는 일이 없다

　火盛하고 水枯하면 열사(熱沙)에서 농작(農作)하듯 되는 것이 없으니 고정(故定)된 생산(生産)을 갖기는 어렵고 東西南北에서 물을 구(求)하듯이 東西市井에서 財를 벌어야 한다. 火가 盛하니 설사 물을 求한다해도 금 새 말라버리듯 市場을 통해서 돈을 애써 벌기는 하지만 쓸 일이 많아서 좀 채로 가난을 벗어나기가 힘들고 平生 동분서주(東奔西走)한다.

[원문 해설]
　불인 火가 무성하여 활활 타오르고 물은 마르니 뜨거운 모래밭에 농사짓는 것 같아 잘 되는 것이 없고 아울러 고정적인 생산은 어렵고 생산에 필요한 물을 구하러 다니느라 소득 없이 바쁘기만 하고 바쁘게 움직여 물을 구한다 해도 불이 뜨거우니 금 새 말라버리니 비록 돈을 벌어도 정거장 일뿐 畜財가 어렵고 평생 바쁘게 살아간다,

<아토피성피부염을 가진 여명>

1979년06월08일0시15분					1	木
坤命	己未	庚午	己巳	甲子	2	火
수	8	18	28	38	3	土
대운	辛未	壬申	癸酉	甲戌	1	金
					1	水

이 사주도 몇 가지 특성을 가지고 있습니다. 화토중탁(火土重濁)이라고 볼 수 있으며 년 월 일지에 巳午未 火局을 형성해서 매우 조열한 사주로 구성 되었습니다. 財官이 약한 편고 된 사주로서 30대 후반의 미혼여성인데 아토피성피부염으로 많은 스트레스를 받고 살아간답니다. 壬辰년에 사귀어 오던 남자마저 떠나고 외롭게 재택근무 한다내요.

[문] 왜 아토피성 피부염이 있는 팔자일까요?
[답] 사주가 편고된 것이 큰 원인이고요. 午월의 己土가 년 일지에 未巳 火土를 놓아서 조열한 己土로 土는 피부로 보아 피부병 조심해야 하는 팔자입니다.

[문] 왜 壬辰년에 남친이 떠났을 까요?
[답] 사주 구성이 문제입니다. 시간 甲목과 己土가 합을 이루고 있는데 년 상의 己土가 호시탐탐 甲목을 빼앗아 가려고 눈독을 드리고 있답니다. 결혼성사가 잘 안 되는 팔자지요.

이런 사람에게는 애인 만나러갈 때 친구와 같이 가지 말라고 하지요. 잘 못하면 친구 己土에게 내 남자 甲목 빼앗기는 형상이거든요. 壬辰년은 己土 濁壬이라 해서 매사 볼성인데요, 辰中乙木 내 애인이 월간庚금 하고 암합해 가버렸습니다. 몇 월 달이냐고 물어보면 9월 庚戌월 이라고 말하지요. <실전사주감명사례108제 183쪽에서 발췌>

위 사주 火炎 水枯한 팔자에 해달 된다. 巳午未 方局을 이루어 뜨겁고 자수가 있어도 甲목이 위에 있고 지지는 불덩이이니 水가 마를 수밖에 별 도리가 없다. 답답한 사주다. 희망이 있는 것은 운이 서방金운에서 북방 水운으로 운행되니 운이 좋은 편이라고 보면 된다.

1977년 1월 1일 午시생						
坤命	丁巳	壬寅	丙午	甲午		
수	5	15	25	35	45	55	65
대운	癸卯	甲辰	乙巳	丙午	丁未	戊申	己酉

 이사주의 주인공은 미술을 전공한 사람이고 남편은 섬유 도매업을 하는 분이죠! 참 신기한일입니다. 얼굴을 보면 잘 모르겠는데 사주만 기록해 놓고 보면 그때 내가 무슨 말 한 것까지 다 기억이 나니 귀신이 곡할 노릇입니다.
 애기 하나 더 나아야 부부관계도 좋아지고 삶이 좋아진다고 말했는데 애기는 낳아나요? 예 선생님말씀대로 그다음 해에 임신해서 딸 하나 낳았습니다. 남편사업은 잘 되고요? 잘 하고 있습니다. 그런데 왜 이렇게 먼 걸음을 하셨나요?
아 ! 예 이사를 하려고 하는데요. (이사 날자와 애기들 사주도 봐줬어요) 신영님 사주는 木火로만 구성된 양신성상격(兩神成象格)사주입니다. 월간壬수가 있는데요? 라고 하시겠지만 丁壬合木化가 되었으므로(지지 앉은자리가 寅木이라 合 化가 됨) 두개의 오행이 상생하여 좋은데 대운까지 동남방 木火운으로 흘러 더욱 좋습니다. 왜! 이렇게 사주와 운이 좋은데 뭘 하라고 하지 않고 애기나 하나 더 낳으라고 했을까요?
아무리 좋은 사주라도 세운(歲運)이 나쁠 때는 안 좋은 일이 발생하거든요. 신영님이 庚寅년에 신수 보러 왔는데 이 해에는 甲庚沖 寅巳刑 하잖아요. 이렇게 되면 인수가 상(傷)하므로 뭘 시작해도 불리하고 되지도 않습니다. 그 해에 남편과 사이가 좀 안 좋다고 해서 금년의 불리한 운을 잘 넘기려면 제일 좋은 방법이 젊은 사람들이니까 애기 가지는 것 밖에요. 이 말을 한 이유는 여러 가지로 본 것입니다. 대운이 乙

巳 막 대운인데 어쩌면 寅巳刑이 들어가서 불리할 것이 보여 이 운만 넘기면 丙午운이 오면 그냥 놀지 않고 활동 할 것인데 일찍이 애나 하나 더 낳고 이 좋지 않은 운을 잘 넘기라는 의미로 한 말입니다. 내가 아무리 그렇게 말 했어도 그 사람 운이 나빴다면 말 안 들었을 겁니다. 지금은 부부사이도 아주 좋아졌다고 하네요. 이 사람들 유모 식모 따로 따로 두고 사는 부유층 사람들입니다. 오늘도 가면서 오만원권 3장 놓고 갔습니다. 이런 사람들 보고 당신사주는 조열해서 물이 들어와야 해요 난리 났어요. 이러면 안 됩니다. 그렇잖아도 어느 역술인이 집안에 수족관 만들고 강가를 바라보는 곳에서 살라 그랬데요. 그 정도는 할 수 있는 말이지요.

〈실전사주감명사례108제 140쪽에서 발췌〉

火炎 水枯한 사주지만 從格인 兩神成象格으로 보아야 한다.

第 66 題

寅卯辰 월생의 金일주와 申酉戌월생의 木일주는
從이나 化가 없으니 한평생 이음 없이 산다.

종(從)이나 化는 대세(大勢)로서 대중(大衆)을 포섭하고 同化시키는 力學作用이니 힘이 無力하면 불가능(不可能)하다. 春金이나 秋木은 절지(絶地)에 있고 無力함으로서 大勢를 잡을 수 없는 동시에 쓸모가 적음으로서 造化를 부릴 수가 없다. 그와 같이 그의 一生은 무엇을 하든 유시무종(有始無終)하고 萬事가 허명허리(虛名虛利)로 끝난다.

[원문 해설]
從格이나 化格은 세력을 좇아가는 것으로서 세력이 강해야지 약하면 별 볼일 없다는 말로 봄에 태어난 金이나 가을에 태어난 木은 절지에 앉아 힘이 없고 대세를 잡을 수 없어 無用하므로 조화를 부릴 수 없으니 일평생 시작은 있으나 끝이 없는 삶으로 매사를 흐리고 멍청하게 살다가 간다.

아래에 기록한 두 사주는 재다신약(財多身弱)한 팔자인데 전혀 다른 상황을 전개하는 명조이다. 아울러 坤命은 春金으로 木方局을 이루었고 乾命은 秋木으로 財多한 命인데 어떻게 살아왔는지 알아보자.

사례<1>財多身弱 四柱

1963년01월13일寅시생					4	木	1
坤命	癸卯	甲寅	庚辰	戊寅	0	火	1
					2	土	4
수대운	9 乙卯	19 丙辰	29 丁巳	39 戊午	49 己未	59 庚申	69 辛酉
					1	金	1
					1	水	1

사례<2>財多身弱 四柱

1979년7월13일未시생				
乾命	己未	壬申	甲戌	丁未
수대운	9 辛未	19 庚午	29 己巳	39 戊辰	49 丁卯	59 丙寅	69 乙丑

사주와 운세 이야기

　사례1의 곤명사주는 편고 된 사주입니다. 편고(偏枯-치우지고, 마름)란 한쪽으로 치우쳤다는 말 이죠! 많은 사람들은 보통 다섯 손가락가지고 큰 불편 없이 살아갑니다. 그런가하면 다섯 손가락을 가지고도 힘겹게 살아갈 수밖에 없는 사주도 있지요, 그런데 이 사주는 지지 전국이 寅卯辰 목방합(木方合)된 목왕절(木旺節1,2,3월木이 강한 봄 철 생을 말함)생으로 月干에 甲木까지 투간(透干-천간에 나타남)되었으므로 목기충천(木氣衝天-목이 하늘을 찌를 듯함)한 명조(命造-天命-타고난 팔자의)입니다.

　木이 病이고 金이 약인데 비견인 金이 없으니 약이 허약합니다. 이런 경우를 역술용어로 목다화식(木多火熄-木이 많아 오히려 火가 꺼졌다는 말) 목다금결(木多金缺-木이 많아 金인 쇠가 이즈러졌다, 는 말)된 사주라 합니다. 나는 비록 庚금으로 태어났지만 이 사주의 주체는 木이된다. 그러는데 木이 木의 역할을 하려면 주위환경이 좋아야 하는데 별로 좋지를 못합니다. 나무가 잘 자라려면 토양이 좋아야하고 물과 불이 있어야 하며 다 큰 나무는 庚금으로 다듬어야 적재적소에 쓰여 질 수 있습니다. 이 사주의 구성을 살펴보자면 울창한 숲이 우거졌는데 물도 땅도 부족하고 불은 없고 金이 있다한들 木旺節의 庚금이라 쪽도 못쓰니 삶이 힘겹겠습니다. 다행인 것은 대운이 火金운으로 운행되어 그런대로 살아가는 데는 궁

191

색은 면하겠으나 뼈를 깎는 노력이 필요하거나 특별한 삶을 살아야 할 것입니다. (보살 팔자라 그럽니다)

조목조목 분야별로 점검해 보자면, 여자는 사주를 볼 때 남편의 덕을 제일 먼저 보게 됩니다.
官星을 夫星으로 보게 되는데 無官사주이니 직업도 남편도 변변치 못합니다. 그렇다고 혼자 살 수는 없는 팔자입니다. 대운이 남방 火운으로 흘러 결혼 수 있었을 것이나 48세 이후는 불이 쪽도 못 쓸 것으로 보여 생리사별(生離死別)을 예고라도 한 듯합니다. 배우자궁의 辰토가 나의 도움을 주는 희신 이지만 寅卯를 만나 辰토가 木으로 변해 없어졌습니다. 合이나 沖은 去(갈거)라는 단어가 붙습니다. 合去 沖去(합거 충거- 합해도 가고 충해도 간다)

자손복도 궁과 성으로 분별합니다. 궁에서 본 자손은 戌토가 도와주고 싶지만 무력한 형상입니다. 식신이 자식인데 상관 癸수 자식이 코너에 몰려 있어도 없는 듯이 살라 했으니 아들은 없는 것이나 마찬가지이고, 딸은 있으나 도와주지 못하지만 인성인 것으로 보아 유정하고 엄마 밖에 모른다, 그럽니다. 딸자식 덕은 있는 것으로 보아야 합니다.

뭐니 뭐니 해도 돈이 있어야 하는데 이사주의 경우는 재다신약(財多身弱)으로 보아 재복의 유무(有無)를 어떻게 말해야 할 까 걱정이 됩니다. 財星이 기신(忌神)이므로 돈과 인연이 적다 그러는데 돈 욕심은 많다는 말로 표현하고 그러나 타고난 돈이 있어 궁색하게 살 팔자는 아니라고 말해주어야 합니다.

대운(大運)을 살펴보자면 현재 己未대운을 살고 있습니다. 정인 운으로 인수 운이라서 무난하기는 하지만 庚금 에게 큰 도움은 되지 못하는 10년입니다. 공부나 하고 세월을 낚으면 庚申 辛酉 20년을 보고 살아야 할 것 같습니다. 말년

운은 대단히 좋습니다.

　세운(歲運)을 보아야 하는데 癸巳년을 기준으로 하여 전후 3년씩을 살펴보겠습니다. 辛卯 壬辰 세운은 辛금 겁재가 卯木을 달고 들어오고, 壬水식신이 辰토를 달고 오지만 모두 다 寅卯辰 기신으로 묶여 별로 좋은 역할이 안 될 것입니다. 무해무덕 했다고 보여 지지만 壬水가 뭘 불러들이나요? 丁화를 불러 丁壬 합을 하고 싶어 하겠지요, 혹 이성의 인연도 있으나 도움 안 된다, 그럽니다(辰토가 合木됨으로) 癸巳년 운세는 좀 시끄럽습니다. 癸水는 상관이고, 巳화는 寅巳 형을 만드는 군요, 상관세운에는 건강 관재 구설 조심하라 그럽니다. 그런데 巳화가 寅巳형을 만들므로 구설이지요, 무슨 구설이냐고 물어온다면 巳화 편관이니 남자로 인한 구설 이라고 말할 수 있습니다. 甲午년은 天沖地合 운이 군요, 기신을 합거, 충거(合去沖去) 시키니 오히려 몸과 마음이 가벼워지겠습니다. 예쁜 午도화가 寅목 기신과 合火局을 이룸으로 혹 이성인연도 있을 것이고요, 乙未년운세는 처녀 같으면 결혼 수 떴다 그럽니다.(乙庚합-일간이 합될 때 이성 인연 맺어짐)

　사례2의 乾命사주도 편고 된 사주이지만 사례1의 곤명사주 와는 전혀 다릅니다. 곤명의 팔자는 탁한 사주라면 건명의 팔자는 생생불식(生生不息) 으로 살아있는 맑은 사주라고 볼 수 있습니다. 일지 戌토에서 시작하여 월주로 이어져 일간에서 시주로 이어지는 상생관계야 말로 보기 드문 좋은 팔자입니다. 이정도로 순환이 잘 된 사주라면 무난한 삶을 살게 될 것입니다. 이 사주는 오행을 모두 갖추었으므로 재성이 많은 사주라도 좋은 사주로 보아야하고 만약 식상이 없다든가 인성이 없는 재다신약 과는 달리 보아야 합니다.

[궁금한] 이사주의 대운과 세운은 어떻게 보아야 할 까요?
[훈장님] 전반 30년은 식상 운이고 후반 30년은 비겁 운이네요, 식상 운이라도 좋게 보아야 합니다. 내 힘을 설기시킨다고 보지 말고 生財로 연결되므로 열심히 활동 또는 왕성한 활동으로 재성을 취하여 후반 木운엔 안정된 삶을 영위해 나갈 수 있다 로 보면 되고 세운에서 인비운(印比運-水木운을 말함)이 올 때 발복한다, 로 말해주어야 합니다. <별난사람들의 별난 사주이야기49쪽에서 발췌>

<참고>
월지가 편관인 秋木이라도 월간이 壬水인성이 있어 성격도 편관성격이 아니라 인수 성격으로 변할 것이고 재성이 많다 해도 丁화 상관이 연결되므로 되기에 욕심쟁이 욕심 많은 사람이라고 보기보다는 매사를 순리적이고 합리적으로 살아가는 사람으로 보아야 한다. 이와 같이 秋木이라도 인수가 있어 通氣시키고 기의 흐름이 좋으면 달리 봐야 한다는 것을 보여준 사례이다.

第 67 題

木火는 申酉地支에 재앙과 병으로 신음하고
쇠약한 金도 巳午未 火旺地에는 쓴맛에 형벌까지
슬픔과 탄식 속에 산다.

木火는 陽氣로서 旺盛해야만 造化를 부릴 수 있다. 萬一 申酉의 死絶地에 임하면 기허체손(氣虛體損)하여 질병(疾病)과 災難으로 크게 신음(呻吟)한다. 金好火하되 노쇠(老衰)한 金은 火를 감당치 못한다. 萬一 火旺地에 이르면 불속의 나비처럼 정신을 못 차리는 동시에 金이 녹아 일그러지고 만신창이가 되듯이 수포(水泡)로 돌아감으로서 비탄(悲歎)에 빠진다.

[원문 해설]

木과 火는 陽으로서 왕성한 힘이 있어야만 조화를 부릴 수 있는데 절지인 申酉지지를 만나면 氣가 虛하고 몸이 쇠약해서 질병과 재난이 속출하고, 金도 불을 좋아하되 힘없는 金은 불을 감당하지 못한다, 만일 火旺地에 이르면 불속의 나비처럼 정신 못 차리고 녹아 일그러지듯 모든 것이 수포로 돌아가는 슬픔과 탄식으로 살아가게 된다.

1956년09월01일亥시생				
乾命	丙申	丁酉	甲辰	乙亥
수	1	11	21	31	41	51	61
대운	戊戌	己亥	庚子	辛丑	壬寅	癸卯	甲辰

<秋木으로 絶地에 앉아있는 사주>

위 사주의 주인공은 필자의 제자로 수년간 역학공부를 하

고 대구에서 포교당을 운영하던 사람인데 사망했다는 부고를 받고 놀랐습니다. 사망원인은 자살이었고 목을 매 죽었다고 합니다. 지금부터 그 사람의 살아온 과거와 죽음에 이를 수밖에 없었던 사주학상의 이론들을 짚어볼까 합니다.

오행을 다 갖춘 명조입니다. 甲辰 일주라서 월의 酉금과 육합으로 金국을 형성하니 관성이 강한 사주이지만 년 월간에 丙丁화가 떠있는 상태라서 아무리 金왕절 이라도 관성이 득세하지 못할 것입니다. 그렇지만 官을 즐기는 형상으로 감투 쓰고 나대기를 좋아했습니다. 젊어서부터 정당생활 동네 단체 등에서 활동을 했고 최근 대한작명가협회 사무총장 불교 원조계종 총무원 재무부장등의 감투를 쓰고 활동했으며 공부욕심이 많아 필자에게 1년동안 수학하더니 몇 분의 선생을 바꿔 모시고 공부했고 서라벌대 2년 원광대에서 2년을 합한 대학 생활 4년하고 학교 감투도 몇 개인지는 몰라도 감투를 썼고 드디어 욕심이 화를 부른 것 같습니다. 고서에서 말하기를 甲辰 乙未 백호일에 출생한자 그 부친이나 처가 혈광사 하거나 자살 횡사한다, 그렇게 말하지만 일간은 내 몸이라 본인도 해당 된다고 봅니다.

사망일을 기준해서 대운과 세운 월운과 날짜까지 분석해 보겠습니다. 癸卯대운 癸巳년 庚申월 戊午일 새벽 03시이라 말하지만 사주학으로 볼 때 그 전날인 丁巳일을 넘기기가 어려웠을 것으로 보입니다.

대운 癸卯는 불리합니다. 월주가 天冲地冲으로 매우 불안 초조합니다. 癸卯(51-60세)대운을 분석해 보겠습니다.
月柱가 天冲 地冲 되면 불안 초조 가정적으로 사회적으로 어려운 문제 발생합니다. 酉월 甲목이 열매 맺는 결실의 계절에 이슬비와(癸)바람(卯)이 일어나니 비바람에 甲목은 死木인데 다 썩는 격으로 매사 불성 불안 초조 합니다.

癸巳년운세도 丁화 상관이 활동의 별인데 丁癸충으로 활동이 정지되고 巳申은 형살로 관재 수에 구설이 끼며 庚申월을 보자면 甲庚 상충으로 타격을 받고 巳申이 형을 거듭하고 丁巳일은 상관일에 巳申이 형을 거듭하는 날이라서 그 날을 넘기기 매우 어려웠을 것입니다.

[참고]천지충(天地冲)된 상태에는 어떤 변화가 오나요?

천충지충은 하늘이 무너지고 땅이 꺼지는 형국으로 흔들리고 뒤집히는 중대한 파국을 가져오므로 운명적으로 치명적 타격과 아울러 결정적 청산을 의미합니다. 天地冲은 공직자에게는 정신을 차리지 못할 정도의 유혹과 함정이 도사리고 있어 권력에 몰입하여 제 업무를 망각하게하고 사업가에게는 돈뭉치가 유혹하고 총각처녀에게는 선남선녀가 유혹하여 정신을 못 차릴 정도로 흔들어 놓습니다. 그래서 환자나 노인에게는 수명을 재촉할 정도의 어려움에 직면 하게 되고 원수를 외나무다리에서 만나 빠져나갈 수 없게 만들어 범법자는 감옥살이로 직행하며 처녀총각의 경우에는 천생연분을 만나 결혼하는 기회보다는 파경으로 치닫게 만들며 사업자에게는 돈뭉치로 매수하여 불법을 저질러 사면초가에 이르게 만듭니다. 이와 같이 파산 파경 파국 감옥 질병 등 한 가지는 면할 수 없는 어려움을 불러옵니다.

天地同 天地合 天地冲은 공통적으로 수난과 시련을 당하는 운세라고 보면 되는데 60평생에 누구나 겪게 되는 피 할 수없는 일로 회갑 때까지 세 번의 죽을 고비를 넘겨야하고 달(月)로는 5년마다 세 가지를 1회씩 치러야하고 날(日)로는 2개월에 1회씩 고루 맞이하게 됩니다. 이와 같이 인생이야 말로 수난과 시련으로 산 넘어 산 강 건너 강이 특정인에게만 오는 것이 아니라 누구에게도 똑 같이 오게 된다는 사실

입니다. 그렇다면 어떻게 이 어려운 고비 고비 마다 지혜롭게 헤쳐 나갈 것인가를 고민하지 않을 수 없을 것입니다.
이런 운인 것을 알면 자중하고 동하지 않아야 하는데 앞글에서 말 했듯이 정신을 차리지 못할 정도의 유혹과 함정이 도사리고 있어 본분을 망각하게 하니 이런 운을 만난 사람에게는 확실하게 충고어린 말을 꼭 해주어야하는 것이 우리 역술인들의 역할입니다.<별난사람들의 별난사주이야기218쪽에서>

　위 사례는 秋木으로 絶地에 있어 無力하므로 大勢를 잡을 수 없어 일생 有始無終, 虛名虛利로 끝난 사례이다.

第 68 題

甲辰 甲戌일주는 寅亥를 만나면 돈과 비단이 집안에 가득하고 丁卯 丁亥는 酉나 亥를 만나면 진귀한 보석이 집안에 가득 찬다.

甲辰 甲戌은 財盛身弱하니 록지(祿地)인 寅이나 長生地인 亥地에 이르면 財와 身이 相停함으로서 크게 生財하여 金帛이 창고에 가득하다. 丁卯 丁亥生은 卯中 乙木과 亥中 甲木의 印星이 生旺해서 火光이 有力하고 유원(悠遠)하다. 丁火는 밤일수록 빛이 뚜렷하고 功이 크니 해가지는 酉地와 심야(深夜) 亥地에 이르면 공성(功成)하여 진귀(珍貴)한 보물(寶物)이 山처럼 쌓이고 방안에 가득하다. 본시(本是) 丁火는 별이다. 별은 酉時에서 나타나고 亥時에 全盛을 이룬다. 밤이 되면 온 하늘에 별이 반짝이고 빛이 찬란하다. 그 반짝이는 무수한 별은 마치 珍貴한 보석(保釋)과 같고 온 하늘에 가득 찬 것은 창고와 집안에 보물이 가득 차 있는 것과 같다. 그와 같이 丁火는 酉地와 亥地에서 가장 큰 功을 세우고 富와 貴를 이룩한다.

| 乾命 | 己亥 | 丙寅 | 甲辰 | 丙寅 |

甲辰일주가 록지인 寅月 寅시를 만나고 년에 長生지 까지 얻고 食神生財로 부자의 命이며 의학박사로 성공한 사례다.

| 乾命 | 甲子 | 丙寅 | 甲戌 | 乙亥 |

甲戌일주가 木火通明된 사주로 명판사요, 대학교수로 성공한 사례다. 명 판사 교수 박사로 활동했다.

第 69 題

甲목이 庚금과 辛금을 많이 보면 재앙과 불행이 많고 丙화가 亥子에 앉아 있고 水를 제거하지 못하면 가난한 선비의 사주다.

　甲木이 庚辛官殺을 중봉(重逢)하면 비생산적(非生産的)인 낭비와 향락(享樂)에만 치우치고 생산(生産)을 外面하니 재난(災難)과 신액(身厄)을 막을 길이 없다. 丙火가 死絶되면 無氣力하니 水厄을 막을 길이 없다. 빨리 制水하지 않으면 水殺에 쫒기고 無能無力하며 속수무책(束手無策)이니 헛되이 精力과 財를 낭비함으로서 가난하고 어리석은 선비에 지나지 않는다.

乾命	癸酉	庚申	甲寅	癸酉
수	3	13	23	33	43	53	63
대운	己未	戊午	丁巳	丙辰	乙卯	甲寅	癸丑

　위 사주는 甲寅일주가 庚申월에 나서 칠살인 金의 기운이 강한 사주에 酉년 酉시를 만나니 천하의 甲寅목이라도 맥을 못 춘다, 다행이도 년 시간에 癸수가 나타나서 통기시키니 좋은 사주로 변했다. 대운에서 남방 火운이라 젊어서 경찰관으로 재직하다 그만두고 부동산으로 부자가 되었으나 癸丑대운 丙子년 戊子월에 당년 64세였고 심장마비로 세상을 뜨게 되었는데 심장인 火가 약한데 水운이 강하게 오면서 火가 꺼진 것이다.

아래에 기록한 사주는 육사출신으로서 전역사무관으로 부구청장 까지 한 사람의 사주다.

1951년 8월01일申시생							
乾命	辛卯	丙申	甲辰	丙寅			
수	8	18	28	38	48	58	68
대운	乙未	甲午	癸巳	壬辰	辛卯	庚寅	己丑

본 명조는 申월의 甲목이라도 거목(巨木)으로 건록 寅에 뿌리내리고 寅卯辰 方局을 이룬 특별한 사주로 미래지향적이고 우두머리가 되어야 하는 팔자다. 최고가 되어야 직성이 풀리고 이등하면 속상하다. 태어난 날이 甲辰일인데 甲辰은 백호살이라 대단히 센 놈이다, 그래서 센 일을 해야 하기에 군인 경찰관 검 판사 등인데 군장교로 예편 전역사무관으로 근무 중 명퇴한 사주로 申금 편관이 丙화 아래(丙申)에 있어 정년은 곤란한 팔자다. 木生火로 봉사하면서 살아야 할 팔자로 사주원국으로 보면 정치인으로 봉사하면서 살아야하는 팔자지만 己丑대운이 官庫로 백수 될 가능성이 높다. 秋木이 아니었더라면 또 인수가 원국에 있었다면 하는 아쉬움이 따른다.

아래 기록한 명조는 대기업 법무팀에 근무하던 엘리트 사원이었는데 2011년 음7월 갑자기 특별한 이유 없이 회사 측의 만류에도 불구하고 사표를 던졌다고 한다. 이 사주는 亥월 丙화라도<丙화가 亥子에 앉아있고 水를 제거하지 못하면 가난한 선비의 사주다.>에 해당하는 사주는 아니다. 일지 戌토가 制水하고 年支 巳화가 조후하면 비록 亥水 死絶地 월이라도 큰 해는 없다.

乾命	1977년10월15일 巳시생			
	丁	辛	丙	癸
	巳	亥	戌	巳
수	6	16	26	36	46	56	66
대운	庚戌	己酉	戊申	丁未	丙午	乙巳	甲辰

<食神制殺에 身旺한 命造>

 사주에 木이 없어도 자신인 火가 강해 큰 문제없고 부모궁의 재물이 나에게로 합해 들어오는 형상이라서 부모 유산 좀 받는 부자의 사주입니다. 이런 정도의 말은 엄마 듣기 좋으라고 할 수 있는 말이고 사주공부차원에서 명조를 분석하고 왜 갑자기 퇴직했는지 간명해 보겠습니다.
 이 사주는 법을 전공했어도 법관이 되기는 어려운 사주입니다. 丙戌 백호일주가 월지 편관을 놓고 癸수가 투출되고 巳亥가 충을 먹었어도 법관이 되려면 형살이 있고 천간에 편관 칠살이 투출되었더라면 검판사의 길로 들어섰을 것이나 癸수정관이 나타나고 丙辛합으로 묶여 백호가 제 역할이 잘 안 되는 명조입니다. 그러나 법을 전공하였으므로 법에 관련된 업무에 종사할 뿐입니다.
 2011년(辛卯)세운은 어떠한지 살펴보도록 하겠습니다. 天合地合이군요. 이런 경우를 역술용어로 천지합이라 하여 불길한 운으로 판단합니다. 아래위로 꽁꽁 묶여있는 상태로 요지부동이다 로 보면 됩니다. 이런 운을 만나면 매사가 오판을 하게 되고 유혹의 손길이 미치는데 잘 못하면 크게 후회 할 일을 저지르게 됩니다.

 [문] 天地合에 대하여 자세히 설명해주세요?
 [답] 일간을 위주로 보는데 甲寅 일주가 己亥를 만났을 때

천지합이라 말하는데 지나가는 나그네가 유혹을 하고 정으로 묶이니 꼼짝을 못 합니다. 도둑이 뛰어들어 모든 것을 훔쳐가도 몸이 묶여있으니 어찌할 수가 없습니다. 남녀가 대낮에 정사를 벌리는 틈 사이에 몽당 도둑을 맞는 형국으로 반드시 후회하고 애인을 만난 것이 화근이니 다정(多情)이 다한(多恨)으로 변하게 됩니다.

위에서 말한바와 같이 천지합의 운에는 갖가지 유혹이 몰아치고 깨가 쏘다질듯 한 달콤한 유혹으로 일확천금을 꿈꾸어보지만 역으로 크나큰 일을 저지르고 크게 실패하게 됩니다. 후회막심이지만 눈뜨고 도둑맞는 격이니 어찌할 도리가 없습니다. 만사가 유혹과 오판 그리고 한눈을 팔다가 그르치고 손재하니 일절의 유혹이나 욕심을 물리치고 아무것도 하지 않는 것이 가장현명한 방법인 것입니다. 그러나 합은 충과같이 아무런 작용을 못하는 것이니 손 쓸 겨를도 없이 사기당하거나 실패하기 쉬우며 인간관계를 했다하면 반드시 후회할 일이 생기게 되는 것입니다.

하늘과 땅이 부둥켜안고 꼼짝하지 않는 것이니 어찌 면할 도리가 있겠는가 말입니다. 만사불성이요, 실패하고 정리할 단계에 이르는 동시에 뜻하지 않은 갖가지 일들이 생기기 쉽고 부모나 배우자의 이변도 암시하고 자칫 잘못하면 생명에 중차대한 이변이 생길 수도 있는 일생일대의 가장 큰 위기이니 신규나 확장 등은 일체금물이고 무엇을 하던 결과는 실패하고 후회하니 일절 하지 않는 것이 상책입니다.

무엇인가 뜻하지 않는 재난으로 손재는 본다 해도 신상은 안전하니 다행이지만 가장 현명한 방법은 매사 심사숙고뿐입니다. 이운에서 저지른 사태와 상처는 좀처럼 쉽게 아물기 어려우며 그로 발생한 여파가 크고 오래가게 됩니다.

1956년07월30일03~05시생							
坤命	丙申		丙申		甲戌		丙寅
수	9	19	29	39	49	59	69
대운	乙未	甲午	癸巳	壬辰	辛卯	庚寅	己丑

<食神制殺에 身弱한命造>

　같은 식신제살격(食神制殺格)사주라 할지라도 신왕(身旺)한가 신약(身弱)한가에 따라 다른 상황이 벌어진다. 위 坤命은 신약한데 命에 식상이 년 월 시간에 나타나서 제살하니 官殺역시 맥을 못 춘다. 관이 제 역할을 못하니 남편의 덕이 적고 신약하니 되는 일이 없다.

　위 명조(命造)는 여성으로는 팔자가 드센 특징을 가지고 태어난 팔자이다. 관살이 강해보이지만 남편의덕이 적고 삶이 고달픈 팔자이다. 甲午대운에 연애로 만난 남편과 결혼해서 남매를 놓고 살아왔지만 별다른 행복도 느끼지 못하고 庚寅대운에 들어서면서 甲午년에 남편과 사별(死別)하고 자신이 포장 이사 짐 센터에서 일하며 살아간다.

食神制殺格이란? 식신이 관살을 억제하는 형상의 사주 틀이란 말이다. 좋고 나쁨을 떠나서 그런 격이라는 말로 식신제살이 무조건 좋다고 볼 수만은 없는 것이다.

☞ **선천 운과 후천 운을 살펴보자면 운이 별로 좋지 못하다.**

　첫째 체력(體力)문제를 살펴보자면 申월의 甲목이 戌일 寅시에 태어나서 다 큰 나무라서 다듬어 써야 할 巨木같이 보이지만 申월 金旺節의 申금이라도 천간에 3丙화가 떠서 아주 약해진 金이다. 운이라도 西方金운으로 흘렀더라면 삶이 달라졌을 수도 있었겠으나 젊어서는 남방火운이었기에 더욱 金이 무력해서 쓸모 있는 巨木이 아니라 불살아 써야할 火

木으로 살아갈 운이었다. 그러므로 관성이 약해서 남편 덕이 적고 힘겹게 내 몸 불사르는 양초 같은 심정으로 살아야 했다. 40대에 들어서면서 동방木운을 만나지만 壬辰 辛卯까지는 자신의 역할이 잘 안 되고 庚寅 운부터 發福은 하지만 사주구성상 기복이심하고 변화무쌍한 운이다. 그러므로 寅申이 상충하는 대운 甲午년에 寅午戌 火局이 형성 되면서 관살이 무력해지는 운이라 남편과 사별 하고 살지만 삶은 점점 윤택해진다.

☞ 대운은 매우 중요한 역할을 한다는데 본명에서의 대운은?

위에서 언급한대로 운로(運路)가 좋지 않다. 본명은 대운을 3단개로 설명 할 수 있겠는데 18세까지의 운은 희기(喜忌)를 떠나 부모 운으로 본다면 19세운부터 39세까지 20년간은 甲午 癸巳대운으로 대운에서는 干이 30% 支가 70%의 비율로 작용하게 된다. 한마디로 표현하자면 대운은 계절감각으로 활용해라 했고 합이나 충도 별로 무관 하게 작용한다. 甲午를 놓고 보면 甲목은 비견이 작용하고 午화는 正南이고 여름이며 불인 火작용을 한다. 명조(命造)구성상으로 볼 때 3丙火가 천간에 뜨고 시지 寅목의 생을 받고 火庫지를 찾으므로 火가 기신(忌神)인데 대운이 午대운이라면 이롭지 못한 운이어서 좋은 남편도 좋은 혼처도 만나지 못 했던 것이고 癸巳대운 역시 巳화를 보면 寅巳申 三刑殺도 되고 巳화 자체가 기신이라서 안정되고 평안하지 못하니 삶이 기쁘지 못 했을 것이다. 다음으로 壬辰 辛卯 東方 木운을 만나게 되는데 壬辰대운은 壬수 편인이지만 水庫地를 달고 들어오는 시기여서 나름대로 안정기로 볼 수 있고 辛卯대운도 겁재 양인 운이라서 썩 좋은 운은 아니지만 일간甲목이 허약하지 않음으로 무난하게 살아갈 시기로 보여 진다. 그다음으로 현재 살고 있는 庚寅대운을 만나게 되는데 庚寅운은 일생일대 대 변화기를 맞이하게 된다. 庚금은 칠살 운이고 寅목은 인신상충(寅申相沖)을 하게 된다. 대운에서 만나는 충은 대수롭지 않게 본다지만 본명은 좀 다르다 그 이유는 원국에서 寅申을 만나 충하고 싶은 마음이 간절하지만 戌토가 가운데 끼어 못하고 있던 차에 대 세운에서 寅이나 申을 보면 강하게 충을 하게 되어서 충은 변화로 보아야 하고 寅과 申이 충돌하면 육친상으로 무엇이 다칠까도 보아야 한다. 단순하게 寅申이 충하면 寅목이 다치지만 지금의 본명은 상황이 좀 다르다 木火가 동조(同助)하는 운이라서 申금이 다친다. 그러므로 甲午년에 남편이 사망하게 된 것이다. 이렇게 큰 변화를 만나지만 정작 본인 甲목의 그 이후 북방水운은 기대해 볼 만한 좋은 운이다.

☞ **年運 과 日運은 가부결정을 주관하는 역할을 한다.**

이 또한 위에서 언급한대로 대운보다 세운의 기운과 역할이 강하다. 지난 甲午년의 경우 午화는 寅午戌로 배우자궁의 戌토가 변질 된 경우니 없어졌다는 의미도 되고 三合 火局을 이루고 木火가 동조하니 관살인 남편金은 맥을 못 추고 상하게 된 경우로 보면 된다.

第 70 題

寅卯辰月에 태어난 土는 병든 土요,
金이라는 것도 亥子丑 북방 水운은 水多金沈으로
역할이 안 된다.

東은 목향(木鄕)이요, 춘계(春季)다. 土는 木으로서 경작(耕作)하고 소통하되 건전한 土만이 木을 쓸 수 있고 기뻐한다. 春土는 병들고 허(虛)하다. 病土를 경작(耕作)하는 것은 병자(病者)를 혹사(酷使)하는 것과 똑같다. 어찌 견딜 수 있고 온전하겠는가? 만사가 도로(徒勞)요 무리요 허명허리(虛名虛利)하다. 金은 水旺北地에서 침몰(沈沒)한다. 萬金도 수침(水沈)하면 無用이니 움직일 도리가 없다. 모든 것이 침체(沈滯)상태요 꽉 막히고 공(功)이 나타나지 않는다.

坤命	癸卯	甲寅	己卯	癸酉
수	10	20	30	40	50	60	70
대운	乙卯	丙辰	丁巳	戊午	己未	庚申	辛酉

<官殺太旺한 命造>

위 사주는 水木이 강한 官殺太旺한 己토로 병든土이다. 고로 木이 기신인 팔자다, 병이 있으면 약이 있어야 한다고 했는데 약이 무력하여 약신의 역할이 안 된다. 木은 병이고 金은 약인데 木旺節의 金이라 약하다 목다금결(木多金缺)인 셈이다. 더욱 운이 안 좋은 것은 30대부터 南方火운으로 흘러 약신인 金이 맥을 못 추는 운이다. 그러하니 잘 될 일이 없다 甲戌年에 유부남을 만나 동거한다니 팔자는 못 속인다는 것을 실감케 하는 사례이다, <甲己合 卯戌合으로 官이合>

| 坤命 | 丁丑 | 壬子 | 辛巳 | 丁酉 |

金은 北方 水에 잠기면 쓸모없는 金이 된다. 상관성이 강한 命에 合多하니 지조 또한 없는 팔자인데 원래 金水太旺하면 음기가 발동하여 음흉 내지는 색정(色情)을 밝히게 되어있다. 이런 경우에는 戊己土가 있어 제수(制水)하면 좋은데 사주원국에 土는 보이지 않으니 흉한 일만이 발생하게 된다. (丑토는 子丑合으로 土가 아니라 水로 변했다, 丁화가 있어도 無力하여 寒水를 덥힐 수 없다) 그러하므로 남편은 무능하고 자손은 셋이나 있어 별의별 일을 다 하면서 살아간단다. 한마디로 동가숙 서가식(東家宿 西家食)한다니 이 말은 이집에서 잠자고 저 집에서 밥 얻어먹는 떠돌이인생이요, 음습한 사주가 음습한 운이거나 뜨거운 운에 접신 할 가능성도 있다, 그런데 이 여인도 약간 신기가 있는 운으로 흐르지만 완벽한 무당도 못되고 선무당으로 혹세무민(惑世誣民)하지 않을까 염려된다.

| 乾命 | 壬申 | 癸丑 | 庚子 | 癸未 |

위 사주도 금다수침(水多金沈)의 命인데 丑未土가 있어 制水가 가능하다. 천원일기(天原一氣)라 하여 天干이 모두 水이고 三神이 相生하는 命으로 無財사주라도 의식주 걱정 없는 팔자로 無財인 경우 食傷을 財星으로 보기 때문에 무재인 경우라도 식상만 잘 발달 된 경우는 부자들이 많다.
惑世誣民 : 惑 미혹할 혹, 정신을 헷갈리게 하다. 世 세상 세. 誣 무고할 무, 사실을 굽혀 말하다. 民 백성 민. 헷갈리게 오도하여 사람들을 속임.

第 71 題

金이 殺重하면 인형상(刃刑傷)을 당하고

水가 殺重하면 江河에서 복닉(覆溺)하며

木이 殺重하면 현양(懸梁)에 자액(自縊)하거나

호교용진(虎咬龍嗔)한다.

<殺重: 죽일 살, 무거울 중-살이 많다는 말, 刃刑傷: 칼날인, 형벌 형, 상할 상, 覆溺: 뒤집힐 복, 빠질 익. 縣梁; 매달 현, 들보 양. 自縊 : 스스로 자, 목맬 액. 虎咬龍嗔 ; 범 호, 음란한소리 교, 용 룡, 성낼 진.>

金日生이 火多하면 칼로 傷하거나 刑을 받는다. 火盛하면 金이발작(發作)하니 金은 본시병기(本是兵器)다. 水日生이 土多하면 水가 發作하고 파도(波濤)가 만장(萬丈)이니 강하(江河)에서 배가 뒤집히고 물에 빠져 죽는다. 木生日이 金多하면 木이 發作하니 대들보에 목을 매달아 죽거나 백호(白虎)(金)에 물려죽거나 독사(龍)에 물려 죽는다.

火主가 殺重하면 夜眠壓倒하거나 焚死蛇傷하고
土主가 殺重하면 穡推土陷으로 죽는다.

<夜眠壓倒 ; 밤 야, 잠잘 면, 누를 압, 넘어질 도. 焚死蛇傷: 불사를 분, 죽을 사, 뱀 사, 상할 상, 穡推土陷 : 거둘 색, 옮길 추, 빠질 함>

火는 정신(精神)이다. 水多하면 火가 발작(發作)하니 잠을 들 수가 없고 밤이면 머리를 짓누르고 강압한다. 火가 발작(發作)하면 만물(萬物)이 타죽듯 불에 타죽거나 불처럼 성급한 독사(毒蛇)에 물리기도 한다. 土는 성벽(城壁)이요 담장이요, 大地다. 木多하면 흙이 發作하여 무너지니 담이나 성이 무너져서 깔려 죽거나 땅이 무너지거나 지진 등으로 흙에 묻혀 죽는다.

| 乾命 | 己未 | 己巳 | 辛巳 | 己丑 |

위 사주는 巳巳未로 殺이 重한데 약인 水가 없다. 그런가 하면 土多金埋로 답답하게 보인다. 이사주의 주인공은 태어날 때부터 장애인으로 수족마비 증상으로 살아간다.

| 乾命 | 丁未 | 丁未 | 癸丑 | 丙辰 |

위 사주는 癸水가 天地間에 火土一色이니 太弱한 命이다. 丙午대운 壬戌년에 갑자기 뇌에 이상이 생겨 뇌수술을 받았는데 식물인간으로 살아간다. 殺重身輕한 팔자이다.

| 乾命 | 丙申 | 丁酉 | 甲辰 | 乙亥 |

위 사주는 年月日에 殺이 太重한 命인데 癸巳년 庚申月 丁巳일에 목을 매 죽은 사람의 명이다. 巳酉合 金으로 살이 중한 날에 목매 죽었으니 현양자액(縣梁自縊: 들보에 목매달거나 스스로 목매달자)한 사례이다.

| 乾命 | 丁亥 | 壬子 | 丁丑 | 辛丑 |

위 사주는 亥子丑 北方水局이 성립 된 팔자지만 탁격(濁格)이 된 경우인데 자손 궁에 丑토 기신이 있어 자손도 없고 水는 지혜인데 많으면 간교로 변해 사기성으로 발전하기에 거짓말을 밥 먹듯 한다.

第 72 題

水가 북을 이기지 못하면 평생 바쁘게 달려도
파려되고 북에 물이 끓어 넘치고
火 또한 金을 녹이지 못하면 괴롭고 힘들며 평생
허둥대며 살게 된다.

水主가 火多하면 물이 끓는다. 火의 熱氣에 감동하여 寒水가 뜨거운 탕수(湯水)로 변질(變質)하였듯이 주색(酒色)에 방탕하여 散財하고 衣食때문에 평생분파(平生奔波)한다. 그와 같이 火主가 金多하면 아무리 금덩어리를 녹이려 해도 애만 쓰고 녹일 수 없듯이 무엇을 해도 역부족(力不足)으로 成事를 할 수 없다. 밑천만 날리고 좌절하니 평생 가난하고 몸부림치다가 지쳐 쓰러진다.

[원문 해설]
水일주가 火가 많으면 火多水渴로 증발되어 水의 역할을 못하니 酒色 放蕩 散財 등 먹고살기 어렵고 방탕생활 하게 되며 火일주도 金多火熄되면 가난하고 바쁘고 허둥대며 영양가 없이 살아간다.

乾命	己亥	庚午	癸未	戊午		
수	8	18	28	38	48	58	68
대운	己巳	戊辰	丁卯	丙寅	乙丑	甲子	癸亥

本命은 午月午時生에 火土重濁이라 끓는 물이 증발 되는 상태다. 고로 분망해도 소득 적고 주색방탕할진데 甲子대운 丁酉년에 丁癸沖하니 子水가 旺神沖發한 상태에서 丁火역시 強沖하니 財가 깨졌다, 그러므로 아내가 자살했다.

第 73 題

甲木이 종혁지방(從革之方)에 있으면 풍재(風災)로 곤고(困苦)하고 金主가 윤하지국(潤下之局)을 이루면 타향(他鄉)에서 방랑(放浪)한다.

甲日主가 命에 三合金을 이루거나 申酉西方에 이르면 木이 剋傷되니 간(肝)이 虛하고 기혈(氣血)이 불순색체(不純塞滯)했으로서 중풍(中風)으로 크게 고생(苦生)하며 金日主가 三合水局을 이루면 물결에 휩쓸려서 멀리 떠내려가거나 바다 속에 가라앉듯이 정착(定着)할 수 없이 타향(他鄉)에 방랑(放浪)하고 어디가나 뿌리를 박지 못한다.

[원문 해설]

甲木일주가 巳酉丑 三合金局을 이루었거나 申酉월생으로 申酉가 있으면 木을 강하게 극하여 상하게 되므로 木은 肝이기에 허하고 막혀 중풍 등으로 고생을 하게 되며, 金일주 역시 신자진이나 해자축수국을 이루면 떠돌이 방랑 등의 허송생활을 하더라.

　　　戊己土가 辰巳位를 얻으면 三台의 貴에 오르고
　　　壬癸水가 亥子位를 얻으면 一品의 官에 오른다.

戊氣土는 辰巳에서 得旺하니 木의 官星을 기뻐하고 水의 財星을 즐긴다. 財官을 기뻐하고 能히 감당하니 官鄉에 이르면 三公의 벼슬에 오를 수 있다. 그와 같이 壬癸水는 亥子에서 得權한 土의 官星과 火의 財星을 기뻐하며 火土運에 이르면 天下一品의 大貴를 누릴 수 있다.

從革之方(종혁지방) : 從은 좇을 종, 革은 가죽 혁, 金의기운을 좇아 감
不純塞滯(불순색체) ; 不純이란 순수하지 못함, 塞滯 란 막힐 색, 막힐 체인데 塞자는 변방으로 쓰면 새 자로 쓴다. 순수하지 못하여 막힘이 있다는 말.

乾命	癸酉	庚申	甲寅	癸酉

수	3	13	23	33	43	53	63
대운	己未	戊午	丁巳	丙辰	乙卯	甲寅	癸丑

천하의 甲寅木이 아니었다면 감당하기 어려웠을 팔자지만 그래도 庚申월에 酉금이 둘이나 되니 官殺太旺之局이다.
金水가 강하니 이런 경우는 水가 忌神이 된다. 조후가 급선무인데 火가 보이지 않는다. 寅中丙火를 用神한다 말해야 되는데 다행이 대운이 南東方運으로 흘러 巳大運에 잠시 경찰생활을 했고 木운에는 부동산업으로 기반을 닦았다는데 火운은 制金하고 조후하여 좋았고 木운은 寅卯木에 뿌리내려 기뻤으나 癸丑운에 들어서며 丙子년 戊子월에 水氣태왕으로 火용신이 水에 강하게 극 당하니 심장마비로 급사 했다한다.

坤命	癸未	癸亥	庚子	丙子

수	01	11	21	31	41	510	61
대운	甲子	乙丑	丙寅	丁卯	戊辰	己巳	庚午

庚금이 지지에 亥子水가 있고 년 월간에 癸水가 투간 되어 차가운 사주인데 時干 丙화가 있어도 죽은 불이라 역할이 안 된다. 그러나 火가 用神이다. 식상이 강하면 첫째 남편의덕이 적고 정이 많아 지조가 없다는 말을 들을 수 있다. 이 여인도 남편이 바람피우고 다른 여자와 동거하는 등속을 많이 썩고 있으며 힘겨운 일을 하며 월세 방을 전전 한다니 팔자는 못 속이는가 보다.

第 74 題

癸水가 庚申을 만나면 정인으로 힘을 실어주니
오른손이 되고 辛金에 戊子역시 정인이니 정인의
힘을 말한 것이다

癸는 申에서 사(死)하고 庚에서 득천(得泉)한다. 死는 학자(學者)의 별이요 卯는 신임(信任)의 별이니 癸水가 庚申을 보면 학문에 통달(通達)하고 마침내 고관대작(高官大爵)으로 출세한다. 신금은 子에서 長生하고 戊에서 得力한다. 長生은 체력(體力)과 지력(智力)을 기르고 印星과 덕(德)과 신망(信望)을 기르니 유능(有能)한 인재(人材)로서 등과급제(登科及第)하고 文官으로서 크게 출세한다.

癸水가 실지했다함은 財官으로 힘을 잃은 상태에서 다시 식상을 만난 만나면 무력하여 보통사람으로 살기 어려우니 스님의 팔자요, 丙火역시 뿌리내리지 못한 상태에서 水를 만남은 흉한무리의 팔자가 된다는 말이다.

癸는 天生水로서 地에서 生扶할 수 없다. 이미 실령(失令)하여 허약(虛弱)한데 甲乙木을 만나면 아침 이슬처럼 햇빛에 사라지고 형체(形體)조차 유지하기 어려우니 한 가지도 이룰 수가 없고 고빈(孤賓)하다. 사고무친(四顧無親)이니 부처님에 의지할 수밖에 없다. 丙火는 天生火로서 지불생부(地不生扶)한다. 원래실령(元來失令)하고 무기(無氣)한데 壬癸水를 보면 살기(殺氣)로 변질(變質)하고 心毒하며 무례(無禮)하고 횡포(橫暴)함으로서 정작흉도지명(定作凶徒之命)이다.

坤命	己丑	壬申	癸酉	辛酉			
수	9	19	29	39	49	59	69
대운	癸酉	甲戌	乙亥	丙子	丁丑	戊寅	己卯

癸水가 庚申을 만났다고 모두 右職한 것은 아니다. 다만 힘이 있다는 말 덕이 있다는 말로 가능성을 말한 것일 뿐이다. 사주는 중화다, 고로 어떻게 조화롭고 기의 흐름이 좋으냐에 달려있다. 위 사례는 申月의 癸水가 인수 태과한 命인데 설기신인 木이 없고 편고 된 사주라 매우 안 좋은 삶을 살아가게 된다. 이 사주는 인수가 병이고 火가 약인데 火도 없고 설기신인 木도 없으니 凶格 이다. 그래도 己丑土가 吉神 역할을 해야 하는데 己土濁壬 되고 酉丑 합이 되어 변질 된 관계로 좋은 역할은 못하고 흉한 작용을 하게 된다.
이여인 친구 남편과 눈이 맞아 동거하며 술집을 경영 한다는데 경신년에 큰 화재를 만나는 등 흉한일이 많이 발생한다고 하니 사주는 단편적으로 분석해서는 안 된다.

乾命	辛巳	乙未	癸未	己未			
수	8	18	28	38	48	58/	68
대운	甲午	癸巳	壬辰	辛卯	庚寅	己丑	戊子

위 건명도 관살태왕으로 癸수가 맥을 못 춤으로 식신인 乙목이 약이 될 수도 있으나 墓地에 앉아있으면서 土多木折로 吉神 역할이 안 된다. 이와 같이 재관이 강하면 식상이 식신이 제 역할 만 잘 했더라면 좋았을 것인데 무력하니 별 볼일 없이 濁格이 된 사례이다.

第 75 題

금도화향(金到火鄕)하면 재다취산(財多聚散)하고
旺水가 入南하면 가도(家道)가 영창(盈昌)한다.

金은 火를 얻어야 그릇이 되고 商品으로서 돈을 번다. 金이 南方火運에 이르면 萬金이 눈 깜짝할 사이에 그릇이 되어 千金을 버는 반면(反面)에 火力이 너무 치열하여 성기(成器)가 한꺼번에 녹아 없어지듯 쉽게 산재(散財)함으로서 성패(成敗)가 무상(無常)하다. 水旺者는 목이 타는 南方火運에서 최고(最高)의 人氣와 횡재(橫財)를 힘으로서 남향(南鄕)에 이르면 가도(家道)가 대발(大發)하고 재물(財物)이 금고(金庫)에 영창(盈昌)한다.

[원문 해설]

금도화향(金到火鄕)이란? 金이 火의 방향 즉 南方을 의미, 金이 불을 만나면 제련하여 상품인 그릇을 만들고 그러면 그 대가로 돈이 쌓인다는 말이고,

재다취산(財多聚散)이란? 재성이 많으면(財星은 불인 火를 모였던 재물이 순식간에 흩어진다는 말로 金은 火를 보아야 매사가 如意하지만 만약 불이 너무 많아 金이 다 녹아버리면 오히려 돈이 날라 간다는 말이다.

물이 많은 자는 南方 화운에 최고의 성과를 얻어 재물이 풍성하고 만사가 여의 형통한다는 말인데 수는 차가운 기운이므로 화를 보아야 물의 역할이 잘 될 수 있다는 말이다. 그러나 水多하면 수로(水路)인 木이있어야만 좋은 것이지 木이 없다면 좋은 기운이 반감 된다.

스님의 사주입니다.

1962년 12월 25일 酉시생								1	木
乾命	壬寅	癸丑	癸亥	辛酉				0	火
								1	土
수	5	15	25	35	45	55	65	2	金
대운	甲寅	乙卯	丙辰	丁巳	戊午	己未	庚申	4	水

사주(四柱)와 운세 해설

 위 사례의 명조는 金水太旺한 命造로서 寒冬의 凍水로 물의 역할이 어렵습니다. 그러므로 스님의 길로 들어섰습니다. 辛酉 편인이 있어 깨끗한 물로 금수쌍청(金水双淸)이군요, 너무 맑은 물에는 고기도 살기 어렵다지요, 일반보통사람으로 살아갈 수 없는 명인데 대운이 초년부터 동방 木운에서 남방 火운으로 운행 됩니다. 거기에 원국에 인목이라는 수로가 뚫려있어 화운만 만나면 물이 잘 빠져나가 물의 역할이 잘 될 것 같습니다. 이 사례의 명은 묘안스님이라는 학승의 命으로 필자와 인연이 오래 이어지는 스님입니다.

 <묘안 스님의 사주는 사주 네 기둥이 튼튼하고 힘이 흘러 넘치는 사주입니다. 사주에 역마성이 강하고 역동성이 있는 팔자이긴 하나 편고(偏枯) 된 명조(命造)라서 일반 보통사람으로 살아가기는 어려운 팔자지요. 사주에 병(病)이 있고 약이 있으면 대발(大發)한다 했으니 본명에서는 水가 병이고 화가 약이며 목이 통관지신이지요, 사주구성은 문제가 있지만 용신(用神)이라는 반드시 필요한 희신(喜神)이 고 운이 남방 火운으로 귀격(貴格)이 된 것이고 사주가 맑은 물의 사주라서 청격(淸格)으로 학승(學僧)이고 전법(傳法) 스님이어야 하고 옳지 않은 일은 하지 않으시는 성품이십니다. 운이 木火 喜神운이라서 무난하게 전법스님으로 살아가실 것입니

다. 55세부터 64세까지의 己未대운은 안정과 평온을 가지는 운이라면 65세부터 10년간의 庚申운은 전법승으로 빛을 발휘 하시게 될 것입니다. 고전에 다음과 같은 말이 있습니다. **癸는 申에서 사(死)하고 庚에서 득천(得泉)한다. 死는 학자(學者)의 별이요 卯는 신임(信任)의 별이니 癸水가 庚申을 보면 학문에 통달(通達)하고 마침내 고관대작(高官大爵)으로 출세한다.** 라고 한 것을 보면 반드시 귀한 지위에 오르시게 될 것입니다. 첨언하자면 본명의 용신이 火요, 그러므로 행운의 숫자는 2자와 7자가 행운의 수가 됩니다.<단 陽火인 7자로 압축해 쓸 수도 있음.>

위 스님은 가평 아침고요수목원 부근에 위치한 큰 사찰주지스님으로 맑고 깨끗하신 스님이신데요. 운이 잘 흘러서인지 신도들도 많고 잘 하고 계십니다. 몇 일전 신도 분 손자 작명 관계로 오시는 길에 전화로 이런 말씀을 하시더라고요. 내가 性壽라는 법명을 받아 오랫동안 살았는데 묘안 이라는 개명하고 싶은데요. 妙자는 찾았는데 안자는 사주에 없는 火를 넣어 맞춰 달라는 부탁이 있어 아래와 같이 작명도해 드렸고 사주이야기도 말씀드렸습니다.

묘	妙	묘할묘 <신묘, 정묘>	0 7 획 오 행 土
안	晏	맑을안 <평안, 안온>	1 0 획 오 행 火

"妙晏"이라는 의미와 글자가 상징하는 뜻은" 더없이 그윽하고 맑고 편안하게" 라는 의미이고 妙자는 묘할 묘, 신묘함, 불가사의함, 정묘함, 아주 잘 됨, 더없이 그윽함, 그런가 하면 파자하면 女자에 少자를 더한 글자로 젊을 묘자로도

쓰이고 있어 정말로 묘한 글자가 되며, 晏자는 맑을 안, 편안할 안, 안온함, 의뜻으로 쓰이며 파자하면 日자 아래 安자가 있으므로 하늘이 맑고 편안함을 의미하며 혹 늦을 안이라는 의미도 있으나 늦다는 의미는 태양이 서쪽으로 들어가 안정되는 저녁때라는 의미로 쓰여 지기도 합니다.

고로 묘안스님을 만나면 왠지 "더없이 그윽하고, 맑고 편안해진다," 라는 의미를 부여 하였고 妙자의 7획과 晏자의 10획을 합한 수가 17수인데 17수리는 건창격 만사통달지상으로 부귀와 명예가 따르는 좋은 수리로 아주 좋은 작호가 됩니다. 본인인 묘안스님의 사주에 반드시 필요한 불인 火와 흙인 土를 보충하여줌으로 더욱 강건 안녕 평안을 추구하게 하였습니다.

| 坤命 | 乙未 | 辛巳 | 庚寅 | 壬午 |

巳月 庚金이 午時를 만나고 남방 화국이 成局 되어 열기가 대단하다. 官殺混雜이다. 時干壬水를 조후용신으로 써야 할 판이다. 명문대를 졸업하고 교편을 잡았고 공사에 근무하는 남자를 만나 결혼도 하고 잘 살고 있다. 지금도 학원사업을 하며 잘 살고 있는 것은 官星이 有氣하여 成器함으로 쓰임새가 있는 것이다.

| 乾命 | 辛未 | 甲午 | 庚子 | 壬午 |

午月 庚金이 午時를 만났어도 壬子水가 조후하니 貴命이 되었다. 문교부 고위관료로 정년하고 문교부산하 단체장까지 지내고 건강하게 살아간다. 단 배우자궁이 불미하여 초혼은 실패하고 16세 연하여인과 부부의 인연을 맺어 해로한다.

第 76 題

木이 고(枯)하거나 火가 산(散)하거나
金이 한습(寒濕)하거나 水가 냉동(冷凍)하거나
土가 동결(凍結)되면 氣가 한(寒)하다.

木多無水하면 木枯하고 火少土多하면 화산(火散)하며 금다동절(金多冬節)이면 金寒하고 水旺金多하면 水冷하며 土少水旺하며 土凍한다. 木枯하면 木氣가 고갈(枯渴)되어 열기(熱氣)가 없으니 한기(寒氣)가 서리듯이 화산(火散)하고 금한수냉(金寒水冷)하며 토동(土凍)하면 氣의 유통(流通)이 폐쇄(閉鎖)되어 열기가 없어지고 한기가 서리어서 빈한(貧寒)하다.

[원문 해설]
　사주에 木이 많은데 물이 없으면 나무가 마르고, 火는 적은데 土가 많으면 불이 흩어져 보이지 않고(晦氣無光) 金은 많은데 겨울같이 찬 기운이면 金이 차가워 얼어버리고, 물이 많은데 金까지 많다면 물이 얼어버리고, 흙은 적은데 水가 왕하면 흙이 얼어(凍土) 쓸모없는 땅이 된다. 만약 나무가 마르면 목기가 고갈 되어 열기가 없으니 한기가 서리듯이 火가 흩어져 불기가 약해지면 金水가 꽁꽁 얼고 흙이 얼어버리면 기의 유통이 안 되니 열기가 없어지고 차가운 기운만 감도니 인생사에서 가난하고 춥게 살게 된다.

枯 : 마를 고, 초목이 마르다, 물이마르다. 散 : 흩을 산, 흩어지다,
寒濕 : 찰 한, 차갑다. 축축할 습, 젖을 습.
冷凍 : 찰 냉, 얼 동, 凍結 : 얼 동, 맺을 결.

참고할 것은 木火土金水 무엇이든 균형을 잃거나 고갈(枯渴) 또는 냉한(冷寒) 되면 각자 오행의 역할이 안 된다는 말이다. 그래서 사주는 균형을 이루고 중화를 이루어야만 별 탈 없는 인생사를 사는 것이지 편고 되면 반드시 문제가 발생하게 된다는 것이 오행의 이치이다.

乾命	乙巳	癸未	壬午	壬寅

사주에 火氣가 太旺한 경우이다. 壬 癸水가 月 時干에 나타났어도 地支全局이 火氣衝天에 뿌리 없는 乾水라서 身 虛한 命이다. 이 사주의 주인공은 민주열사 박 종철군의 사주이다. 辛巳대운 丙寅년에 고문치사사건이 벌어졌는데 寅巳刑殺에 乙辛沖 丙壬沖이 겹친 해인 것을 볼 때 합 충 형이 많이 걸리는 해는 조심해야 한다.

1947년04월24일巳시생							
乾命	丁亥	丙午	壬戌	乙巳			
수	2	12	22	32	42	52	62
대운	乙巳	甲辰	癸卯	壬寅	辛丑	庚子	己亥

위 사주는 水火가 相戰하는 팔자이다. 일지 財庫 놓아 조강지처는 30대 후반에 음독자살 했고 재혼하였으나 60대초에 암으로 사망하고 외롭게 살아가는 사람이다. 財星이 忌神이라 돈과 인연이 적다. 丙申년 辛丑월 甲辰일에 무면허음주운전 삼진아웃으로 걸려 1년간 옥살이를 하고 나온 사람의 命이다. 己亥대운 巳亥 충, 丙申년은 丙壬 雙沖, 巳申刑殺 辛丑월은 丑戌 刑, 甲辰일은 辰戌충으로 관이 충발함이다.

第 77 題

합하고 생부(生扶)하며 녹왕(祿旺)하고
휴폐사절(休廢死絶)이 없으면 기화(氣和)하고
유기만성(有氣萬盛)하고 무의(無依)하면 오래지 않아서
기울어진다.

합하여 유정(有情)하거나 生하고 부(扶)하며 록왕(祿旺)하고 쇠병사절(衰病死絶)이 없이 왕상(旺相)하면 氣가 건전하고 화합(和合)한 형상(形象)이니 만사형통(萬事亨通)이다. 氣가 왕성(旺盛)하다해도 財官이 없으면 의지가 없고 무용지물(無用之物)이니 쓸모가 없고 무엇을 하든 막히고 불성(不成)이며 설사 이뤄진다 해도 오래가지 않아서 무너지고 패(敗)한다.

[원문 해설]

　일단 사주는 건왕 해야 하고 12운성으로 쇠병사장에 걸리지 않으면 좋은 사주로 만사형통하지만 財官이 유력하지 않으면 쓸모없는 물건과 같고 인간사에서 이루어지는 것이 없다, 설사 운에 의하여 이루어 진다하여도 오래가지 못한다는 말이다.

　아래에 기록한 사주들은 천간이 丁壬 합이 쌍 합으로 이루어진 사주들입니다. 그런데 사례1의 경우 삶이 고달프고 어렵게 살지만 사례2의 경우 여유롭게 잘 살며 사례3의 경우는 건명인데 부자는 아니지만 잘 살아가고 있으니 그 이유들을 살펴보도록 하겠습니다.

사례 1 최 여사

1957년 1월 30일 未시생					
坤命	丁酉	壬寅	壬申	丁未	
수	2	12	22	32	42	52	62
대운	癸卯	甲辰	乙巳	丙午	丁未	戊申	己酉

1	木	0
2	火	3
1	土	2
2	金	0
2	水	3

사례 2 홍 여사

1952년 윤5월 19일 子시생					
坤命	壬辰	丁未	丁巳	壬子	
수	1	11	21	31	41	51	61
대운	丙午	乙巳	甲辰	癸卯	壬寅	辛丑	庚子

사례 3 노 사장

1967년 11월 28일 寅시생					
乾命	丁未	壬子	丁卯	壬寅	
수	3	13	23	33	43	53	63
대운	辛亥	庚戌	己酉	戊申	丁未	丙午	乙巳

다른 점과 공통점부터 살펴보자면 천간이 쌍합으로 丁壬합을 이루고 있다는 점이고 다른 점은 1의 경우 일간이 壬水로 財合을 하고 2의 경우 丁火로서 官合을 하고 있다는 점이며 3의 경우 남자로서 官合을 하고 있다는 점인데 사례 1의 경우는 여자로서 관이 약하고 2의 경우는 관이 강하다는 점이 다릅니다. 지금부터 좀 더 구체적으로 살펴보겠습니다. 財合이던 官合 이던 간에 여자가 丁壬합을 쌍으로 하면 유정(有情)하여 정조 관렴이 적고 남자관계가 복잡하다는 점은 동일합니다. 사례1의 경우 처녀의 몸으로 시골 동네 오빠와 부정포태로 딸을 하나 낳고 잠시 살다가 헤어지고 다른 남자를 만나 딸을 둘 낳고 헤어졌다가 자식들 때문에 다시 합쳐 살기는 하지만 서류상으로는 이혼 된 상태라고 합니다. 丁壬합은 음란지합(淫亂之合) 이라고 배웠지요, 음란한 끼가 있습니다. 더욱이 월지가 식신 상관인 사람들은 막 주다라는 의미로 정조관렴이 적습니다. 다만 이 사주는 일지에

223

편인이 있어 주위를 의식은 하지요, 인성이 충이 되서 착할 때는 한없이 착하지만 성질나면 고약하기도합니다, 인수 충은 착한 척 하지만 결과는 안착함입니다. 이 여성은 재합을 하므로 돈을 좋아하지만 재성이 뿌리가 없고 천간 모서리에 나타나서 잘 날아가는 형상으로 보면 되고, 관성 또한 허약하여 남편 덕이 없는 팔자로 봅니다. 자신의 피나는 노력으로 살아가게 되고 합 충이 많아 삶의 기복이 심하고 자르고 꿰매는 일이 좋은데 평생 바느질하는 옷을 만드는 일을 한다고 합니다. 50세전 운세는 남방 火운으로 흘러 고단하고 기복이 심한 삶을 살았을 것이나 52세운부터는 서방 金운으로 운행 되어 안정과 주위의 도움으로 편안하고 질서 있는 삶을 살게 될 것입니다.

  다음에는 사례2의 홍 여사 사주를 관찰해 보겠습니다.
이 사주의 주인공은 官合을 해서인지 관청과 인연이 많았습니다. 통장부터 시작하여 동사무소 봉사활동을 많이 해서 감투도 많이 쓰고 나대면서 바람을 많이 핀 女命인데요, 남편은 공무원으로 정년 했습니다. 사례 1의 최 여사와는 달리 안정되고 편안하게 살았으며 그리 바람을 많이 피었어도 그 문제로 큰 불화 없이 살았으며 해로하는 것은 壬子 관성인 부성(夫星)이 유근(有根)해서일 것이며 대운이 동방 木 운으로 50대까지 흘러 좋았을 것이지만 51대운인 辛丑운 부터는 丑未충도 하지만 서방 水운이라서 나를 치는 관살이기에 몸이 아프거나 신상에 괴로움 어려움 등이 발생 한다고 봐야 하는데 이 사주의 주인공은 전 대운이 만양 좋았으므로 별 탈 없이 지나게 됩니다.

  사례3의 경우는 壬子水가 관인상생으로 丁화 나를 도우니 삶이 무난한 것인데 관성이 삼각형으로 둘러싸여 극하는 형상이라서 잘 못 보면 흉한 사주로 볼 수도 있으나 이사주의 경우 寅卯 木 인수가 사주에 있어 나를 바로 치지 않고 나의 인수를 관성이 생하여 주면 나의 인수는 나를 생하는 경우인데 이런 경우를 관인상생이라 말하는 것이고 만약 인수가 원국에 없었다면 중병에 걸리거나 불구자 등으로 문제가 발생 했을 것입니다. 이 사주에서는 인수가 핵이고 용신입니다.

 이상과 같이 같은 丁壬 합이 쌍으로 된 경우도 각각 다르다는 점을 숙지하시고 사주구성을 잘 살펴 말해야 오답을 내지 않는다는 점 명심하기 바랍니다.

第 78 題

丁未가 하생(夏生)하면 旺神이다. 丑을 보고 丑中辛癸가 투출(透出)하여 用者라면 丁未의 福氣는 박(薄)하고 화역경(禍亦輕)한다.

丁未가 巳午月生이면 득령(得令)해서 旺하다. 만일 丑과 刑沖이 되고 丑中癸辛이 투출(透出)되어 주군(主君)의 용신(用臣)이 되었다면 丁未는 旺할 뿐 쓸모가 없으니 무용지물(無用之物)이 되어서 복기(福氣)가 박절하다. 그러나 원래(元來)가 旺神이기에 沖이되고 버림을 받는다 해도 감당할 능력이 충분(充分)함으로서 禍는 극(極)히 가볍다.

[원문 해설]

　丁未일주 자체를 신왕으로 보지만 여름 생이어야 왕신이 되는 것이고 만일 丑토를 만나 충이 되거나 癸수가 천간에 나타나 용신이 된 경우라면 丁未는 왕 할 뿐 맥을 못 추므로 별 볼일 없는 사람이 된다는 말이다. 그렇지만 未土는 식신이 아니라 불토이므로 비견정도로 보아서 복의기운은 박하지만 재화 불행 재난등도 가볍다는 것이다.

坤命	乙巳	戊子	丁未	壬寅

수	6	16	26	36	46	56	66
대운	己丑	庚寅	辛卯	壬辰	癸巳	甲午	乙未

　겨울 생 丁未일주라도 乙巳寅木火가 扶助하여 신약하지 않다. 無財사주라도 식상이 잘 발달 되어 의식주 걱정 없지만 부부 궁에 원진이 붙고 관살이 기신 되어 부부불목이다. 부부가 음식장사하다 망해 먹고 戊戌년에 이혼 했다.

坤命	壬戌	己酉	丁未	己酉		
수	4	14	24	34	44	54	64
대운	戊申	丁未	丙午	乙巳	甲辰	癸卯	壬寅

가을철인 酉月 丁未일주가 식신생재로 다 주어야 속이 편한 사람이다. 현재 교육계에 몸담고 있지만 콩밭에 마음이 가 있는 형상이라 정년하기 힘들 것이다. 현재 역술공부를 하고 있는 사람으로 언젠가는 이업에 종사하게 될 것이다.

乾命	丙戌	己亥	丁未	庚戌		
수	3	13	23	33	43	53	63
대운	庚子	辛丑	壬寅	癸卯	甲辰	乙巳	丙午

초겨울인 亥月 丁未일주지만 丙火가 扶助하고 戌土 火庫地가 둘이나 놓여 戌中丁火가 돕고 亥未木局에 亥中甲木과 未中 丁乙이 부조하면 그리 허약한 命은 아니다. 다만 丁火는 癸水를 무서워한다. 癸卯대운 10년 동안에 되는 일이 없더니 甲辰대운에 발복하였으나 지키지 못하고 乙巳로 넘어와서는 丙午 대운까지 무난한 삶을 살고 있지만 지키고 남는 것이 없는 팔자이다.

위와 같이 丁未일주들은 잘 살아가기는 하는데 결과는 남는 것도 없고 그렇다고 모자라지도 않으며 잘 살아가더라는 것이다.

227

金神이 旺相하고 무제(無制)하면 득세(得勢)한 것이요
金氣는 지극(至極)히 포강(暴剛)하니 凶이
특(特)히 심(甚)하다.

　金은 성열(成熱)된 오행이요 무기(武器)이니 旺相하고 무상(無傷)하다면 이미 대세(大勢)를 잡고 득세(得勢)한 것이다. 무력(武力)이 득세(得勢)하면 그 횡포(橫暴)가 천하무비(天下無比)하니 만일 金神이라면 天下를 能히 다스리고 집권(執權)할 수 있는데 반(反)하여 凶神이라면 살상(殺傷)하니 기재화(其災禍)가 말할 수 없다.

金者는 殺害物이다. 命中에 金氣가 만국(滿局)이고
凶殺과 形剋을 띠었으면 반드시 남을 살해(殺害)하지
않으면 도리어 殺害를 당한다.

　金은 무기(武器)로서 살상(殺傷)에 능(能)하다. 吉神이면 이기(利器)로서 호신호재(護身好財)하고 凶神이면 흉기(凶器)로서 살생살아(殺生殺我)한다. 四柱에 庚辛申酉가 가득하면 무기(武器)가 만고(滿庫)인 것인데 만일 凶殺이나 극충파해(剋沖波害)가 있다면 흉악(凶惡)한 도당(徒黨)잠입한 것이니 나도 흉악하다. 칼을 즐겨 쓰니 타인(他人)을 살상(殺傷)하지 않으면 도리어 내가 타인에게 살해(殺害)당한다.

乾命	壬辰	庚戌	丁酉	己酉

1952년08월30 酉시생

수	7	17	27	37	47	57	67
대운	辛亥	壬子	癸丑	甲寅	乙卯	丙辰	丁巳

위 사주는 金이만고(滿庫)한사주다. 滿자는 가득할 만 또는 찰 만자이고 庫자는 창고 고자이니 창고에 금이 가득 차 있다는 말이다. 만국(滿局)은 三合 六合之局으로 형성 된 것을 말하지만 이 사주는 酉戌方合은 되지만 申이 빠져 그저 金 또는 金旺節生으로 볼 수 있는데 辰酉合金까지 하므로 地支全局에 모두 金 밭이고 월간에 庚金이 떠 있으니 金이 滿庫 한 것이다. <金은 무기(武器)로서 살상(殺傷)에 능(能)하다. 吉神이면 이기(利器)로서 호신호재(護身好財)하고 凶神이면 凶器로서 살생살아(殺生殺我)한다.> 라고 되어 있으니 이 사람의 사주는 나아니면 다른 사람을 살상할 가능성을 지닌 팔자이다. 그런데 본인 丁화가 有根하거나 身旺하면 바른 판단을 하게 되는데 회기무광(晦氣無光)인 팔자들은 오판을 잘 한다. 회기무광이란 불의 기운을 빼서 그믐밤 같이 깜깜해 사리분별이 안 되거나 불의 역할을 못하게 된다는 말로 本命의 구조를 보면 辰戌상관 土에 己土가 時干에 투간되어 丁화가 꺼져가는 형상인데 을묘 편인대운이 불리하여 범법자가 된 것이고 편인 운이라서 일단 자기의 기운이 강해지므로 타인을 살상 한 것이지 만약 신약해 지는 운이라면 자신이 살상을 당할 가능성이 많았다. 본인의 운이 말년인 丁巳 운이 본인에게는 좋은 운이므로 잘 살아 갈 것으로 본다. <살인마 조○○ 의사주입니다.>

第 79 題

火者는 焚炎한다. 극성(極盛)한 火炎을 많이 보면
火災가 발생(發生)하고 세운(歲運)에서 水를 보면
수화기제(水火旣濟)하니 기제(旣濟)한다.

火氣는 만물(萬物)을 불태우는 화염(火炎)을 내뿜는다. 火가 극성(極盛)하고 많으면 화염(火炎)이 충천(沖天)하고 만물(萬物)을 불사르고 화재(火災)가 발생(發生)하고 火로 인(因)해서 돌발적(突發的) 파산(破産)을 당한다. 세운(歲運)에서 水를 보면 火氣가 억제(抑制)되고 水火가 中和를 이루니 성급(性急)한 기질(氣質)도 수화(綏和)되고 화재(火災)로 인한 재화(災禍)도 자연해소(自然解消)된다.

36세, 1983년 05월 17일 신시생						
坤命	癸亥	戊午	丙申	丙申		
수	3	13	23	33	43	53	63
대운	己未	庚申	辛酉	壬戌	癸亥	甲子	乙丑

위 사주는 午月丙火로 火氣太旺한데 원국에 金水가 있어 수화기제가 가능하다, 다만 대운에서 수운에 발복할 것이다. 36세가 되도록 결혼성사가 안 된다고 상담 해온 命인데 己亥 庚子년에 성혼이 안 되면 40이 넘어야 하니 각별히 신경써야 한다고 조언해 주었다. 만약에 이사주가 木火 운으로 운행 되었다면 재앙을 만날 수 있는 사주다. 본인은 직장도 좋고 돈도 잘 벌어들이는데 문제는 결혼 성사가 문제요, 결혼만 성사 되면 잘 살아갈 운이다 <癸亥관성이 有力하나 戊癸 합으로 묶여 성사가 잘 안됨>
焚炎 : 불사를 분, 불탈 염,- 불이강해 활활 타오르는 것.

第 80 題

木은 土가 아니면 재양(栽陽)할 수 없고
土는 木이 아니면 소통(疏通)될 수 없다.

木은 대지(大地)에서 성장(成長)하며 번창(繁昌)하고 발전한다. 그 대지가 생물에 의해서 경작(耕作)되고 개척(開拓)됨은 물론(勿論)이다. 땅이 아니면 생물이 살수 없듯이 생물이 아니면 땅은 불모(不毛)의 황무지(荒蕪地)로서 영원(永遠)한 죽음의 무덤과 다를 바 없다. 만일 木氣나 土氣가 부족(不足)한데 세운(歲運)에서 生扶해 준다면 더욱더 활기(活氣)있게 성장개척(成長開拓)되고 윤택(潤澤)해진다.

[원문 해설]

나무는 물을 먹고 자라지만 뿌리는 흙에 내려야 한다는 말이고 흙인 땅은 생물을 키우는 역할을 해야 하는 것으로 땅은 넓은데 목이 없으면 쓸모없는 땅 황무지라는 말이다.

1974년 9월27일申시생						
乾命	甲寅	乙亥	乙卯	甲申		
수	9	19	29	39	49	59	69
대운	丙子	丁丑	戊寅	己卯	庚辰	辛巳	壬午

위 사주는 사주8자중에 木이 6개이고 金水가 각1개씩으로 구성 되고 土가 없다. 특이한 것은 역마가 3개나 되는데 이런 사람에게 조언하자면 조국엔 내가 뿌리 내릴 땅이 없으니 외국바다건너가 살면 좋고 무역 여행 외교관이 직업에 맞는다고 말해야 되는데 이사람 스페인에 이주하여 여행사를 운영하고 있는 사장의 사주이다.

1977년03월05일未시생							
坤命	丁巳	甲辰	己酉	辛未			
수	5	15	25	35	45	55	65
대운	乙巳	丙午	丁未	戊申	己酉	庚戌	辛亥

위 사주는 3월달 봄철의(辰月) 己토라는 전답과 같은 흙으로 태어났습니다. 3土 2火로 신왕(身旺)한 팔자로 구성 되었습니다. 비록 오행은 다 갖추지 못했어도 중화를 이룬 명조로군요. 월주와 일주가 갑기(甲己)합 진유(辰酉)합으로 합을 한 상태인데요. 甲목은 갑기합화토(甲己合化土)가 성립 되었는데 진유합화금(辰酉合化金)은 불성립(不成立)으로 보아야 합니다. 왜냐 하면은요. 월지라는 점도 있고 辰土가 연주(年柱)丁巳 火와 주위 여건이 인비(印比)의 부조(扶助)로 합화하기 어렵기 때문에 합으로 묶였다, 유정하다로 보면 됩니다. 그러나 비록 합화(合化)하여 金으로 변하지는 않았다 하더라도 일지 酉금이 시간 辛금으로 투출(透出)되어 식신이 잘 발달되었다고 볼 수 있어 이사주가 중화를 이룬 좋은 사주로 한평생 살아가는데 큰 어려움이 없이 살 수 있는 명조라고 하는 것입니다. 이 사주는 갑기합화토격(甲己合化土格)으로 볼 수 있는 사주입니다. 갑기합화토격이란 무엇인지 아래에 설명 할 것입니다.

甲己合化土格(갑기 합화토격)

甲일간이 己를 만나거나 己일간이 甲을 만나 간합(干合)을 하고 월지를 포함해서 辰戌丑未가 많은 때 희용신은 火土 기구신은 水木이 됩니다. 다만 化된 오행인 土를 극하는 木이 원국에 없어야 화기격(化氣格)이 성립니다. 이 사주의 경우 근토 일주가 월간 甲목을 만나 간합(干合)하고 월지가 辰토이면서 시지에 未토를 만나고 火土金 3신이 순(順)하여 화기격(化氣格)이 완벽하게 성립되었습니다.

화기격이 성립되면 종격(從格)으로 보아 土가 주신(主神)으로 土를 용신(用神)으로 보고 희신(喜神)火金으로 보며 기신(忌神)은 木과 水가 됩니다.

이와 같은 사주를 강약으로 보아 간명한다면 실수로 오판할 수 있습니다. 그런데 이 사주를 간명할 때 겁재가 있어 안 좋고, 라는 등 일반 격으로 보면 안 됩니다. 일반격으로 보아 설령 겁재 운이 와도 이 사주는 큰 문제가 없는 사주입니다. 金인 식신이 잘 발달되어 설기(洩氣)하는 구조라서 겁재를 두려워하지 않는 것이죠. 보통 초보자들은 육친(六親)의 중요성과 작용(作用)만을 적용하려고 하지 사주의 중화(中和)를 보지 못하여 오판을 하게 되는 것입니다.

사주는 일반격과 특별격으로 크게 2종으로 나누게 되는데 이 사주는 특별격으로 격의 명칭을 붙인다면 갑기합화토격이 되겠습니다. 이격이 성립되고 대운(大運)이 동방(東方) 木운으로 운행되면 불리하지만 火金 희신 운이라 무난합니다.

화기격(化氣格)의 사주라도 무조건 좋다고만 해서는 안 됩니다. 어떤 사주이던 불문하고 자기가 가야할 길로 들어섰다면 무난한 삶을 살아가지만 진로가 바뀐다면 우여곡절을 많이 겪게 됩니다. 진로는 크게 두 가지로 볼 수 있습니다. 재관이라는 것인데요. 재는 재물재(財)자요, 관은 벼슬관(官)자를 쓰게 되는데 쉽게 풀어 말하자면 재를 써서 재물을 추구해야할 팔자인지 아니면 관을 써서 벼슬로 명예를 추구해야할 팔자인지를 구분 하게 되는데요. 이 사주는 관(官)을 써야할 팔자이며 세부적으로 다시 분류한다면 교육자의 사주요 사업이라면 육영사업으로 가야할 팔자입니다.

第 81 題

木이 剋土하면 목승토패(木勝土敗)하고 土木의
상전(相停)하면 승부(勝負)가 미분(未分)하다.
生扶生助하면 전양지기(轉養之氣)가 되고 전
투 충쟁(沖爭)하면 무너지고 기진(氣盡)한다.

木이 剋土하면 木이 强하고 土는 弱化된다. 그러나 土木의 氣가 균등하면 强弱이 뚜렷이 하지 못하다. 五行은 生扶生助하면 체(體)가 회전(回轉)하고 氣를 양육(養育)하며 충극파해(剋沖波害)하면 體는 무너지고 氣는 흩어져서 기진맥진 한다. 그러기에 五行은 生扶를 기뻐하고 剋沖波害를 두려워한다.

乾命	己酉	甲戌	甲申	丙寅		
수	9	19	29	39	49	59	69
대운	癸酉	壬申	辛未	庚午	己巳	戊辰	丁卯

1969년09월26일寅시생

위 사례는 관살이 태강하여 甲목이 土를 내 것으로 만들지 못하는 형상이다. 土 역시 강하게 설기되어 土의 기가 기진맥진이다. 이사람 아직도 미혼인 것을 보면 財星에 문제가 있다. 배우자궁이 충 극을 받고 있어서일까, 甲木이 절지에 앉아있고 申酉戌 金方局으로 관살이 태강하고 합충이 많으니 하나도 자기역할을 제대로 하는 오행이 없으니 되는 일도 없고 답답할 뿐이다. 己巳대운 말에 인생일대 큰 변화가 예상 되고<寅巳申 三刑에 역마가 충 하니 변화다> 戊辰대운은 안정기로 보면 된다.

第 82 題

火生土하면 토의(土意)가 최양최실(最良最實)하고
기상(氣象)이 고취(固聚)하며 돈후(敦厚)하고
무본리명(務本利名)하며 건공입업(建功立業)한다.

土日生이 득화(得火)하면 토의(土意)가 풍만(豊滿)하고 견실(堅實)하며 기상(氣象)이 스스로 집결고정(集結固定)된다. 인품(人品)이 돈후(敦厚)하고 이명(利名)을 위해서 힘써 분발하니 만사형통(萬事亨通)하고 처신(處身)이 우유수장(優游愁長)하며 크게 功을 세우고 대업(大業)을 이룩한다.

土意 : 흙의 정취, 優游愁長 : 어물어물 근심이 오래간다.
不顧細節 : 미미한 작은 규칙을 지키지 않음.

坤命	1947년 01월29일 申시생					
	丁	壬	己	壬			
	亥	寅	巳	申			
수	5	15	25	35	45	55	65
대운	癸卯	甲辰	乙巳	丙午	丁未	戊申	己酉

위 사례는 <土日生이 득화(得火)하면 토의(土意)가 풍만(豊滿)하고 견실(堅實)하며 기상(氣象)이 스스로 집결고정(集結固定)된다.>에 해당하는 사주이다. 다만 여자의 사주로는 험하다는 생각이 든다. 그래서 그런지 16세연상의 남편(高官)을 만나 잘 살아간단다. 아래 글은 실전사주간명사례 108제 59쪽에서 발췌한 글이다.
　지지전국이 寅申巳亥라 역동성이 강 하구나 라는 생각이 들어 특별한 사주입니다. 이런 사주를 도 아니면 모라고 하

235

는데 남편星인 寅木정관이 有力하지만 寅巳申 삼형에 걸려 불안 한데 16세연상인 노랑(老郎)에 시집와서 상쇄 됐구나. 라는 생각과 壬수 재성을 양어깨에 짊어지고 있으면서 계속 퍼 써도 마르지 않는 물인 것으로 보아 돈복도 좋지만 돈 욕심이 많다 함을 느낄 수 있었는데(財多者 財欲過多)身旺은 하지만(己巳) 신허(身虛)한 운에는 무리하면 손재로 이어지는 사주라서 사모님 돈 욕심이 많아 무리한 욕심으로 투자 등을 하면 대형사고로 이어지는데요. 별일 없었느냐고 물어 봤더니 대형사고 냈던 적이 있었다고 하네요. 한때 고관부인들 도박으로 많은 돈을 날렸답니다. 다행입니다 고 박정희 대통령의 사주에 寅申巳亥가 쫙 깔려있는데 그 분이 승승장구하다 대형사고로 가셨잖아요. 그 정도 사고는 다행이죠.

위 명조는 財生官 官生印 印生我로 연결 되는 기의 흐름이 아주 좋은 사주라서 만사형통 한 것이다.

第 83 題

水火는 인간(人間)의 동인(動因)이니 水火가
병출(竝出)하면 시비(是非)가 많고 많이 많으면 시끄러운
시정(市井)에 입신(立身)한다.

水火는 인간을 동(動)하게 하는 물(物)이요, 구설(口舌)이니 水火가 병출(竝出)하면 항상 시시비비(是是非非)를 즐기고 말이 수다하며 말로서 생계(生)計를 영위하니 말이 많고 수단으로 돈을 버는 시끄러운 시정(市井)에서 두각을 나타내고 입신출세(立身出世)한다.

[원문 해설]

  물과 불은 사람을 움직이게 하는 물질로서 입과 혀이니 水와 火가 함께 나타나면 옳고 그름의 시비를 가리는 일이 많고 따라서 말이 많게 되어 이를 수다(數多)로 본 것이다. 고로 말을 많이 하는 일로 살아가면 좋고 사장바닥에서 상업이나 사업하면 최고가 되 이름을 드날릴 수 있게 된다.

坤命	壬	丙	丙	丙
	戌	午	子	申

  위 사주는 午戌로 火局 申子로 水局을 이루고 丙壬 水火가 倂出한 상황으로 市井에 立身하는 팔자이다. 현재는 보석가공사로 일하지만 장래희망이 보석상을 하는 것이 소망이라니 진로는 잘 설정한 것 같다. 대운이 동방목운에서 북방수운으로 흘러 木은 水火를 통기시키는 운이라 좋다.

第 84 題

金木이 무편의(無偏倚)하고 중화(中和)되면 필무본실아(必務本實我)하고 발재(發財)하며 반대로 金木이 교착(交錯)하면 불의지재(不義之財)를 탐(貪)한다.

金은 財요 의(義)이며 木은 人이요 仁이다. 金財는 主人을 만나야 값이 있듯이 人木은 財金을 만나야 예(禮)와 의(義)를 지킬 수 있다. 金木이 中和되고 陰陽이 상배(相配)되면 본분(本分)을 다 하고 내실(內實)을 기하며 禮와 義로서 성재(成財)한다. 만일 金木이 편의(偏倚)하거나 상극교전(相剋交戰)하면 人과 財가 싸우는 格이니 격이 주인을 능멸(凌蔑)하고 불의(不義)를 서슴치 않으며 불의(不義)한 재물(財物)을 탐(貪)하니 억울한 일을 많이 할뿐더러 억울한 일도 많이 당한다.

[원문 해설]

오행을 仁義禮智信으로 나누면 木金 火水 土가 되는데 木은 仁이고 金은 義가된다. 金이 財라는 말은 금은보화로서의 재물가치를 말한 것이다. 金과 木은 원래 상극인데 金과 木은 서로 없어서는 안 될 존재가치가 있다. 그래서 음양이 서로 짝을 맞추어 중화 되면 <無偏倚-치우침과 의지함이 없는> 본분을 다하게 되어 내실도 다지고 예의도 갖추는 결과이니 재물도 이루고 만사형통하지만 金木이 相戰하는 형상이면 <金木이 偏倚 된 경우 즉 金이 많거나 木이 많아 한쪽으로 치우친 경우> 의롭지 못하고 능멸(업신여김)하고 때로는 과욕으로 의롭지 못한 검은 돈 문제로 억울하게 당하기도 한다.

1973년 02월 20일 21시생				
乾命	癸丑	乙卯	辛酉	戊戌

수	7	17	27	37	47	57	67
대운	甲寅	癸丑	壬子	辛亥	庚戌	己酉	戊申

사주는 무편의〈無偏倚- 치우침과 의지함이 없는 것, 없을무. 치우칠 편. 의지할 의〉본분을 다하게 되어 내실도 다지고 예의도 갖추는 격이이니 재물도 이루고 만사형통 하게 된다, 에 해당하는 사례이다.

　本命은 관(官)이 없는 사주라서 직장생활은 어려운 사주입니다. 공부에도 별 관심이 없습니다. 오행을 다 갖추지는 못했어도 사주구성이 좋아 살아가면서 좋은 일 많겠습니다.
사주 네 기둥을 살펴보니 뿌리가 단단합니다.(有根-뿌리 있어 좋음) 봄철 생이라서(乙卯 木旺節에 태어나서 편재성이강해 재물을 추구하는 팔자임)편재성이 강해 사업가의 기질이 강합니다.
일주가 신유(辛酉)금으로 강합니다. 강풍(强風-강한비바람 살면서 힘든 일)에도 견뎌내는 강인함이 있습니다.
　편재성이 강한사람을 욕심쟁이라고 말합니다. 편재(偏財)를 역술용어로 목돈 도박성 투기성으로 보기 때문에 어지간한 돈은 눈에 차지를 않습니다. 그래서 적은 돈인 월급쟁이는 못하는 사람이라 말하는 것입니다. 편재성이 강한 사람들은 대부분 무모한 짓들을 많이 합니다. 그러나 이 사주도 그런 기운은 강하지만 약간 다른 점이 있습니다. 이 사주는 마구잡이로 돈 벌려고 하는 사람이 아니고 계획적이고 비상한 머리를 돌려 순리를 추구한다고 볼 수 있습니다.

이해를 돕기 위해 자연의 이치를 대입해 말 하려고 합니다. 이 사주의 주인공은 신유(辛酉)라고 하는 금인 쇠로 태어났습니다. 金도 원석과 제련된 보석이 있는데 辛금은 제련된 보석으로 날선 칼이나 연장입니다. 날선 연장은 무엇에 쓰여야 하나요, 나무를 베어야 하겠지요, 나무가 이 사람에게는 재물입니다. 그런데 2월생이니 나무가 강한달인 봄철입니다. 거기에다 을묘(乙卯)라는 아래위가 모두다 木이니 얼마나 강하겠습니까? 그래서 편재성이 강하다 그렇게 말하는 것이지요, 그런데 만약 사주에 물인 수(水)가 없는 사람은 나무를 마구잡이로 쳐서 베어버릴 생각을 합니다. 그렇지만 水인 물이 있는 사람들은 물로 나무를 키워서 써야할 용도에 베어 쓰게 되지요, 속된 말로 키워서 잡아먹는다는 말과 일맥상통 하기도 합니다. 그래서 이 사주는 癸수라는 水인 식신(食神- 식신은 식복 의식주 또는 생각 도량 활동)이 있어 머리를 굴려가며 순리를 추구하지만 그래도 가끔씩은 무모하게 덤벼드는 단점도 있습니다. 보통 시를 잘 타고나서 또는 시가 좋지 않아 이런 말들을 많이 하게 되는데 이 사주는 시를 잘 타고 났습니다. 술(戌時-19/30분부터-21/30분)시라고 그러는데 무술(戊戌)이라는 도와주는 신이 강하게 나타나서 時는 자손 궁이요, 본인의 말년도 되기 때문에 자손 복 또는 말년 복 그러는데 말년 복도 자손 덕도 좋다고 말합니다.

지금까지 말한 것은 사주팔자의 구성을 설명한 것이고 사람은 살아가면서 만나는 운이 있는데 10년씩 같은 운세로 흐른다하여 10년 대운 그러는데요 현재 37세 辛亥 대운을 살고 있답니다. 37세부터 46세까지의 운세를 말하는데 이 대운은 왕성한 활동으로 소기의 목적을 달성 할 운입니다.
<실전사주간명사례108제에서 발췌한 내용>

| 坤命 | 丙申 | 庚寅 | 庚戌 | 丙戌 |

위 사례는 金木相戰같아 보이지만 兩 丙火가 制金하고 견제하니 상전하기 보다는 중화를 이룬 경우이다.

| 坤命 | 己巳 | 壬申 | 己巳 | 壬申 |

위 사례는 오행을 고르게 갖춘 사주로 험해 보이지만(巳申 刑殺)중화를 이룬 사주이고 직업이 성형외과 간호사 출신이라 무난한 팔자이다.

| 乾命 | 乙丑 | 乙酉 | 甲子 | 丙寅 |

위 乾命사례는 4木으로 편의(偏倚-치우치고 의지함)된 사주같이 보이지만 생생불식(生生不熄)에 목화통명(木火通明)으로 좋아진 사례이다. 酉丑이 金局을 이루고 일지 子수가 있어 金生水 水生木하여 金木이 相戰되지 않고 다시 丙화에 설기시키니 이름 하여 목화통명이라 하였다.

| 坤命 | 乙未 | 乙酉 | 甲午 | 丙寅 |

위 坤命사례도 4목으로 비슷해 보이지만 편의(偏倚)된 경우이다. 일지에 子수가 아닌 午화가 앉아있고 年支에 丑土가 아닌 未土가 앉아있어 전혀 다른 상황으로 흘러간다. 위 甲木 乾命은 배우자궁에 통기시키는 子水가 앉아있어 배우자 덕이 있고,

第 85 題

甲乙木은 寅卯에서 청룡(靑龍)이요 丙丁은 巳午에서
주작(朱雀)이며 壬癸水는 亥子에서 현무(玄武)요 戊己土는
辰戌丑未에서 구진(勾陳)이다 이들 四面이 旺相하면
내정(內廷)에서 식록(食祿)을 누린다.

木이 득시(得時)하면 청룡(靑龍)이요 火가 득왕(得旺)하면 주작(朱雀)이며 水가 득령(得令)하면 현무(玄武)요 土가 득권(得權)하면 구진(勾陳)이라 한다. 이 四者를 四面이라 하니 사면의 간록지원(干祿地元)이 왕상(旺相)하면 조정(朝廷)에서 후(厚)한 식록(食祿)을 누리고 명성(名聲)을 떨친다.

[원문 해설]

위에서 설명한 것들은 사주 네 기둥이 튼튼하면(干祿地元旺相) 의식주 걱정 없고 이름 또한 드날릴 수 있다는 말이다.

乾命	丙申	辛丑	癸巳	甲寅			
수	5	15	25	35	45	55	65
대운	壬寅	癸卯	甲辰	乙巳	丙午	丁未	戊申

이 사주는 족보 있는 사주이다. 사주에서 족보란 寅巳申 三 刑역마를 말한다. 박정희 대통령은 寅申巳亥가 다 있는 사주로 초등학교 교사로 근무할 때 어느 술사가 큰 인물이 될 수 있는 사주이니 장군이 되라고 하여 군인이 되고 대통령까지 한 경우인데 이 사주는 삼형을 구비한 사주로 五行全具에 水路가 탁 트이고 수원지가 좋으며 역동성이 있어 좋으나 丑월생의 물이라 火기가 반드시 필요한데 원국의 火는 깨지고 운에서 만나는 南方火운에 대발 할 것이다. 이 사주는 정치인 김 부 겸 의원의 팔자인데 주목할 만한 命이다.

第 86 題

金水二象 기청무탁(氣淸無濁)하면 문하(文華)가 발췌(發萃)하고 문채(文采)가 영화(英華)로우며 출중지격(出衆之格)이다.

金은 장년(壯年)의 과실(果實)이요 水는 신노심열(身老心熱)한 노년(老年)지모(智謀)다. 金水가 중화(中和)되고 청수(淸水)하며 火土의 형상(刑傷)이 없으면 금석(金石)에서 치솟는 玉水로서 생생불식(生生不息)하듯 원숙(圓熟)한 문재(文才)가 넘쳐흐른다. 문질(文質)이 빈빈(彬彬)하고 문채(文采)가 탁월(卓越)하며 문장(文章)이 출중(出衆)하여 他의 추종(追從)을 불허(不許)하는 거성(巨星)이다.

[원문 해설]

위에서 설명한 것은 사주는 자연을 형상화 한 것이고 기의 흐름과 중화되면 큰 인물이 된다는 것을 말한 것이다.

乾命	丁酉	戊申	壬寅	癸卯			
수	2	12	22	32	42	52	62
대운	丁未	丙午	乙巳	甲辰	癸卯	壬寅	辛丑

이 사주는 보통사람의 사주 같아 보이지만 특별한 그것도 역대 대통령 중에서 가장 평안하게 여생을 마치신 윤보선 대통령의 사주이다. 필자가 입버릇처럼 이야기하는 것이 자연의 형상이다, 물은 뭐니 뭐니 해도 수원지가 있어야하고 水路인 물길이 트여야 한다고 강조하다시피 하는 말인데 本命은 살인상생에 寅卯木으로 물이 쫙 빠져나가는 형상이니 막힘없는 사주로 대통령도하고 99칸 한옥에서 생을 마칠 정도로 부호의 삶을 살게 된 것이다.

第 87 題

土金이 상생(相生)하고 불편(不偏)하며 중화(中和)되면 마치 만물(萬物)이 점장(漸長)하여 생의(生意)가 익고(益高)한 것이니 당작부귀지격(當作富貴之格)이다.

土金이 왕상(旺相)하고 木火의 형상(刑傷)이 없으며 편고(偏枯)아닌 중화를 얻어서 상생하면 마치 만물이 생생불식으로 일취월장(日就月將)하여 점차성장(漸次成長)하고 생의(生意)가 넘치어서 더욱 발신(發伸)하는 형상(形象)이니 반드시 세세년년 성장발전(歲歲年年 成長發展)해서 부귀(富貴)를 이룬다.

[원문 해설]
위에서 설명한 것은 土金의 비중이 비슷하고 한쪽으로 치우치지 않은 경우를 설명한 것이다. 그런데 아래 사주와 같이 土金으로 구성 되고 비겁이 과다한 경우는 어찌 될 것인가?

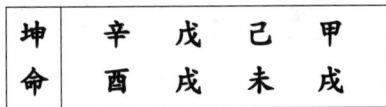

비겁중중(比劫重重)에 토다목절(土多木折)이군요. 官合(甲己合)까지 했습니다. 대책이 안서는사주예요, 현재 辛丑 운을 타고 있습니다. 丑戌未 삼형살을 만듭니다. 의사나 간호사면 좋겠는데요, 치과병원간호사랍니다. 의사 남편이나 얻었으면 좋겠고 40대운에나 좋은 남편인연 있을 것입니다. 甲午년 같은 해에 인연 맺어집니다. 그래도 직업을 잘 선택했고 대운이 약신(藥神)인 동방 木운으로 흘러 잘 살아 갈 것입니다. 이 사주는 甲己合化土格이라 말 할 수 있다. 辛酉金 식신이 유기(有氣)하여 좋은 사주다. <별난 사람들의 별난 사주에서 발췌>

第 88 題

木火는 환발(煥發)에서 변(變)한다.
生意가 있거나 세운(歲運)에서 생부(生扶)하면
영요(榮耀)하다.

木火는 식상(食傷)에서 개화(開花)하고 조화(造化)를 이룬다. 命에 生氣하는 근기(根基)가 있고 세운(歲運)에서 생부(生扶)하면 백화(百花)가 만발(滿發)하듯 영화(榮華)롭다. 근기(根氣)인 印星이나 比肩이 元命에 있으면 그것이 곧 발전(發展)할 근원(根源)이니 그 발원(發源)이 없으면 아무리 歲運에서 木火가 투출(透出)해도 꽃이 만발(滿發)하고 영달(榮達)할 수 없다.

[원문 해설]
　木은 상식인 火가 있어야 꽃이 피고 조화를 이루므로 사주 원국에 印比가 있어 기를 불어넣어주고 뿌리역할을 해줄 때 세운에서 生扶해주는 운을 만나면 백화가 만발하듯 인생사에 영화로움이 있게 된다는 말이다. 일단 木火通明이라도 일주자체가 허약하면 영달 할 수 없다는 말이다.

乾命	丙辰	丁酉	甲子	庚午			
수	10	20	30	40	50	60	70
대운	戊戌	己亥	庚子	辛丑	壬寅	癸卯	甲辰

　위 사주의 주인공은 백억대 재산가의 둘째 아들 사주인데 큰아들은 관료이고 본명의 주인공은 부친의 사업을 돕고 있다. 木火通明의 사주이고 원명에 인수인 子수가 있고 대운에서 인비운인 水木 運으로 흘러 큰 부자가 될 命이다.

245

第 89 題

절태양생(絶胎養生) 욕관지(浴冠地)는
20代이니 건녹관왕운(建祿帝旺運)을 기뻐하고 30. 40代는
陽氣가 강성(强盛)하고 천계고갈(天癸枯竭)하니
사절쇠향(死絶衰鄕)을 기뻐한다.

쇠병사(衰病死)는 노기(老氣)요 絶胎養長生 浴冠帶는 少年의 旺氣다. 少年은 빨리 성숙(成熟)하기를 원(願)하니 少年한 絶胎養 等은 建祿帝旺 運을 기뻐하고 30. 40代의 혈기왕성 (血氣旺盛)한 청년(靑年)은 과격하고 탈선(脫線)하기 쉬우니 노련(老鍊)한 衰病死養地를 기뻐하며 50. 60代의 장노기(壯老期)는 육신(肉身)이 노쇠(老衰) 하였으니 휴식하는 死絶地를 기뻐한다.

[원문 해설]
　포태법의 강약을 논한 것으로 소년기 청년기 노년기를 평한 내용이다.

坤命	己未	庚午	甲子	丁卯		
수	1	11	21	31	41	51	61
대운	辛未	壬申	癸酉	甲戌	乙亥	丙子	丁丑

　위 사주의 주인공은 치과의사로 고관의 남편을 얻었으며 왕성한 활동 중에 남편이 승진하여 외국유학을 가게 되어 활동을 접고 함께 해외로 가게 되었는데 甲戌대운 말년 戊戌년이니 戊土는 식상의 墓地로 食傷庫 인지라 활동을 접게 된 것이다.

246

[참고]

中年少壯者는 財官을 만발(滿發)시켜야 하고 老者는
死絶地로 가야하며 凶運엔 침체(沈滯)하는 게 좋다.

　생기(生氣)는 생의(生意)하고 生意는 福과 성실(成實)의 근원(根源)이다. 생기왕성 한 소장시대(生氣 旺盛한 少壯時代)엔 타고난 財官을 능(能)히 감당할 수 있으니 최대한 분발(最大限 奮發)해야 하고 老年엔 쉬어가는 死絶地로 行하는 것이 순탄(順坦)하다. 그와 같이 運이 막힌 凶運에선 무엇이든 실패(失敗)하니 차라리 침체상태(沈滯狀態)로서 발동(發動)않는 것이 바람직하다.

[원문 해설]
　자연의 이치어 순리를 설명한 것으로 힘이 있을 때는
　분발하고 노쇠하면 약간 침체상태로 감이 바람직하다.

第 90 題

金水가 우어청한(偶於淸寒)하고 불봉화난지향(不逢和暖之響)이면 如庚辛生於亥日 柱中純水而 運亦西北鄕 평생독식고면(平生獨食孤眠)하고 생애적막하며 사유청냥하다.

亥子月生 庚辛金이 만반(滿盤)金水이며 한냉(寒冷)이 극심(極甚)하여 동수(凍水)한다. 萬一 運또한 西北鄕으로 行하고 東南地를 얻지 못하면 혹한(酷寒)으로 중생(衆生)과 六親이 동사(凍死)하고 사고무친(四孤無親)이니 평생고독(平生孤獨)하고 극처극자(剋妻剋子)하며 정막 속에 처량한 생애(生涯)를 걷는다.

[원문 해설]
亥子월인 寒冬의 金이 원국에 金水가 가득차면 차가움이 극심하여 물이 꽁꽁 얼은 상태에서 만약 서북향으로 흐르고 東南地를 얻지 못하면 혹한 즉 독한 추위로 모든 무리와 육친들이 얼어 죽게 된다. 그러므로 사방을 둘러봐도 친한 사람이 없는 것이요, 평생토록 외롭게 살아야 한다.

坤命	壬子	壬子	辛卯	己亥			
수	6	16	26	36	46	56	66
대운	辛亥	庚戌	己酉	戊申	丁未	丙午	乙巳

위 여인은 교육공무원인데 남편이 악사하고 외롭게 홀로 살아간다. 원국에 壬子水가 강하고 無官사주에 청춘에 서방 금운으로 흘러 청춘과부가 된 것이다, 다만 대운이 46대운부터 남방 화운지로 향하니 발복하여 고독함이 없어질 것이나 상관성이 강하여 독신의 팔자로 보아야 한다.

248

第 91 題

木者는 이수위 부모(以水爲父母)하니
약파손극수즉(若被損剋水則) 불득기소생(不得其所生)하다.
如甲乙日生於 亥子丑月하고 봉수토즉 (逢季土則)
상부모(傷父母)하니 유부이반고(有父而反孤)하다.

甲乙生은 水를 父母로 삼으니 水가 파손(破損)되면 부모의 德과 祿이 박(薄)하다. 가령 甲乙日人이 亥子年이나 亥子月에 出生하였을 경우 辰戌丑未의 季土를 보면 土剋水하여 水氣가 극상(剋傷)되니 틀림없이 모연(母緣)과 생리사별(生離死別)하고 편부하(片父下)에 고독(孤獨)하다.

[원문 해설]
  甲乙木의 인수는 水가 되는데 계토(季土: 끝 계, 흙 토, 즉 춘하추동의 계절 끝이 辰戌丑未이므로 이土를 총칭한 말)가 水를 극하면 부모인연 덕이 없고 때로는 生離死別하게 된다.

乾命	壬辰	辛亥	甲子	甲戌

수	8	18	28	38	48	59	68
대운	壬子	癸丑	甲寅	乙卯	丙辰	丁巳	戊午

  위 사주는 亥月子日 甲木이 년과 시지에 辰戌土가 강하게 인수를 극하는 상황이다. 조실부모하고 어려서부터 외롭게 성장했다고 한다. 年月日干支에 水氣 태왕한데 초년 운이 子丑水운으로 흘러 초년에 운이 매우 불행 하였으나 운이 청년기에는 동방목운이고 59대운부터 남방 화운인데 사실상 甲寅 운은 좋았으나 乙卯대운 10년은 아주 불행하였고 丙辰 火土 운부터 발복했다고 한다.

第 92 題

春木은 命에 설사 死絶이
있다 해도 生旺之鄕에선 氣旺體盛하니 죽지 않으며 秋木은
설사 柱에 生旺이 있다 해도 쇠절향(衰絶鄕)에선 끝내
回生할 수 없다.

春木은 得令하여 旺盛하니 설사 四柱에 死絶이 있다 해도 生旺運에 가면 다시 生旺하여 發身하는데 반(反)하여 秋木은 실령(失令)하여 무기력(無氣力)하니 사주에 生旺이 있다 해도 衰絶地에 이르면 완전히 고갈(枯渴)하여 소생(蘇生)할 수 없다.

[원문 해설]

春木이란 寅卯辰 월생을 말하는데 木이 왕한 계절의 木인지라 비록 12운성에서 사지나 절지에 있다 해도 생해주는 水나 木운으로 흐르면 좋다는 말이고 申酉戌월 가을 木이라면 설사 사주에 水木이 있거나 운이 그쪽으로 흘러도 쇠 나 절지엔 좋아지지 않는다는 말이다.

坤命	乙未	乙酉	甲午	丙寅
수	3　13　23	33　43	53　63	
대운	丙戌　丁亥　戊子	己丑　庚寅	辛卯　壬辰	

위 명조는 秋木이다. 원국에 乙木과 寅목이 있어도 초년 水向之運(亥子丑운)에도 별 소득이 없었다.<12운성으로 亥子丑 운이 生地 浴地 帶地였어도 매우 안 좋았다>그런데 동방 寅卯 운인 록 왕운에 발복했다, 고 한다. 이런 걸로 보아 득령의 중요성도 무시 할 수가 없는 것이다.

第 93 題

목봉금위성기동냥(木逢金爲成器棟梁)이요
금피상즉 불능단목 (金被傷則 不能斷木)이며
木弱金盛則朽요, 목금쌍강상정즉(木金雙强相停則)
귀명(貴命)이다.

木은 금향(金鄕)에서 성숙(成熟)하고 金에 의(依)해서 대들보 같은 有能한 양재양기(良材良器)가 될 수 있다. 萬一 火가 있어서 金을 傷害하면 양공(良工)이 無能하니 材木으로 만들 수 없어 無用한 物이 되고 木은 虛弱한데 金만이 旺盛하면 木이 成長할 수 없어 썩어버리듯 질병(疾病)특성 이요, 金木이 다 같이 强하고 비등(比等)하면 서로 쓸모가 있고 성재성기(成材成器)하니 貴를 얻는다.

[원문 해설]
木은 金으로 다듬어 적재적소에 써야할 巨木이라는 말을 한 것이다. 만약 金이 없다면 火木으로 내 몸을 불사르는 삶으로 살아야하는 의료인등 봉사의 삶을 살아야 한다.

1974년05월03일午시생							
乾命	甲寅	庚午	甲午	庚午			
수	5	15	25	35	45	55	65
대운	辛未	壬申	癸酉	甲戌	乙亥	丙子	丁丑

위 사례의 주인공은 서울시 4급 행시출신으로 시작해서 丁酉년에 서기관으로 승진 해외연수중인 사람이다. 월 시간의 경금이 다듬어주고 일단 3甲寅木이 부조해 주고 3午화를 寅木이 잡아주어 기가 막히게 출세의 길을 열어준다. 金鄕에서 출세의 길로 접어들었고 水鄕에서 승승장구 할 것이다.

第 94 題

甲逢庚辛則 피곤(疲困)하다.

재행신유지즉흉심(再行申酉地則凶甚)하다. 亥子印地나
巳午食傷地에 가면 制化되니 가(佳)하다.

甲이 庚辛의 官殺을 만나면 일신(一臣)이 이군(二君)을 섬기는 格이니 기진 맥진 이다. 다시 또 申酉官殺地로 行運하면 백군천군(百君千君)을 섬기는 형국(形局)이니 어찌 감당할 수 있겠는가? 신(臣)이 君을 잘못 섬기면 중형(重刑)을 면(免)하기 어려우니 수명(壽命)이 온전하기 어렵다. 다행히 亥子水地나 巳午火地에 이르면 殺印相生하고 食神制殺하니 能히 감당하고 높이 표창(表彰)되니 크게 공명(功名)을 떨칠 수 있다.

위 사례 甲午일주는 건강상 문제로 고생을 많이 했다.
다만 2 庚金을 3午火가 剋制하여 다행이다.
또한 木火通明인 점도 장점이 된다.

乾命	丙辰	丁酉	甲子	庚午

수	10	20	30	40	50	60	70
대운	戊戌	己亥	庚子	辛丑	壬寅	癸卯	甲辰

위 사례는 酉금과 庚금이 나탔어도 丙丁火가 制殺하고 子水로 인해 殺印相生하니 중화를 이룬 팔자가 되었으며 대운이 亥子水地로 흘러 아주 좋다. 본명의 주인공은 부친이 부자인데 부친을 도와 건물관리 등 아버지가 하던 일을 배우고 있는 상황이어서 현재는 아버지로부터 월급을 받아 알아 간다.

第 95 題

土月生土人 日時 좌토이주유 (坐土而柱有)
木火亦 하성종화자다환목질고세월득부기역
(下成從化者多患目疾고歲月得扶氣亦)
불행서북지 이목화태왕지행즉상명 (不行西北地
而木火太旺地行則喪明)

　土月生土人 日時에 **土氣**에 **重重**하고 설사 사주에 **木火**가 있다 해도 종격(從格)이 되지 않는다면 火光이 온전할 수 없듯이 안질(眼疾)이 끊이지 않는다. 年月에 金氣가 있으면 光明의 근본(根本)인 癸水가 발생(發生)하여 보광(保光)이 될 것 같지만 行運이 東南으로 向하고 木火가 태과염열(太過炎熱)하다면 신수(腎水)가 고갈(枯渴)됨으로 실명(失明)하게 된다.

[원문 해설]
불의 기운을 잠재우는 것은 흙이 최고이다. 원문에서 말한 것은 회기무광(晦氣無光)을 설명한 것이고 주중에 토가 많으면 화의 기운이 쇠약하여지니 자연 안질이나 신장방광에 문제가 발생하기도 한다.

　아래에 기록한 두 사주는 특별한 팔자들로 자신들의 삶은 풍요롭고, 추구하는 것은 성취 되지만 무엇인가 부족하고 불만스러운 부분이 있는 부부의 명조입니다 사주팔자에서 무엇이 문제인지 탐험가의 심정으로 찾아 나서겠습니다.
　사례 1의 경우는 종격사주로 종왕격 이어서 살아가는 것은 별 문제 없지만 오행이 뭉쳐있으므로 신체부위에 조화를 이루지 못한 것과 같아 반드시 문제가 발생하게 된다.

사례<1>肩劫太旺 四柱								
1976년09월01未시생					0	木	3
坤命	丙辰	戊戌	戊申	己未	1	火	0
					6	土	2
수	5	15	25	35	45	55	65
대운	丁酉	丙申	乙未	甲午	癸巳	壬辰	辛卯

표의 우측 오행 집계 (계속): 1 金 1 / 0 水 2

사례<2>身旺官旺 四柱				
1974년06월18일亥시생				
乾命	甲寅	辛未	戊寅	癸亥
수	1	11	21	31	41	51	61
대운	壬申	癸酉	甲戌	乙亥	丙子	丁丑	戊寅

사주와 운세 이야기

사례1의 곤명의 사주는 편고 된 사주입니다. 오행중에서 같은 오행이 6개가 몰려있다면 분명히 문제가 있는 사주이지요, 다행인 것은 견겁(比肩劫財)이 뭉쳐있어 이런 사람들은 자신이 하고자하는 것은 운이 특별히 나쁘지 않는 한 성취한다는 것입니다. 그래서 박사급 사주로 전문 직종에 종사할 팔자입니다. 전문 직종으로 진로를 선택만 했다면 성공하고 출세하는 사주인데 지금 어떻게 살고 있나요? 아니면 무엇을 하고 있나요? 라고 간명의뢰자에게 물어보라는 것입니다. 만약 아니오, 잘 못 살고 있어요, 라고 답한다면 이것은 분명히 운의 작란이라고 보아야 하거든요, 그렇다면 이 사람의 초년 운세는 어떠했는지 살펴보기로 합시다. 24세까지 西方 金운인 申酉식신 희신 운이었습니다. 그렇다면 잘 나갔을 겁니다. 이 여성은 변호사랍니다.

이정도면 이제부터 대화가 됩니다. 왜? 검사 판사가 못 되고 변호사로 가야 했는지도 보아야 합니다. 검판가가 되려면 관이 사주에 있어 유력해야 하는데 이 사주는 식신생재로 돈 버는 사주이지 官을 쓰는 사주는 아니거든요, 그래서 官의 有無와 有力 無力도 보고 혹 대운에서 官運으로 흐를 경우 官을 쓰는 경우도 있다는 것을 알아야 합니다.

중국 전통 격국 용신을 위주로 하는 사주에서는 종격인

특별격으로 보아 억부용신(抑扶用神)법을 쓰지 않고 火土金은 좋고 水木은 불리하다, 이렇게 보는 것이 정석이었으므로 이런 부분도 전혀 배제해서는 안 되고 참고해야 합니다.

 이사주의 중년대운이 南方火운이기에 하는 말입니다. 그동안 공부도 열심히 해서 변호사로 직장도 잡았고 결혼도 하였답니다. 그런데 문제가 여기서 부터 발생합니다. 무엇이 문제인지 학인들이 찾아보시지요? 이런 것을 찾는 방법이 바로 비법입니다. 눈치 빠른 학인들은 찾은 분도 있겠지만 아직도 헷갈리이는 학인 들이 대부분일 것입니다. 어떤 학인들은 이걸 알면 당신 책 비싼 돈 주고 사서 보겠느냐고 푸념하는 분들도 있을 것입니다. 그렀습니다. 이해합니다. 쉬어가자고 한 말이고 귀에 쏙 들어오라고 한말이니 가볍게 받아주세요, 항상 많은 것도 적은 것도 문제입니다. 土가 많아 뭉쳐있으니 이것이 문제 이겠구나 그렇다면 건강으로는 비위(脾胃-지라와 밥통인 위장)이니 위장이 문제거나 土가 극하는 水인 신방(腎膀-腎臟 膀胱:子宮) 이니 여자이므로 자궁이 극도로 허약합니다. 임신이 잘 안 될 수도 있고 자손 얻기가 어렵습니다. <이정도만 맞춰 준다면 뽕 갑니다.> 이 여인은 결혼 3년차 인데 아직 임신을 못 해 보았답니다. 현재 병원에 의뢰하여 임신하려고 많은 노력중이라고 하는데요, 병원측에서는 건강부터 챙기라고 한답니다.

 아내사주는 이정도로 하고 남편사주도 간명해야 할 것 같습니다. 우선 궁합적인 면부터 살펴보아야 할 것 같습니다, 아내 사주로 보아서 이런 남자가 아니면 붙어 살수가 없는데 다행히 남편의 사주에 甲寅巨木이 3개나 있어 다행입니다. 속궁합도 좋고요, 그런대로 잘 살아갈 것입니다. 라는 말이 떨어지기 무섭게 가끔 토닥거린다는 말을 하면서 끝까지 잘 살 수 있느냐고 물어옵니다. 살 수 있다고 말해주었는데요. 사주를 떠나서 상식적인 답변이었습니다. 사주쟁이는 항상 변병 할 자료를 만들어야 하기 때문입니다.

　친정어머니가 간명을 의뢰한 것인데요, 63세 辛卯생 어머니여서 이런 말을 해 주었습니다. 어머니 시절은 부창부수(夫唱婦隨)시대로 남편의 말은 무조건 거절하면 안 되는 것으로 알고 살아 왔던 시절이고 지금은 여성의 발언권이 더 세진 시대이기도 하지만 따님이 누구입니까? 변호사 이니 이 남편의 말을 무조건 순종하지는 않을 것이고 이론적으로 따지고 덤비면 토닥거릴 것은 빤한 사실 아닌가요? 사랑싸움으로 받아드려야 한다는 말을 해 주었더니 고개를 끄덕이더라고요, 사주쟁이 해먹기가 이렇게 힘들고 어렵습니다.

[궁금희] 이 사주는 3가지 오행이 서로 생하는 형상으로 구성 되었습니다. 선생님은 이런 사주를 보시고 살아가 데는 걱정은 없겠는데 그러나 무엇이 분명 나쁜 점이 있다는 말씀을 잘 하시는데 그 이유를 자세히 알고 싶습니다.

[사부님] 三神으로 구성된 사주를 삼기성상(三氣成相)이라 말 합니다. 이런 사주들은 자기욕망에 대한 충족은 가능하지만 만사가 형통하지는 못 합니다. 잘 찾아보면 부족하고 넘쳐서 문제가 발생하게 되는 부분이 분명히 있으니 자세히 관찰해야 합니다.

{문}삼기성상(三氣成相)이란 무엇인가?
{답}사주에 三者로서 구성되어 하나의 象을 이루어 놓은 것을 말한다.
<해설>사주에서 삼자란 金水木이라던가 水木火 또는 木火土, 火土金, 土金水 등의 식으로 삼기가 모여서 하나의 格 즉 形相을 이루었다는 뜻이다. 물론 삼자가 합하는 곳에는 한곳으로는 상극이 되는 것이지만 한 끝으로는 통관(通關)이 잘 되어 원원유장(源遠流長)이라 말 합니다.

남편의 사주는 좋은 명조입니다. 남자는 우선 財官이 좋아야 하는데 官星도 財星도 有力하고 월지 겁재를 놓아 약하지도 않으며 각주가 유력하니 중화가 잘 된 사주지요. 무엇을 해 먹고 살아가면 좋겠느냐고 능청을 떨기에 사주관계를 떠나 변호사정도 여자가 별 볼일 없는 남자하고 결혼 했겠나 싶어 官을 써야할 팔자라고 말해주었더니 현재 대학에서 교수라는 이름으로 학생들을 가르치는데 언제쯤 정식 교수로 빛을 보겠느냐고 물어 와서 甲午말 띠 해라고 대답은 해 주었는데 글쎄요, 사주 원국에 인성이 없어서 걱정은 좀 되지만 四柱는 不如大運 이라하였으니 운에 맡길 수밖에 별 도리가 없을 듯합니다. 월간 상관이니 머리가 비상할 것이고 월지 겁재이니 자기위주로 살 것이며 칠살인 편관이 유력하니 생활력이 강할 것이고 재성이 유력하니 부자의 명이지만 다자무자(多者無者)로 많은 것은 없는 것이라 하였으니 자손 문제가 걱정입니다. 자손 궁과 합이 된 것으로 보아 자손을 끔찍이 그리워 하겠는데 혹 자손 때문에 부부간의 사이가 멀어지지 않을까 두렵습니다. 그리고 운이 약간 불리하여 만사형통할지도 의문이고 남방화운(南方火運)으로만 운행했다면 좋았을 것인데요, 하는 아쉬움도 남습니다.
　　<별난 사람들의 별난 사주이야기 108제에서 발췌>

第 96 題
火者文明之象 生於九夏 三合局則
火愈發揮少用 木資其勢則 樂道無憂하다.

<화자문명지상 생어구하 삼합국즉
화유발휘소용 목자기세즉 락도무우하다>

　火는 광명(光明)이니 문명(文明)의 근본(根本)이요 주체(主體)이며 진상화성(眞象火盛한) 삼하지생(三夏之生)이거나 火局을 가졌으면 화광(火光)이 만리(萬里)에 빛난다. 만일 소목(少木)이 生火한다면 火光이 생생불식(生生北)하고 득세(得勢)하니 유락무우(有樂無憂)하다. 水가 나타나서 火를 공격하면 火光이 沖天하니 평지풍파(平地風波)를 일으키고 火가 盛한데 다시 火旺地에 이르고 木을 만나면 극성지패(極盛之敗)로서 요빈(夭貧)한다.

[원문 해설]

　불이라는 것은 밝게 비춰주는 거시니 문명의 근본이 되고 주체가 된다는 말이고 巳午未월에 태어난 것을 삼하지생 이라하며 火局이란 寅午戌을 말한 것이고 득세란 세력을 얻어 종격이 되었다는 말로 이렇게 化하면 유락무우는 근심은 없고 즐거움만 있다는 말이며 이렇게 火가 극성한데 水가 와서 공격한다함은 왕신충발을 말한 것인데 火 득세에 子午冲이면 평지풍파가 일어난다는 말로 왕신을 건드려 발동하면 죽고 사는 문제가 발생한다는 것을 말한 것이다.

　　　아래 사주의 주인공은 미술을 전공한 사람으로
　　사업가 남편을 만나 현재는 가정주부로 살아가지만
　　　전공을 살려 나이 들면 활동을 하고 싶답니다.

1977년 01월 01일 午시생						
坤命	丁巳	壬寅	丙午	甲午		
수	5	15	25	35	45	55	65
대운	癸卯	甲辰	乙巳	丙午	丁未	戊申	己酉

이 사주는 木火로만 구성된 양신성상격(兩神成象格)사주입니다. 월간壬수가 있는데요? 라고 하시겠지만 丁壬合木化가 되었으므로(지지 앉은자리가 寅木이라 合 化가 됨) 두개의 오행이 상생하여 좋은데 대운까지 동남방 木火운으로 흘러 더욱 좋습니다. 寅午 火局을 이루고 甲寅木이 生火하니<생생불식(生生北)하고 득세(得勢)하니 유락무우(有樂無憂)하다>.에 해당되어 부유한 가정에서 성장해서 사업가 남편 만나 잘 살고 있다. 대운까지 木火 운으로 흘러 무난한 삶을 살아가게 된다.

坤命	丙申	甲午	丙寅	辛卯		
수	7	17	27	37	47	57	67
대운	癸巳	壬辰	辛卯	庚寅	己丑	戊子	丁亥

위 丙寅일주도 寅午火局을 이루고 좋은 사주일까? 그렇지는 않다. 이런 사주는 잡격(雜格)으로 보아야 하는데 合 沖이 많이 연결 되고 운세의 흐름으로 보아 삶이 고달프게 살아간다. 두 번 결혼 하고도 현재독신으로 외국에서 살고있단다. 일부종사도 어렵고 힘겹게 살아가는 명이다. 위 丙午일주 양신성상격(兩神成象格)과는 비교도 안 되는 사주이다.

第 97 題

水多浮木하고 無土한데 사절향(死絶向)에 이르고
沖殺이 겹치면 必墮 哀樂壽 橫害毒亡 多不美하다

<수다목부하고 무토한데 사절향에 이르고
충살이 겹치면 필추 애락수 횡해독망 다불미 하다>

水多하여 浮木한데 촌무토(寸無土)하면 의지가 없이 물결에 떠내려갈 수밖에 없다. 더욱이 死絶地에 이르러 無氣力한터에 沖과 七殺이 겹쳐서 上下에서 치고받으면 급류(急流)에 휩슬려서 높은 벼랑에 떨어지고 깊은 물에 곤두박질하듯 언덕에서 떨어지거나 물에 빠져 죽는 등 비명횡사(非命橫死)를 당하고 내심독기(內心毒氣)를 품게 된다.

[원문 해설]
 수다목부란 물이 많아 나무가 떠있음을 말한 것이고 촌무토란 이런 상황에서 한줌의 흙도 없다면 물을 먹지 못하여 나무가 물결에 떠내려간다는 말로 인생사에서 부평초로 떠도이 인생을 말 한 것이다. 이런 상황에서 12운성으로 사지나 절지에 이르고 거기에 충이 있거나 칠살이 극하면 벼랑에 추락 하듯 인생사가 엉망진창이 된다는 말로 제명을 다하지 못하고 죽게 되고 사람이 독해져서 아름답지 못한 삶을 살게 된다는 말을 한 것이다.

 아래 사례의 사주는 3神사주로 자신의 역할이 잘 안 되기도 하지만 어려운 상황에서 쉽게 좌절하거나 포기하는 팔자로 인내심을 길러주어야 하는 팔자이다.

1995년12월09일23:15분생					
乾命	乙亥	己丑	甲子	乙亥	
수	7	17	27	37	47	57	67
대운	戊子	丁亥	丙戌	乙酉	甲申	癸未	壬午

사주의 구성부터 살펴보겠습니다. 1996년 1월28일은 음력으로 1995년12월09일로 엄동설한의 丑月 갑목(甲)으로 지지 전국이 亥子丑 水方으로 네 글자(지지가 꽁꽁 얼어버린 물)가 냉(冷-찰냉)하여 역술용어로 수목응결(水木凝結-물과 나무가 얼어 엉겨 붙다)된 상태입니다. 이런 경우 신체장애등으로 인하여 공통을 받거나 아니면 건강이 나빠 고생을 하거나 일이 잘 풀리지 않는 등의 일이 발생하게 됩니다.

[궁금한] 이런 사주에서는 용신을 무엇으로 써야하는지요?
[홍장님] 3水 3木으로 신강한 사주입니다. 강약을 떠나서 자연을 생각해 보세요, 비록 甲목이지만 부목(浮木)으로 물에 떠있는 상태임으로 火土를 써야할 명조랍니다. 우선 지지전국이 水국으로 己丑토가 있다 해도 丑토는 이미 물로 변해버렸고 동수(凍水)로 꽁꽁 얼은 물이니 丙화로 녹이고 戊토로 제방을 쌓으면 甲목은 평안 할 것입니다.

운세상으로 보아 16세 이전의 운은 대단히 불리하고 17세부터 약간 운이 트이지만 26세까지는 마음을 놓을 수 없으니 정성과 공을 들여야지 수수방관하면 신체에 또 한 번의 장애가 올 수 있음을 암시하는 운세이니 참고하시기 바랍니다. 27세 이후의 운은 자신의 역할을 잘 해나갈 운입니다. 그러나 乙酉 甲申까지는 불안 초조한 운이지만 57대운인 南方 火운부터는 큰 발전 있고 안정 될 것입니다.

[궁금한] 운의 연대별로 말씀하셨는데 이해가 잘 되지를 않습니다. 좀 사세한 설명을 부탁드립니다.

[사부님] 또 실수를 했네요, 사부는 제자의 수준을 맞추어야 하는데 내 생각만 하고 일사천리로 말해 버렸으니 말입니다. 이 사람은 장애인입니다. 처음 이 사주를 간명할 때 제일 먼저 제기한 것이 건강이었습니다. 수목응결(水木凝結)된 사주는 틀림없이 신체장애가 많습니다. 그렇다고 이사람 장애인이죠, 이렇게 말 할 수는 없어요, 이 아이 건강은 어떠한가요? 그러면 상대방에서 역으로 질문을 합니다. 건강이 안 좋아 보이나요? 그러면 그때에 "예" 아직 어린사람이라 조심스럽게 말 한 것입니다. 틀림없이 이상이 있을 것이라고 말 했더니 그래요, 하면서 장애인이라고 말을 해 주었습니다.

물이 기신(忌神-꺼리는흉신)이거든요, 그런데 초년대운이 戊子 운이었지요, 水중에서 제일 안 좋은 水가 子수와 癸수입니다. 凍水이거든요, 壬水와 亥水는 좀 낳은 편이구요, 그러나 원국이 워낙 냉해서 혹 모르는 일이라 세운이 나쁠 때에 문제 발생이 되므로 마음을 놓을 수 없다고 말한 것이고, 27세 丙戌운은 끝내주는 운이지요, 丙화와 조토(燥土-마른 흙)인 戌土는 조후와 제습이 가능하기에 좋은 운으로 본 것이고 혹 丑戌 형을 걱정하는 분도 있을 것 같아 조언을 하자면 대운은 형살이 미미하기에 별 문제 없습니다.

乙酉 甲申은 불안 초조하다고 한 것은 生水로 혹여 불리하지 않을까 하는 마음에서 한 말이고 다만 세운이 좋을 때 승진출세도 가능한 운세랍니다. 甲목을 庚금으로 다듬어 잘 쓰면 기둥이나 대들보 역할이 가능합니다. 말년 남방 火운은 대단히 좋은 운으로 잘 살아가게 될 것입니다.

위 사주는 월주에 己丑 土가 있어도 묶여서 土로서의
역할이 안 됨으로 없는 것과 같다.

<참고>

　사주공부 할 때 강약을 가장 중요하게 말합니다. 강하다는 것은 인성과 비겁이 많아 신강하다는 말인데요, 강도 비겁으로 강한 것인지 인성으로 강한 것을 잘 구분해서 말해야 합니다. 본 명조와같이 인성이 강하면 문제가 될 소지가 충분합니다. 그래서 강약은 사주감정 하는 데에 참고만 하라는 것이고 사주는 중화이기 때문에 어떻게 구성되고 조화를 잘 이루어졌는가를 보면서 운세의 흐름을 보아 말해야 합니다. <별난 사람들의 별난 사주이야기 108제에서 발췌>

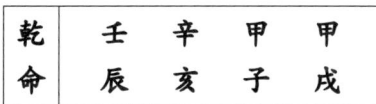

　위 사례도 부목(浮木)된 사주로서 火土가 희신(喜神)이다. 초년대운이 壬子癸丑운 아주 불리했다. 여기서 丑土나 辰土는 濕土로 물로 보아야 한다. 조실부(早失父)하고 홀어머니 밑에서 고생하며 자랐고 乙卯대운은 神病으로 고생 하다가 丙辰 丁巳 대운에 발복한 것은 火土가 調候와 制水로 甲木이 生氣를 얻음이고 아울러 원국에 시지 戌土가 있음일 것이다.

　위 사주의 주인공은 천안에서 철학원을 운영하는 원장인데 丙辰대운에 발복하여 丁巳대운까지 꾸준하게 좋아지고 있는데 丙辰대운에 다른 철학원에서는 망했다, 로 보았는데 그 이유는 丙辛合 子辰合水로 물바다를 이루었다고 보았기 때문인데 그렇지 않고 발복함으로 미루어 볼 때 대운에서의 합작용은 잘 안 되고 계절감각으로 보아 丙辰은 늦봄 丁巳는 여름으로 보아야 하고 合化의 작용이 미미하다고 보아야 할 것이다.

第 98 題

**火多土燥하면 萬物이 不生하고 初年에 南方火地로 行運하면
폐이무용지물(廢而無用之物)이요,
비록 財官鄕을 만나도 不能爲用이요, 無家之命이다.**

<화다 조토 하면 만물이 불생하고 초년에 남방화지로
운행하면 폐이무용지물이요, 비록 재관향을 만나도
불능위용이요, 무가지명이다.>

　화성(火盛)하고 무수(無水)하면 土가 초토화(焦土化)하여 아무것도 생하지도 존(存)하지도 못한다. 더욱이 초년운(初年運)이 화왕지(火旺地)로 行하면 완전히 암석화(岩石化)하여 만물이(萬物이) 폐(廢)되고 무용지물(無用之物)이 된다. 이미 고사(枯死)된 만물은 설사 西北運을 만난다 해도 회생(回生)할 수 없이 뜨거운 사토(砂土)를 동분서주(東奔西走)하고 평생을 집 없이 정처(定處)없이 몸부림치며 고빈(孤貧)을 면할 수 없다.

[원문 해설]
　火가 많으면 마른 흙으로 쓸모없는 땅이 되어 생물이 살 수 없다는 말이고 이런 상황에 巳午未 남방화운으로 흐른다면 흙이 말라 부서진 흙이라 쓸모없는 물건이 되었다는 말이며 비록 재관으로 섬겨도 능력발휘는 못할 것이고 가정도 없는 외롭게 사는 명이란말로 이런 경우 평생 바쁘게 살면서도 소득은 적고 고달프다는 말을 할 것이다.

　　　아래 사례의 사주도 3神사주로 화다토조(火多土燥)
　　　화토중탁(火土重濁)된 命이라서 생물이 살아남기
　　　　　　어려운 땅으로 쓸모없는 땅이다.

1958년04월23일卯시생						
坤命	戊戌	戊午	戊午	乙卯		
수	1	11	21	31	41	51	61
대운	丁巳	丙辰	乙卯	甲寅	癸丑	壬子	辛亥

위 사주의 구성을 살펴보자면 午월에 戊토가 午일에 나고 무재사주로 비록 관이 존재해도 燥土에 성장하기 어려운 상태이다. 군비쟁재(群比爭財)가 가능한 팔자로 재성이 사주에 없어도 운에서 나타나면 쟁재(爭財)하게 된다.

이 사주는 무재사주로 丙辰대운이 財가 入庫되는 대운이다. 15세 癸丑운이 되면서 주중에 없는 재가 나타나니 비견 戊土가 무리지어 덤벼든다. 이것을 군비쟁재(群比爭財)라하며 이에 극을 당한 癸수가 육신으로 正財이니 아버지의 별이다. 父星이 辰土 고장으로 입고되어 부친이 사망했다. 그 후 북방 水운을 만나도 역시 발복하지 못하고 동분서주하지만 소득은 없게 된다.

다시 사주원국으로 돌아가 살펴보자면 午戌이 합해서 火局을 이루고 卯戌로 육합역시 火局으로 지지가 모두 불바다니 완전 燥土로 시간 乙목은 말라 죽었다. 비로 官星이 존재해도 無官이나 다름없고 無財지만 財運으로 흘러도 화토가 극성하여 재성자체가 붙어 역할을 할 수 없으니 남편도 자식도 없으니 가정을 이루지 못하고 동분서주로 분주하게 살지만 소득은 없고 신세타령만 하다 일생을 마치게 되는 불미(不美)한 명조이다.

제 3 장
육신통변편
<六神論篇>
第 99 題

상관이 정관을 본즉 일찍 죽고, 살이 재성을 본즉 일찍 망하고, 겁재가 재성을 본즉 수명이 다했다.

> 傷官見官則 早死 - 상관견관 조사
> 殺見財則 夭亡 - 살견재즉 요망
> 財逢劫則 盡死 - 재봉겁즉 진사

傷官見官則 早死-<상관견관 조사>

　官은 父요 法이요 貴人이다 傷官이 왕성(旺盛)하여 이를 剋하면 조실부(早失父)하고 고아(孤兒)아가 되며 배우지 못하고 버릇이 없으며 法을 어기고 上司에 거역하여마 마침내는 군왕(君旺)에 반역(反逆)하니 형벌(刑罰)을 면할 수 없고 사고무친(四顧無親)이요 사면초가(四面楚歌)이니 몸이 편할 날이 없고 가난이 심하면 만신창이로 좌우충돌(左衝右突)하니 어찌 수명이 온전할 수 있겠는가? 형상(刑傷)으로 조사(早死)하지 않으면 빈천(貧賤)으로 연명한다.

[원문 해설]

　관성은 나를 보호해주고 지켜주는 별이니 아버지가 되고 여자는 남편이고 법이며 나를 도와주는 귀인이다. 상관성이 강한 사주는 상관이 극하는 정관이 허해진다. 그러나 상관성을 극제(剋制)하는 인수가 있으면 큰 문제없는데 인수까지 약하면 브레이크 없는 자동차요, 고삐 풀린 망아지처럼 천방지축이다. 법도 위반하고 상사의 말도 거역하고 마침내는 궁지에 몰리게 된다. 원국뿐 아니라 운에서 만나는 상관견관 운도 역시 매우 불리해서 만사무성(萬事無成)이다.

1971년09월01일酉시생			
坤命	辛亥	戊戌	丁丑	己酉

수	7	17	27	37	47	57	67
대운		己亥	庚子	辛丑	壬寅	癸卯	甲辰	乙巳

위 사주는 식신상관이 태왕한 여명의 팔자이다. 두 번의 결혼을 실패하고 첫 남편에게서 1남 2여를 낳고 이혼 후 둘째 남편에게서 아들을 하나 낳고 다시 이혼해 독신으로 살고 있다고 한다. 본명은 식신생재로 이어지기는 하는데 의지할 곳 한 군데도 없는 무력(無力)한 丁화가 5土로 식상이 태왕하다. 월주 상관에 刑 合이 연결된 음습한 사주로서 초년과 청년기 운 또한 북방수운이라 몸이 아프지 않으면 삶이 고단 했을 것이다. 이 여인은 재혼 3혼을 해야 하는 명조로 팔자가 드세다. 의지할 곳 없는 丁화 이기에 의지할 곳만 보이면 기대려고 하여 정조관렴 또한 없다. (식상은 "준다," 로 봄) 이 여인은 보통사람으로 살아가기는 힘겨운 팔자이다.

[문] 왜 몸이 아프지 않았으면 삶이 고달프다고 했을까?

월주에 戊戌 상관을 놓고 일지와 시간에 식신 己丑 土를 다시 얻었으니 식상이 나 丁화를 포위라도 하듯이 에워싸고 있으니 기진맥진한데 원국에는 의지할 인비(印比-인성과 비겁)는 보이지 않고 대운 또한 亥子丑 북방수운이니 丁화는 꺼지기 일보직전이다. 그러므로 몸이 아프거나 쇠약하여 자신의 역할을 제대로 못하게 된다. 그런가하면 水는 관성(官星)으로서 여자에게는 부성(夫星-남자의 별)으로 이렇게 관살이 강하게 들어오면 남자인연도 어려서 일찍 맺어진다.

그러나 기신이므로 좋은 남편이 못되고 관살은 원래 나를 내려치는 성정인데 이렇게 허약한 명조에 관살이 강하게 들어오면 삶이 고달프거나 이혼으로 연결 될 가능성이 매우 높다. 이 여인은 17대운인 庚子대운에 이성의인연이 맺어질 것이다(子丑合-대운 세운에서 일지 배우자 궁으로 합이 될 때 성사가능이 큼) 그러나 운로가 나쁜 관계로 좋은 인연이 될 수 없다.
27대운이 辛丑 운에는 만고풍상 다 겪는 형상입니다.
상관이 丑戌未 三刑殺로 발동이 걸리면 가장 먼저 관성인 水가 문제가 되는데 水는부성(夫星)으로 남편의 문제 입니다. 생리사별(生離死別-살아서 떠나거나 죽어서 떠나감) 한다. 그렇게 말하게 되는데 관고(官庫)를 놓은 자라면 사별(死別)일수도 있지만 이 사주는 관고가 없기 때문에 이혼으로 보아야 한다. 특히 식상은 내 기운을 설기 시키는 별이라서 삶이 고달프거나 병약(病弱)해지기도 하고 심지어 장애증상이 발생하기도 한다. 그런가하면 대운이 金 水로 운행되면 접신이 잘 되는데 다행이도 이 명조는 水운이기는 하지만 후 운이 木 운이라서 잘 버틸 수도 있다.

위의 여명은 현재 노래방 도우미로 죽을 고생을 다하여 돈을 벌지만 전남편이 무능한 탓에 그 남편에 딸린 1남2여 자손의 학비등 뒤 바라지에 돈도 모으지 못하고 있단다.
현재 이정도로 살아갈 수 있는 것도 대운이 壬寅 운으로 관인상생 하여서인지 밖에 나가면 남자들 두 서 네 명 경쟁이라도 하듯이 붙어 큰 돈은 아니지만 도와준다 한다.
앞으로의 운세에 대하여 깊은 관심을 가지기에 다음과 같은 운세 설명을 해 주었다. 46세 이전은 어떻게 살아가든 관계없이 그래도 마음먹은 대로 잘 될 것이다. 그렇지만 사주원국이 워낙 부실해서 이 좋은 대운이라도 乙未년 같은 해을 만나면 乙목은 편인으로 도식을 당할 수 있고(식신의 식주가 도둑맞음- 목극토로 乙목 편인이 내 밥그릇 己未토를 칠살로 내려치니 밥그릇 엎어버린다 하여 도식이라 한다.) 丑戌未 삼형살이 발동을 걸면 건강이 문제가 될 수 있다. 어디가 문제될까? 木이 병이고 水가 당하는 입장이므로 여자는 자궁을 의미한다. 乙未년은 반드시 건강에 신경 써야한다. 그렇지만 대운이 워낙 좋아 살아가는 데는 문제없을 것이다. 그런데 이 대운에 정신 똑바로 차리지 못하면 다음대운인 癸卯 운에 파란곡절이 기다리고 있으니 불행을 면치 못할 것을 대비해서 매사 조신조신하라고 타일렀지만 정신 차려 들었는지 모르겠다.

[문] 癸卯운이 어떻게 나쁜 것인지 자세히 설명해주세요?

일간 丁화는 의지할 곳이 없다. 식상은 내 기운을 설기시키기 때문에 기진맥진한 상태인데 癸수가 丁癸 충으로 박살을 낸다. 丁화는 癸수를 가장 싫어한다. 卯목에 의지하려 하지만 卯목은 식신을 박살내고(卯酉상충, 卯戌합, 亥卯합, 으로 연애질 하느라 정화를 木生火할 생각이 전혀 없고 또한 乙, 卯, 음목은 목생화가 잘 안 된다. 그 이유는 濕木 이기도 하다.)나쁜 짓거리만 한다.
그러므로 癸卯운 10년은 매사불성이요, 의기소침으로 죽을 맛이다. 57세 甲辰 대운에 다시 활기를 찾게 되지만 정신 똑바로 차리지 못하면 "도로 아미타불"이다. 이 사주는 甲목이 희망이요, 미래지만 어쩐 일인지 기대치에 못 미친다, 그 이유를 찾아내야 하는데 그 것들을 찾을 생각을 못한. 시간 己토가 甲己 합하는 큰 장애요소가 도사리고 있는 이유이다. 그래도 丁화에게는 희망의 등불임에는 틀림없다. 그런데 辰土상관이 가만 내버려 두지를 않는다. 辰戌 충으로 충동질한다. 벌리고 늘리고 丁화는 천방지축이다. 절대 그러면 백전백패다. 심사숙고하고 좌정하고 살아야 한다.

殺見財則 夭亡-<살견재즉 요망>

칠살(七殺)은 사나운 질병(疾病)이요 귀적(鬼敵)으로서 감당하기 어렵다. 자나 깨나 공신(功身)하니 몸이 상처투성이라 그 맹호가 財를 보면 살이 찌고 힘이 용솟음치며 기고만장한다. 병들고 허약한 몸이 앞으로는 호랑이와 싸우고 등에는 천근의 무거운 짐을 업으니 어찌 몸을 지탱하고 호랑이의 밥을 면할 수가 있겠는가? 가난과 질병에서 몸부림치니 요절 단명할 수밖에 없다. 재물은 생명을 보전하는 유일한 근원이다. 그래서 사람은 누구나 재물을 구하기에 혈안이고 그 때문에 살인강도도 서슴없이 하게 되는 것이다.

[원문 해설]

칠살이란 편관을 말하는 것인데<陰극陰, 陽극陽> 신강에서는 칠살도 귀인 될 수 있으나 정관도 신약사주에는 칠살이 될 수 있다. 일단 나를 쳐내는 것이니 공신(攻身-칠 공, 몸신) 나를 괴롭히니 질병이요, 귀신이며 원수 같다 하여 귀적(鬼敵-귀신귀, 원수 적)이라 말 한 것이다. 맹호가 財를 보면 살이 찌고 힘이 용솟음치며 기고만장한다. 나는 많은 맹호는 관살을 보고 한 말이고, 財가 官을 생하므로 살이 찐다, 로 표현했으나 역술용어로는 財生官이다.

坤命	丁未	乙巳	戊寅	甲寅			
수	8	18	28	38	48	58	68
대운	丙午	丁未	戊申	己酉	庚戌	辛亥	壬子

이 사주는 초여름의 무(戊)토이라는 넓은 벌판의 흙인 陽土로 태어났다. 사주구성으로 보아 편고 된 사주로 인정 많은 사람이지만, 강인한 성격 이어서, 여성의 팔자로는 좀 센 팔자요, 그러나 살아가는 데는 누구의 도움으로든 무난하다.

사주구성을 자세히 살펴보자면 관살이 혼잡 된 사주로 관살 (官殺=정관은 官 편관은 殺 그래서 관살이라 함)은 나를 치는 신이기 때문에 허약한 팔자에서는 혼(魂-넉혼, 귀신, 신기)이라 하여 무섭게 본다. 그러나 강약을 떠나 관살 태왕(太旺)자는 몸이 허약할 수도 있고, 대운이 음습한 북방수운(北方水運-밤기운)으로 운행 될 경우 접신도 가능 하다. 관살혼잡 된 여명에게는 남편 덕이 적다, 또는 없다, 그리고 여러 번 재가(再嫁-두세 번 시집 감)할 수 도 있고, 다자무자(多者無者-많은 것은 오히려 없는 것이다)라 하여 아 에 없을 수도 있고, 많으나 도움 되는 놈은 하나도 없고, 다 기신(忌神-꺼릴 기 귀신 신)으로 보는데, 더욱이 이 사주는 배우자궁에 寅木 편관 칠살이 놓여있으면서 寅巳 刑을 하기 때문에 한 번 또는 두 번(時支寅木이 다시 刑 함으로)시집 간다, 로 보아야 한다.

이런 사주를 처음 접하면 이렇게 말문을 터야합니다. 이 세상 모든 사람들은 대체적으로 다섯 손가락으로 살아가기 때문에 불편함이 없이 살아가지만 보살님 사주는 세 손가락으로 살아가야 하는 팔자네요, 살아가는 데는 별 문제없겠으나(三神이 상생되기에 하는 말)무엇인가 부족하네요, 어렵고 힘든 일이 있을 겁니다. 라는 말을 던지고, 많은 오행과, 없는 오행의, 육신을 살펴야 한다. 우선 많은 오행인 木은 위에서 살펴봤고, 다음으로 없는 오행을 보아야 하는데 식신성인 金과 재성인 水가 없다, 명조를 살 필 때 사주원국에(사주팔자) 재성이 없는 사주는 식신 성을 재성으로 보라, 그랬으므로 재성이 없다고 해서 돈 없는 팔자로 보면 안 된다. 다만 이 사주와 같이 식신도, 재성도 없는 팔자는 재물과는 인연이 적다, 그렇게 말해야 하므로 요령도 수단도 적어 이재에도 밝지 못하다, 그렇게 보아야 하고, 그러므로 누군가에게 의지하여 살아가는 팔자인데, 이 사주는 인성이 많으므로 부모나 손위 사람의 도움으로 또는 관이 많으므로 직장 직업 일로서 도움 받아 살아간다, 로 보아야 한다. 또 돈 그릇이 적음으로 돈이 나가면 잘 안 들어옴으로 살아가면서 누구와도 돈 거래 즉 주는 일은 하지마라, 한번 나가면 절대 회수 못 한다, 그리고 증권 등 현금투자는 금물이고 돈이 생기면 묻어라, 어디에 땅에, 이렇게 말해한다, 비견겁재에 의지해야 함으로 땅이 좋은 것이다,

지나온 운세를 살펴보자면 戊申 己酉 金운은 나에게 희신운이라 그럭저럭 살아가는 데는 문제없지만 식상과 관성이 서로 싸우는 형상으로 남편, 또는 남자문제로 변화와 곡절이 많았다고 보아야 하고, 현재 己酉대운의 막 대운을 타고 있음으로 庚寅 辛卯 壬辰 癸巳년 운세를 살펴보아야 하는데 庚寅년운세는 甲庚 충 寅巳형으로 관충 관형이 되어 남편 또는 남자로 인한 난리가 발생 하지 않았다면 직업의 변화가 크게 왔을 것이고, 아니면 관재구설이 많을 해였고, 辛卯년 운세는 남편이 보따리 싸들고 떠나는 운이었고, 壬辰년은 지난 2년보다는 조금은 안정되는 운이며, 癸巳년 운세는 癸水는 합으로 묶여 별 문제 없지만 巳火가 문제를 만들 수 있으니 편인(巳火)으로 공부나 하면서 좌정하고 관망하다보면 甲午년, 甲목 편관이 寅午 합으로 午도화를 달고 들어오는 해라서 남자로 인한 좋은 만남이 성사 된다, 그러나 癸巳는 남자를 만나보았자 속 썩 일 놈이다.

[문] 관살혼잡이란 무엇이고 어떤 일이 발생하게 되는가?

정관이든 편관이든 섞이지 않아야 좋은데, 정편관이 섞여 있으면서 태중한 것을 혼잡 됐다, 그러죠, 관살이 혼잡 되면

삶이 힘겹고, 몸이 허약하고, 일단 막히고 답답한 일이 많이 발생한다. 어느 오행이든 많으면 병인데 특히 관살은 殺이기 때문에 더욱 심한 것이다.
위 명조는 甲寅 3木에 乙木이 월간에 나타나서 관성이 태왕한 명조로 보아야 하고 섞여있으므로 혼잡으로 보아야 한다. 그래서 더욱 기신(忌神)노릇을 하는 것이다.

여명에서 관살혼잡도 문제지만 관고(官庫)를 놓은 자는 남편 잡아먹는 사주라 해서 매우 흉하게 보았는데 본 명조에 관고까지 놓고 있어 사나운 팔자라고 하지 않을 수 없다.
戊土의 정관 乙木의 고지(墓地)가 未土인데 본 명조는 년지에 未土를 놓았으므로 부성입묘(夫星入墓-官庫) 라 말하는 것이다.
그러나 사주 간명할 때는 이런 말은 잘 못하면 당사자에게 큰 충격을 줄 수 있으므로 조심해야하고 돌려 말해야지 직격탄을 날리면 절대 안 된다는 말을 드리면서 이 여인은 역술공부를 하는 학인이기에 공부차원이란 단서를 달고 말한 바 있었는데 그 여인의 답변에서 이런 말이 나오더라고요, 그래서 그런 일이 벌어졌는지 모르겠네요, 처녀 때 저를 짝사랑하던 남자가 있었는데 어느 날 목매달아 죽었고요, 그 후 연애하는 남자가 있었는데 간암으로 죽었습니다.
이 말을 들으면서 관고란 무서운 것이라는 것을 실감했지만 장본인의 입장이라면 입맛이 씁쓸할 것입니다.
이런 때는 얼른 말을 돌려야 합니다. 액땜을 했으니 이제는 문제없습니다, 하고 안심을 시켜야한다는 말 흘려듣지 마세요, 역술인들의 말 한마디가 마음에 비수(悲愁)가 될 수 있습니다.

[문] 관고(官庫)란 무엇이며 사주팔자에 관고를 놓은 자는 어떤 현상이 발생 하나요?

관성(官星)이 묘궁(墓宮)에 들어있다는 말인데 이를 부성입묘(夫星入墓)라 한다. 관성이 墓宮에 들어있다는 것은 가령 甲乙일 생이라면 그의 관성(夫星)은 庚辛 金인데 그의 묘궁은 丑이 되는 것으로 甲乙일생이 주중(柱中)辛丑이 있으면 그것을 부성입묘라 하는 것이다. 이하 丙丁일 生은 주중에 봉임진(逢壬辰-壬辰을 만나고) 戊己일생은 乙未를 만나고, 庚辛일생은 丙戌를 만나고, 壬癸일생은 戊辰 또는 戊戌를 만나면 모두 부성입묘 라 말하는 것이다. 그리고 여기에서 주의 할 것은 金木水火土의 陰陽 구분치 않고 金(庚辛)의墓는 丑토, 木(甲乙)의 墓는 未토, 水(壬癸)의 묘는 辰토, 火(丙丁)의 묘는 戌토, 로서 일률적으로 사용한다는 것이다. 이와 같이 부성입묘(夫星入墓)는 남편이 묘지로 들어간다는 뜻이니, 이는 곧 상부(喪夫-남편잡아 먹는)하게 된다는 것이다. 그러므로 옛 고서에 이르기를 사주에 관살이 묘가 있으면 그 남편이 이미 황천에 들어갔다라고 하였다.(四柱에 有鬼之墓면 乃夫己入墓黃天이라)그리고 다시 이어서 말하기를 세운에 부성(夫星)이 절지에 행하면 정연코, 원앙 새 짝이 각각 길이 갈린다. "歲運에 夫星이 절지향(絶地鄕)이면 정주원앙분비이로(定主鴛鴦分飛異路-남여 한쌍이 다른 길로 나뉘어 날아가는 것이 정해졌다)라"고 하였다. 그리고 다른 고서에서는 甲木이 辛金을 夫星을 삼는데 그 부성 辛금의 墓는 丑이므로 금귀지묘(金鬼之墓)는 丑이 된다. 만약에 丑을 거듭 보면(見) 반드시 부주(남편)는 황천에 들어갔다(대운이 入官鬼 絶財지면 夫婦死別之兆는 이미 정해진 것이다)라고 하였다. 그래서 이격을 놓은 여명은 부부가 해로(偕老)하기 어렵고 또 부군(남편)이 있다하여도 출세하기 어려우니 유폐적(幽閉的) 생활을 하거나 안목(眼目) 있는 가정을 이루기가 매우 어렵다.

<夫星入墓四柱>

```
      사례<1>           사례<2>
    辛 乙 戊 丁        甲 丁 甲 庚
    酉 未 戌 巳        子 丑 寅 午
```

사례1의 곤명은 戊일생의 官성 乙목이 自坐 未에 入墓하고 있으므로 夫星入墓가 된다. 그래서 20전에 喪夫하였다.

사례2의 곤명은 甲일생의 官성 辛금이 入丑墓하고 있으므로 夫星入墓가 된다. 그리고 庚금 편관이 있다하나 이 역시 自坐 午화殺地하여 그 편관 역시 상하였으므로 傷夫하고 재가하였으나 또 상부를 면치 못한 사주이다.

기억해야할 것은 甲乙일생이 見 辛丑, 丙丁일생이 見 壬辰, 壬癸일생이 見 戊辰 또는 戊戌같이 꼭 그 관살이 墓위에 있어야만 하는 것이 아니고 그 관살이 간두(干頭)에 나타나 있지 않고 관살의 墓만 있어도 성립된다.

財逢劫則 盡死 - <재봉겁즉 진사>
재성이 겁재를 본즉 죽음에 이른 것이다,
라는 말로 겁재는 탈재라는 말과 일맥상통한다.>

劫財는 바로 그 재물을 겁탈(劫奪)하는 생명의 적이다 재물이 劫財를 보면 송두리째 빼앗기니 당장 젖줄이 끊어질뿐더러 劫財의 횡포에 만신창이가 되니 죽음을 면할 수가 없다. 굶어죽지 않으면 도적의 흉악(凶惡)에 비명횡사를 당한다. 만일 재물이 없다면 도적이 뛰어들 염려(念慮)가 없으니 비록 가난하고 천하지만 수명은 보전할 수가 있다. 그 고생이 얼마나 심한 것인가? 는 짐작하고도 남음이 있다. 문자 그대로 죽기보다도 더욱 고통스럽고 몸부림을 치는 것이다.
[원문 해설]

　재성이 겁재를 만나면 죽음이 보인다는 말인데 재성은 겁재를 강하게 극하기 때문에 무리진 비견겁재가 재성이 나타나면 그 재물을 놓고 서로 차지하려고 다툰다하여 군겁쟁재(群劫爭財)라고 하는데 이렇게 되면 재성이 허약하여 관성을 도울 수 없으므로 관성 역시 무력하여 나를 도울 힘이 없으니 죽음에 이르렀다 고 하는 것이다.
그런데 이런 경우는 어떨까?

```
       사례<1>              사례<2>
      庚 庚 辛 乙         庚 乙 庚 甲
      申 辰 亥 未         申 酉 寅 申
```

　사례1의 경우는 4金 2土로 인비 태왕한 女命이다. 그러나 겁재가 乙庚 합으로 보호주어 群劫爭財는 안 한다. 다만 무관사주에 肩劫太旺으로 金多火熄되어 결혼성사가 잘 안 된 경우인데 대운이 북방수운이어서 적령기를 놓치고 말았다.

　사례2의 경우는 5金 3木으로 팔자에 돈밖에 없는 여인인데 겁재성이 강하지만 재성을 乙庚 합으로 보호해주어 재물과 인연 있는 여성 사업가인데 역시 無官에 金多火熄이나 결혼적령기에 남방火운이라 결혼은 했으나 이혼하였다.

第 100 題

식신이 편인을 만난 즉 짐승 우리 같은 감옥에 가두는
형상이라 죽음을 만나는 것과 같다.

```
食 神 逢 梟 則 死 於 牢 獄
식 신 봉 효 즉 사 어 뢰 옥
```

　식신은 식록의 별이요 소원 성취하는 희망(希望)의 별이다. 서모격인 편인을 만나면 음식이 상하듯 변질한다. 상한 음식은 먹을 수가 없고 먹으면 죽는다. 그건 사약(賜藥)과 똑 같다. 사약은 형벌로서 내리는 사형집행이니 옥사(獄死)를 뜻한다. 식신이 허약하고 효신이 왕성할 경우엔 음식의 부패와 변질이 극성함으로써 음식과 약으로 인한 중독 내지 죽음을 면하기 어렵다. 먹지 않고는 살수 없는 인간이 음식을 먹을 수 없고 고작 사약이나 사자 밥 밖에 먹을 수 없으니 죽음을 면할 수 없지 않는가? 그러나 식신이 왕성하고 편인이 허약하다면 음식과 약으로 크게 고생을 하거나 위장병으로 대 수술을 하거나 옥고(獄苦)를 치르는 것으로 마무리를 지을 수가 있다. 빵을 생산하는 직장이나 사업이 크게 파손됨으로써 먹이가 줄고 거칠어지는 수도 있다.

坤命	壬辰	壬寅	壬寅	壬寅
수	7	17	27	37	47	57	67
대운	辛丑	庚子	己亥	戊戌	丁酉	丙申	乙未

위 사례는 일명 천원일기격(天原一氣格)이라 하여 좋은 사주로 본다. 兩神成像格으로도 보고(辰土를 寅卯辰方合)水木相生이니 食神格으로 볼 수 있다. 예사롭지 않은 사주이다.

위 사례는 박근혜전 대통형의 음력생일로 본 사주인데 양력으로 본 사주는 辛卯 辛丑, 戊寅 甲寅.인데 어찌 보면 이 사주는 대통령사주인 것 같지는 않다.
식상은 편인 성을 매우 꺼린다, 예를 들어 丙申년을 만나면 년을 만나면 편인이 들어와서 식상을 剋制하니 활동이 정지 된 형상이니 만사가 막히고 침체 된다. 이를 도식(倒食)이라 하는데 밥그릇을 발길로 차 엎어버린 경우로 본다. 대운 역시 丙申운인 편인대운이다. 丙壬 沖 寅申沖 으로 天剋地沖 또는 天沖地沖으로 하늘도 무너지고 땅도 꺼지는 대흉한 운이다 그런데 묘한 것은 운이 바뀔 때 문제가 발생 한다는 것이다. 그런가 하면 탄핵이 丙申년에 시작해서 丁酉년 丙申일 날 헌재결정이 났으니 이 어찌 우연이라 하겠는가, 모 역술인은 인터넷에 무술년 상반기에 寅午戌 三合 火局으로 午월 달에 출소를 장담 하던데 글쎄 그 일이야 두고 봐야 할 일이지만 대체적으로 감옥에 가친 사람은 沖 하는 해에 나오게 된다고 했으니 진술관이 충하기에 戊戌年中에 나온다고 하는 말은 맞는 말일 것이다.

第 101 題

비견 겁재가 많은데 재성을 보면 죽은 거나 다름없다.

> 重 劫 見 財 則 死
> 중 겁 견 재 즉 사

劫財는 재를 탐(貪)하고 겁탈(劫奪)을 일삼는다. 財가 없으면 탈도 없지만 財만 있으면 문제가 발생한다. 그 劫財가 하나도 아닌 여러 개가 있으면 어찌 되겠는가? 그들은 劫奪할 재물을 찾기에 혈안(血眼)이요 호시탐탐하지 않을 수 없다. 그런 강도 집단에 재물이 나타나면 어찌되겠는가? 그들은 서로 재물을 독전(獨占)하고 강탈하기 위해서 주먹과 칼을 휘두르고 살생을 서슴치 않으니 마침내 피살되지 않으면 살인자로서 심판을 받아야 한다. 살인자는 죽이는 것이 原則이니 어찌 살아남을 수 있겠는가? 그러나 재물이 旺盛하다면 劫財가 서로 힘을 합쳐야만 하므로 그러한 살인극은 면할 수 있고 도리어 보호(保護)자로서 벼슬과 녹을 먹을 수 있다.

[원문 해설]

身旺財旺하면 무사하다는 말을 한 것이다 비겁이 많아 신강한 命이라도 재성이 왕성하면 별 문제 없지만 재성이 약하면 군겁쟁재를 하게 된다는 것을 말한 것이다.

　　　　　庚　乙　庚　甲
　　　　　申　酉　寅　申

이러한 경우라면 군겁쟁재가 노골화 되지는 않고 있어 재성을 쓸 수가 있다. 身旺 財旺하기 때문이다.

坤命	己	丁	丁	丁
	巳	卯	丑	未

위 사례의 경우 비겁이 중중한 경우로 본다. 월지 편인에 木火土 3신의 사주이므로 無財 無官의 命이며 이런 경우 재성이 유년에서 만나면 爭財가 가능한 命이다.

坤命	甲	己	乙	丙
	子	巳	卯	子

위 사례의 경우는 甲목 겁재가 甲己합으로 겁재작용이 약하다 그러므로 면허나 자격증 등을 가지고 전문가로 살아가야 좋다고 말해야 한다. <이것이 상담이다 >

坤命	甲	乙	乙	戊
	子	亥	卯	子
수	3	13	23	33	43	53	63
대운	甲戌	癸酉	壬申	辛未	庚午	己巳	戊辰

위 사주는 사람이 살아가면서 여자에게 가장 필요한 두 가지가 없습니다.

첫째-官星(金-직업의 별, 남편의 별)이 사주에 없으니 걱정이 군요, 이런 사람은 결혼이 잘 안 이루어지거나 궁합이 잘 안 맞는 사람과 결혼하면 실패하기도합니다. 그런가하면 직업도 신통치 않을 수 있습니다. 무관(無官)사주라 그럽니다.

둘째-食傷(火-자손의 별, 식복 또는 의식주의 별)이 없습니다. 자손이 없을 수도 있고요. 더욱이 조심할 것은 자궁 쪽이 약하여 임신이 잘 안될 수도 있고 또는 유산이 잘 될 수도 있습니다. 항상 몸을 따뜻하게 해 주어야 합니다.

다음으로 건강에 대한 조언을 드리자면 사주의 기운이 차가워 꽁꽁 얼어버린 형상입니다. 이 말을 역술용어로 수목응결(水木凝結-엉길응,맺을결-물과 나무가 꽁꽁 얼어 엉겨 붙어있음)이라 하여 매사가 부진하고 풀리지 않음, 이렇게 말들을 합니다.
이렇게 되면 水가 신장 방광이니 자궁 쪽이나 간(木-肝膽)쪽에 문제가 발생하지요.
조언의 말씀을 드리자면 이분은 항상 몸을 따뜻하게 해야 하고 사는 집도 아파트보다는 단독주택이 좋으며 남향집이 좋고 항상 밝은 색상 의상과 빨간색상의 과일 이나 음식을 많이 먹고 손가락이나 몸에 금붙이를 많이 지녀야 좋습니다.
노력하면 사주가 바뀌어 좋은 삶을 살 수 있습니다.

<참고>한기(寒氣)가강한 명조로 사주가 음습하므로 火가 필요해서 하는 말이고 아파트보다 단독주택이 좋다함은 물이(水)많아 부목(浮木-물에 떠다니는 나무)될까 두려워 흙인 土를 밟으면 좋다는 말입니다. 金은 사주에 없으므로 보충한다는 의미입니다.

간명을 마치고

사주보기가 쉽고도 어렵습니다. 간단한 방법이 적중합니다. 현재 백수이구요 자궁경부암으로 치료중이랍니다. 그래서 처방을 몇 가지 해주었습니다.
대운 상으로 볼 때 33세 이전까지만 각별히 건강관리 잘 하면 그 후로는 어려움 없이 잘 살아갈 것인데요. 참으로 염려되는 점이 많은 팔자입니다.

<실전사주간명사례108제133쪽에서 발췌>

第 102 題

재성이 양인을 보면 재물이 흩어지고 망한다.

```
재 성 견 인 즉 산 재 인 망
財 星 見 刃 則 散 財 人 亡
```

財는 온순한 백성이요 刃은 칼을 찬 천하 영웅이다. 백성은 법(正官)으로 다스리면 순응하지만 칼로 다스리면 원한을 품고 반역을 도모한다. 천하장사가 칼을 휘두르면 백성을 위협하니 모두 도망칠 수밖에 없다. 백성을 잃은 지배자는 물을 잃은 고기와 같다. 나라의 창고는 텅 비고 민란으로 거탈(劫奪)이 횡행하니 재물이 온전할 수가 없다. 칼로서 백성을 위협하고 재물을 겁탈하니 만백성이 적으로 변하고 칼을 들고 대응 한다. 어찌 혼자서 만인을 무찌르며 사면초가에 쫓기는 영웅이 목숨을 부지 할 수 있겠는가? 칼로 흥(興)한자는 칼로 망(亡)한다고 끝내는 칼로 망하는 것이다.

坤命	辛亥	癸巳	壬寅	壬子		
수	3	13	23	33	43	53	63
대운	甲戌	癸酉	壬申	辛未	庚午	己巳	戊辰

위 사례는 시주에 壬子 양인을 놓고 일간이 壬수가 되므로 일간역시 羊刃으로 보아야 합니다. 또한 壬水라는 바다 물로 사방천지가 물바다입니다 다행인 것은 일지에 寅木을 놓아 수로(水路)가 좋아 살아가는 데는 별 문제 없겠는 역마가 3개나 나타나고 비견겁재가 태왕 한 것으로 보아 평탄하

게 가정주부로 살아가기는 좀 어려운 사주 일 것이 분명합니다. 水氣가 태왕하면 음란성도 많습니다. 지금은 별 문제 없다 해도 43대운인 庚午대운에는 파란곡절이 분명 발생할 것입니다.(子午沖으로 旺神沖發되면 문제발생)

금년운세를 보자면 辛卯년 이군요. 도화가 刑을 합니다. 이성문제로 부부불화가 발생합니다. 부부사이가 좋지 않은 해인데요? 라고 말했더니 그러잖아도 어제 밤에 남편과 싸우고 집 나왔습니다. 이혼해버릴까 하고 머리가 복잡해서 왔답니다.

왜 부부 불하니 도화가 형을 하느니 라고 말했나요?
年支 도화는 亥卯未 삼합해서 亥 다음자가 도화이니 子수가 되고 日支도화는 寅午戌 삼합해서 寅 다음자이니 卯가 되는데 세운에서 辛금 기신(忌神)이 예쁜 卯도화를 달고 들어와서 子卯 刑을 합니다. 이렇게 되면 이성문제로 끌탕을 하지요 내가 바람나지 않으면 남편이 바람나거나 부부불화로 사네 안사네 하고 난리를 피게 됩니다.

이정도 말해주었으면 상담으로 들어가야 합니다. 사주애기 계속해봤자 별 뾰족한 것 나오는 것도 없고 실수하기 십상이니 많이 물어보고 상담으로 풀어주면 되는 것이지요.

시어머니 모시고 살고 아들 셋 낳았다 네요. 이혼 할 수 있을까요. 다시 한 번 생각해보라고 권해주었습니다. 엄마 없이 아들 세 놈이 살아갈 수 있을까요? 더욱 둘째는 쌍둥이랍니다. 그 집안 시끄럽겠습니다. 엄마가 음탕해서(水氣태왕 물이 많은 사람은 탁 털어놓고 말을 잘 안함) 속 있는 말은 잘 안해서 알 수는 없지만 여자도 바람 끼가 좀 있고요. 남편도 무능하고 집안이 복잡해서 살맛이 안 나겠지만 그래도 이혼까지 하면 안 될 것 같아 다시 한 번 생각해 보라고 말해주고 끝냈습니다. <실전사주간명사례108제136쪽에서 발췌>

第 103 題

무법자인 양인에 힘을 실어주는 인수를 많이 만나면
결과는 좋지 않다.

> 양 인 봉 인 다 즉 악 사
> 羊 刃 逢 印 多 則 惡 死

羊刃은 칼처럼 사납고 맹호처럼 겁이 없는 무법자다. 힘이 치솟고 넘치는 천하장사다. 역발산의 힘을 가진 사람은 태산 같은 큰일을 감당할 수 있다. 그러나 할 일이 없으면 힘을 남용하고 무법을 자행한다. 닥치는 대로 무찌르고 부수며 횡포를 일삼는다. 그 안하무인의 장사에게 힘을 공급하는 인수가 많고 무한정 힘을 증가 시킨다면 어찌될 것인가? 술이 지나치면 사람을 삼키듯이 힘도 지나치면 사람을 삼킨다. 슬기와 법도를 떠나서 무엇이든 주먹으로 즉결 처분한다. 칼은 칼을 부르듯이 주먹은 주먹을 부르고 악한은 악한을 부른다. 주먹과 횡포가 극심하면 살생한다. 살인은 살인을 불러일으킴으로서 마침내 비명횡사를 면할 수가 없다. 旺盛하면 그러한 위험 부담은 없다.

[원문 해설]

양인을 설명한 것으로 추가 설명하자면 양인은 沖 하면 怒하고 合하면 인정으로 호소하고 욕 패지면 낭패를 만나게 된다. 또 양인 평상시는 능력 있고 양인 때문에 출세도 하고 특정분야에서 프로로 성공하기도 한다. 그러나 양인 자체가 강하고 또 인수의 생을 받으면 더 힘을 얻고 제지가 없으면 천방지축으로 날뛰기도 한다.

乾命	辛亥	庚子	壬午	壬子

수	5	15	25	35	45	55	65
대운	己亥	戊戌	丁酉	丙申	乙未	甲午	癸巳

　이 사주는 壬水일주가 인수비겁이 태왕하므로 旺水를 다스리려면 戊토나 甲木으로 제설(制洩)함이 마땅한데 원국에 土와 木이 보이지 않고 庚辛金 인수가 힘을 보태준다. 亥中 甲木을 쓸 수도 있겠으나 일지 午화를 쓰는 것이 좋을 것 같은데 고립된 午화가 좌우로 상충을 받고 있어 무력하다. 사주구성상으로 보아서 재난을 당하는 팔자로 재물이나 여자로 인한 관재구설이 꼭 따르는 사주이다. 金水태왕하면 음기가 강해 더욱 조심해야 한다. 丁酉대운 乙亥년에 미모의 여인과 인연을 맺어 결혼까지 약속했었으나 丙子년에 유부녀라는 것을 알게 되었고 그로인해 관재가 떠서 무마비조로 수 천 만원을 합의하고 그 다음해에 그 여인과 결혼하여 살고 있다.

☞ 정재는 한재(汗財)라 하여 땀 흘린 대가로 본다. 노력의 대가요 정직한 돈이다. 사업하는 사람들은 혹 정재대운에 부도나는 경우도 있다. 편재성이 강한 사람이 사업자이다. 대체적으로 정재운에 결혼 수 떴다고 말한다. 특히 丁壬 합은 음란지합 이라고도 하지만 여자의 사주에 丁화가 壬수를 만나면 배필을 얻은 격으로 결혼 아니면 이성 인연 또는 불륜이 저질러진다. 사주에 정관이 있는 여성들은 정재운에 財生官으로 결혼성취 잘 된다.

第 104 題

살이 뿌리가 있고 왕성하면 마침내 흉함은
정해져 있는 것이다.

> 살 유 근 이 왕 즉 정 흉 종
> 殺 有 根 而 旺 則 定 凶 終

　七殺은 主君을 무시하고 반항하는 난폭한 무법자(無法)다. 地支에 뿌리가 있고 또 旺盛하다면 안하무인(眼下無人)으로 횡포를 일삼고 살상(殺傷)을 두려워하지 않으니 어찌 평화로운 生을 걸을 수 있겠는가? 四方에 적(敵)이 많고 대립(對立)과 투쟁을 일과로 삼으니 호랑이 소굴에서 사는 것과 같다. 젊어서는 힘이 왕성하니 그런대로 감당할 수 있지만 늙어서는 무력(無力)하니 적수(敵手)의 주먹과 칼에 상(傷)하고 끝내 비명횡사(非命橫死)를 면하기 어렵다.

[원문 해설]
칠살에 대한 설명으로 원래 살이 많고 기신이면 인생사에서는 힘겹게 살아가게 되는 것이다. 또 財生殺 되는 運이나 命造가 그런 상황이라면 험한 삶을 살아간다, 후처나 소실로 숨어살기도 하고 창여나 기생팔자로 남자들을 상대해 먹고 살기도하지만 從殺正格이라면 좋은 남자만나는 경우도 있고 官印相生 되면 男命은 좋은 직장 女命은 좋은 남편만나 잘 살아간다.

1958년 03월 18일 戌시생							
坤命	戊戌	丙辰	癸未	丙辰			
수	10	20	30	40	50	60	70
대운	乙卯	甲寅	癸丑	壬子	辛亥	庚戌	己酉

  위의 명조는 창림이라는 오십대 후반의 여성의 사주이다. 한눈에 보이는 것이 관살 혼잡이지요, 사릉이라는 서울 인근 도시에서 그 나이에 아직도 티켓다방에서 불려나가는 존재로 살고 있단다. 일찍이 남자를 만나 결혼하여 3남매를 두고 남편이 사망했다는데 살아가기가 너무 힘들어 방안에 연탄불을 피워놓고 자손들과 가족동반자살을 시도 했는데요, 아들여석이 엄마 나 죽기 싫어 라고 해서 부둥켜 앉고 실컷 울고 나서야 그래 살자 라고 생각하고 별짓 다해가며 살았으며 지금은 자녀들은 다 커서 장성했고 혼자서 그럭저럭 살아간다는데, 팔자는 못 속인다고 관살이 기신이니 지금도 이 짓거리를 하며 살아가는 가 봅니다. 한편으로는 안 됐다 싶은 생각도 들지만 그렇게 살지 않았다면 몸이라도 아파 고생할 팔자지요. 관살이 기신이라 한 말입니다.
  이런 사주를 만나면 고생 많이 하셨네요, 다행이 운이 북방水운에서 서방金운으로 흘러 이정도로 건강하게 살아온 것입니다. 말년 운이 좋다고 용기를 주면 만사가 다 해결된답니다. 여러 말이 필요 없고요, 金운에 발복하다 말해주고 木운에 돈 들어온다 말해주세요, 甲午년 운세를 물어오기에 금년에 돈 들어오는 해라고 말 해주었더니 친정집 유산 조금 받게 됐답니다. 甲목 상관이 午화 재성을 달고 있기에 한 말입니다.

第 105 題

양인성이 주중에 4개가 있다면 재물로 인한 문제
또는 건강의 문제가 될 가능성이 크다.

> 인 성 사 중 즉 사 어 정 재 지 하
> 刃 星 四 重 則 死 於 正 財 之 下

羊刃은 正財를 사정없이 겁탈하고 유린한다. 그 羊刃이 四柱에 네 개가 있으면 東西南北에 칼과 창을 든 겁탈자가 무리를 지어서 正財를 찾기에 혈안(血眼)인 형국(形局)이다. 그들은 서로 유아독존(唯我獨尊)을 자랑하는 안하무인의 냉혹(冷酷)한 무법자(無法者)로써 正財를 보면 서로 독점하려고 칼을 휘두르고 살상(殺傷)을 자행(自行)하니 서로 찌르고 죽고 쓰러진다. 財를 탐하고 財로 인한 시비(是非)로 횡사(橫死)하는 것이다.

[원문 해설]
양인은 강성의 별이라서 주중에 3개 이상이면 농아라 하였으니 장애를 말하는 것인데 4개가 있다면 반드시 살상이거나 재물로 인한 큰문제가 아니면 장애인의 가능성이 크다.   〈양인이 4개가 다 있는 경우는 드물다〉

| 坤命 | 庚子 | 戊子 | 壬辰 | 壬寅 |

이 사주는 子年 子月 壬水로 강한데 월간에 戊土가 제수(制水- 戊土로 막아 씀)하고 시지에 寅木이 설수(洩水- 왕수를 설기시킴)하여 삶은 원만하지만 무엇인가 부족하고 힘겨운 부분

이 있다. 만약 戊토가 막지 않고 寅목이 설기로 흡수하지 못하는 팔자라면 아마 장애인이 되었을 팔자라 할 수 있다. 고서에서 말하기를 주중에 양인이 둘 이상이면 귀먹고 말 못하는 농아(聾啞)로 살아가게 된다하였다.

　이 사람은 현재 50대 후반의 미혼녀로 왕성한 활동을 하며 살고 있다. 부모덕이 많은 팔자인데 부모님의 유산으로 돈 걱정 없이 살아가고 있다, 결혼을 못 했나 안했나를 물어 봤더니 젊은 시절은 왕성한 활동을 하는 관계로 관심이 적었을 뿐 독신주의자는 아니라고 하는 것으로 보아 戊토 편관 칠살이 희신 역할을 하여서 직업관으로 왕성한 활동을 하였을 것이고, 대운이 서방 金으로 20년동안 운행하였으므로 결혼을 거부하는 운이라서 결혼 생각이 없었을 것이다.

　주중 오행은 많아도 병 적어도 병이다. 본명은 水가 병이고 戊토가 약이고 寅목은 설기 신으로 길신이다. 월간 부궁(父宮)에 약신(藥神)인 용신이 좌(坐)하여 아버지 덕이 많은 것이다. 그런데 모궁(母宮)인 월지를 보면 子수 양인 흉신이 앉아있고 인성인 庚金 모성(母星)은 물을 퍼부어대고 있으니 꺼리는 기신이다. 실제도 그러했단다, 부친은 부동산으로 많은 재물을 일구었고 모친은 현모양처와는 거리가 먼 사람이었다고 한다. 형제는 어떨까요? 물론 병이니 기신이죠, 그래서 언제 군겁쟁재(群劫爭財) 할지 모르는 형제이므로 평소 재산관리 잘 해야 한다고 말 해주었고 특히 본인에게는 건강관리에 신경써야한다고 말해주었는데 지금도 얼굴 안면에 기미가 보이는 것으로 보아 신장 방광 쪽이 문제다. 자궁 쪽 관리를 잘 해야 한다.<별난 사람들의 별난 사주이야기에서 발췌>

第 106 題

관성이 약하면 양인이 날뛰게 된다.

> 관 성 천 즉 종 어 양 인
> 官 星 淺 則 終 於 羊 刃

官星은 法이요 호재자(護財者)다. 官이 무력(無力)하면 법이 무력함으로서 생명과 재산을 지킬 수가 없고 도적을 당하고 억울한 피해를 당해도 속수무책이다. 羊刃은 천하장사다. 財를 보면 비호처럼 겁탈하고 겁탈에 반항(反抗)하는 물주(物主)를 살상(殺傷)한다. 무법자는 그런 봉변을 당 할리 없지만 유재자(有財者)는 모면하기 어렵다. 法이 유명무실(有名無實)하고 경호원이 무력하니 양인을 만나면 재산과 더불어 생명을 부지할 수가 없다.

[원문 해설]

양인은 겁재성으로 官을 무서워해야 하는데 官이 힘이 없으면 오히려 역으로 당한다는 말이다. 官이 剋制하지 못하면 양인은 바로 재성을 비호같이 낳아 겁탈한다. 재물이 있으면 財만 가져가지만 財가 보이지 않으면 몸으로 때워야 하는 경우도 있다.

第 107 題

상관이 소반에 가득한 즉 스스로 죽음을 면하기 어렵다

```
상 관 만 반 즉 자 사 난 면
傷 官 滿 盤 則 自 死 難 免
```

상관은 꽃이자 설기다. 재능(才能)을 피우기 위해서 머리를 짜고 힘을 방출하는 것이다. 상관이 사주에 만발(滿發)하면 나무에 꽃이 만발하는 것과 같다. 인수가 있고 생기(生氣)가 왕성(旺盛)하다면 그에 더 영광스러운 일이 없지만 인수가 없고 수분(水分)의 공급이 어려우면 꽃과 더불어 원기를 탕진(蕩盡)한 것이니 어찌 더 지탱할 수 있는가? 출혈(出血)이 극심한 환자(患者)처럼 그대로 기진해서 시들고 죽을 수밖에 없다.

```
   坤命의 사례<1>      乾命의 사례<2>
   己  丁  丁  庚      丙  己  丁  庚
   亥  丑  未  戌      戌  亥  未  戌
```

두 사주 모두 인성인 木이 없는 사주로 식상관이 많은 비슷한 사주이다. 남녀 모두 東方 木운에서 南方 火운으로 운행 되어 운은 좋은 편이다. 여성이 상관성이 강하면 일부종사 못한다. 사례 1의 경우 이혼하고 독신으로 살고 있는데 동거남이 丁酉년에 가출하였단다. 戊戌년운은 상관성이 더 강해지므로 이 여인은 건강관리 잘 해야 한다.

같은 丁未일주라도 남자의 사주는 亥水가 월지에 있어 亥中甲木을 쓸 수가 있어 극약은 아니지만 여자의 사주는 亥水가 年地에 있어 멀어서 쓰기 어렵다.

第 108 題

살들이 만나 三合局을 이룬즉 태과로 반드시 기우러진다

> 살봉삼합즉 태과이필경
> 殺逢三合則 太過而必傾

七殺은 포악한 영웅이다. 칼을 휘두르고 살상을 식은 밥 먹듯 하는 七殺이 무리를 만들어서 동서남북에서 날뛰고 主君을 공격하니 어찌할 바를 모른다. 그만큼 主君이 적(敵)이 많고 德이 없고 모가 나며 성급하고 아량이 없는 때문이니 누구를 원망하겠는가? 七殺이 四方을 포위하고 공격하는 목적은 생명과 재산을 내놓으라는 것이니 크게 파산하고 망신(亡身)한다.

[원문 해설]
 칠살은 편관을 말하는데 일간을 강하게 극하는 별이라 해서 칠살 이라고 한다. 칠살은 전투력 불굴의 투지 혁명성 개척정신 그런 의미를 가지는데 칠살이 제대로 사주에서 작동할 때 보여주는 장점이자 특징이 바로 이런 것이다.

권말부록

알고가면 유익한 통변비결
보너스 편

인성과 비견이 지나치게 많은데 인성운을 만난즉
마침내 죽게 된다.

> 生扶太過而逢印旺則終命
> 생부태과이봉인왕즉종명

　印綬와 比肩이 지나치게 많으면 과식(過食)하고 소화불량(消化不良)이요 만사가 침체(沈滯)하고 막힌다. 숨을 들이킬 뿐 내뿜지를 못하니 가슴이 답답하고 숨통이 막힌다. 여기에 또 인수가 왕성(旺盛)한 대운을 만나면 어찌 되겠는가? 乙木이 壬癸水가 많고 比肩이 겹치면 水多木浮하는데 다시 北方 水運으로 가면 江물에 휩쓸리어 물鬼神이 되듯이 갑자기 목숨을 잃는다. 마치 불이 너무 강하게 치솟으면 파란 불빛으로 변하면서 갑자기 꺼지듯이 말이다.

[원문 해설]
　많이 받아먹으면 반드시 배설구가 있어야하는데 배설구가 없다면 소화불량으로 인생사에서는 매사가 침체되므로 하여 답답한 일이 많이 발생한다. 거기에 운까지 印比운으로 운행 된다면 설상가상이다.

乾命	甲寅	丁卯	丙寅	甲寅
수	3	13	23	33	43	53	63
대운	戊辰	己巳	庚午	辛未	壬申	癸酉	甲戌

정말 이런 사주가 있을까? 6木 2火인 사주인데 인수 태과한 命인데 이 사람의 생년월일은 1974년 03월03일인시생이다. 42대운까지 남방화운이라 답답한 比劫운이지만 43대운부터는 財官운이라서 숨통이 트일 것이다.

命은 귀살(鬼殺)을 가장 두려워하고 財가 生殺하는 鬼가 가장 해독(害毒)스럽다.

일주를 극해하는 七殺을 만나면 주인의 재산을 겁탈할뿐더러 자칫하면 생명까지도 위험하다. 그래서 운명은 七殺을 보는 것을 호랑이처럼 두려워하고 한번 부딪치면 무엇인가 탈이 생기고 잃는 것이 있다. 그 七殺을 생해주는 재운을 만나면 호랑이가 무장을 하고 떼를 지어 천지를 주름잡으니 그 해독은 극악(極惡)무도하고 생명과 재산이 온전할 수 없다. 백가지 재난이 난무하다.

墓中鬼가 있거나 空亡中에 鬼가 있으면 身主를 해친다.

壬水는 辰이 墓가되고 辰中戊土는 七殺이 된다. 이를 墓中鬼라고 한다. 甲戌日生은 申酉가 空亡인데 申中庚金은 七殺이 된다. 이를 空亡中의 鬼라고 한다. 墓와 空亡은 自由를 잃은 몸의 무덤과 함정이다. 여기서 鬼殺을 만나면 꼼짝 없이 당하고 피할 길이 없으니 어찌할 도리가 없다. 평생 자유롭지 못할 뿐더러 재난을 당하면 절벽강산으로 어찌할 바를 모른다.

어귀(御鬼)를 얻으면 도리어 권위(權威)가 있고
조귀(助鬼)를 만나면 가장 큰 해를 당한다.

甲木은 庚金을 七殺이라 한다. 만일 丙丁火가 있으면 庚金이 꼼짝을 못하고 主君에 순종하니 호랑이 같은 권위를 떨친다. 丙丁火는 甲의 鬼殺을 방어하는 방패이니 이를 助鬼라고 한다. 반대로 戊己土를 만나면 庚金을 生扶해 주니 鬼殺이 旺盛하고 身主를 극도로 극해한다. 무거운 짐을 싣고 호랑이에게 쫓기니 어찌 살아남을 수 있겠는가? 만신창이로 재물과 생명을 잃게 된다. 이와 같이 御鬼의 방패를 얻으면 호랑이 같은 무서운 시련을 끝까지 극복하는 동시에 기어이 뜻을 이루고 정상에 올라갈 수 있는 영광의 입신출세를 하는 동시에 호랑이를 호령하는 권위와 이름을 떨친다. 반대로 助鬼를 만나면 산 넘어 산이요 강 건너 강처럼 시련이 첩첩 쌓이는 동시에 사고무친이요 골육이 상쟁하며 신경이 날카롭고 마음이 독하니 평생 싸움에서 벗어날 수 없고 그 때문에 만사가 허물어진다.

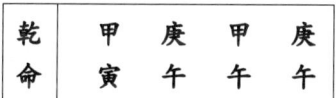 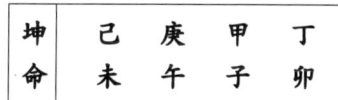

건명 甲午일주는 월 시간 양 어깨에 칠살을 놓았어도 3午火가 剋制하니 "庚금이 꼼짝을 못하고 主君에 순종하니 호랑이 같은 권위를 떨친다."에 해당하여 서울시 서기관 공무원이고, 곤명 甲子일주는 己未土가 있어 칠살을 生扶해도 午와 丁이 견제하니 별 탈 없이 잘 살아간다, 甲子일주는 시에 양인 卯를 놓고 형과 충이 연속으로 이어져 안 좋은 사주로 볼 수 있지만 본인이 칼을 잡은 의사라서 무난하게 살 수 있다.

鬼殺成群則 謂之鬼嘯이오 鬼嘯則 主畢竟惡死한다.
<귀살성군즉 위지귀소리오 귀소즉 주필경악사 한다.>

己日生이 亥卯未土局을 하거나 甲乙木이 重重하면 鬼殺이 울부짖는 휘바람 소리 같으니 정신을 차릴 수가 없고 사면초과요 사고무친으로 벗어날 길이 없다. 사방에서 재물과 생명을 노리고 겁탈하니 돈을 벌수가 없고 가난이 극심한 동시에 질병과 관재구설이 겹치고 평생에 기를 펴고 살수가 없으며 재난이 꼬리를 물으니 천수를 누릴 수가 없고 凶死를 면할 수 없다.

坤命	壬子	癸丑	壬戌	甲辰

壬癸水일주가 辰戌丑未토가 무리를 이어도 귀살성군(鬼殺成群)까지는 아니더라도 난무한 것이다, 위 사주의 주인공도 貴가 얇아(淺) 외국인 현지처 노릇을 한다니 어찌 사주팔자를 탓하지 않을 수가 있겠는가 말이다.

<嘯 : 휘파람불. 鬼殺成群則 :귀살이 무리를 이룬 즉. 謂之鬼嘯리요 : 귀신의 휘파람소리라 이를 것이요, 鬼嘯則 : 귀신의 휘파람소리인즉, 主畢竟惡死 :주인이 마침내 흉하게 죽음으로 일생을 마치게 한다.

鬼嘯兼刑殺하면 禍가 더욱 크고 富貴를 누려도 오래가지 못한다.

鬼殺이 난무(亂舞)하는데 刑殺이 겹치면 도적과 적군이 떼를 지어 공격해 오는데 집안에선 의견충돌과 대립 등으로 사분오열(四分 五列) 되고 자중지란(自中之亂)이 겹치니 문자 그대로 내우외환(內憂外患)이다. 그 禍가 극대하고 풍파(風波)가 잇달아 발생하니 설사 富貴를 누린다 해도 오래 갈수가 없다. 마음이 둥글지 못하고 인색하며 적이 많고 냉혹(冷酷)함으로서 항상 재난이 끊이지 않는다. 수양하고 德을 기르는 것이 급선무다.

[원문 해설]

귀살이란 편관을 지칭한 말로 편관이 어지럽게 놓여있으면서 형살까지 겹치면 재앙이 더욱 크고 부귀가 온다 해도 오래지속 되지 못할뿐더러 쉽게 무너지고 말 것이니 살아가면서 덕을 쌓으며 살아야 한다는 내용을 전한 소중한 글이다.

<사례1은 일본인현지처> <사례2는 의과대학 재학생>

위 사주들은 성향구조가 비슷해 보인다. 그러나 확연히 다른 것을 발견 할 수 있다. 사례1의 경우 丑월에 子丑으로 凍水라는 점이고, 사례 2의 경우는 미월이면서 亥卯未 三合으로 鬼殺成群이 아니라 食傷成群이라는 점, 물은 凍水인가 解凍 된 물인가 가가 중요하다, 사례1은 지지전국이 거의 水氣이고 2의 경우는 지지전국이 거의 木火의 기운이라는 판이한 점, 월지도 중요한 포인트로 丑중에 癸辛己이지만 未中에는 丁乙己라는 점 등을 잘 살펴야 한다.

297

祿(官)多則 貧하고 馬(財)多則 病하며 印多則 孤獨
<관살이 많은즉 가난하고 재성이 많은즉 병들고
인성이 많은즉 고독하다>

官은 호재(護財)하되 봉록(俸祿)으로써 財를 먹고 산다. 官이 많으면 봉록(俸祿)으로서 財를 많이 지출(支出)해야 하니 아무리 財가 많다 해도 끝내는 모두 탕진되고 가난에 이른다. 윗사람을 섬기고 공경하기에 바쁘다 보니 온갖 재산을 탕진하고 빈 주머니가 되는 것이다. 財는 護食하되 힘을 뺀다. 돈은 중하지만 너무 과중하게 힘을 쓰면 기진맥진하여 마침내 허약하고 질병에 걸리며 허리를 펼 수가 없고 건강을 회복할 수가 없다. 성장이 늦고 부실한 동시에 일생 신병으로 고생한다. 印星은 護官하되 많으면 도리어 官星을 탕진하고 食傷을 짓밟으니 사고무친(四顧無親)이다. 官이 無力하니 명성(名聲)이 없고 모다(母多)하니 서로 미루고 들떠 있고 食傷이 무기력(無氣力)하니 평생기회를 얻을 수 없으며 부목(浮木)처럼 정처 없이 떠돌다가 무인지경의 파도(孤島)에 표류하게 된다.

[원문 해설]

官星이 많으면 財生官으로 財의 설기가 극심해서 財가 허약해진다는 원리를 설명 한 것으로써 財星이 많아도 역시 식상이 무기력 한 것이고 인성 역시 많으면 官을 탕진하고 식상을 짓밟으니 모든 오행은 많으면 문제를 발생 시키게 되는 것이다. 그래서 모든 오행은 많아도 병 적어도 병이 되는 것이다.

**用官함은 貴格으로 馬多하면 크게 出世하고
忌官함은 賤格은 馬多하면 平生奔走하다.**
<관을 쓰는 사주는 귀격으로 재성이 많으면 출세하고
관을 꺼리는 사주는 천격으로 재성이 많으면
평생 바쁘게 산다.>

官印이 相生하거나 身旺하여 官을 기뻐하는 貴命은 財를 生官하는 밑거름으로 멋지게 활용(活用)하는 수단과 요령이 뛰어남으로서 財를 다다익선(多多益善)으로 기뻐하며 財多한 즉 크게 출세한다. 이는 財를 탐하거나 부정축재(不正畜財)하는 것이 아니고 法대로 財를 관리하고 나라와 상전(上典)에 충성(忠)함으로서 위로부터 두터운 신임(信任)을 받고 청렴한 관재(淸廉한 管財)와 치자(治者)로서 대중의 존경(尊敬)을 받는 동시에 평생 물욕(物欲)을 떠나서 공명정대(公明正大)하니 財로 인한 근심이나 재난(災難)은 전혀 없다.

이와는 달리 재다신약(財多身弱)하여 官을 쓰지 못하는 천명(賤命)은 욕심(慾心) 투성이 로서 돈을 벌기 위해선 수단과 방법을 가리지 않고 몸을 도끼처럼 마구 써버리니 건강이 온전할 수가 없다. 기진맥진하여 과로와 질병이 겹치는데도 慾心은 더욱 치솟고 물불을 가리지 않고 물욕(物欲)에 몸부림치니 병상에 누워서도 좌불안석(坐不安席)으로 마음이 초조하고 불안하다. 평생을 허욕(虛慾)에 묶이어서 동서분주하나 슬기가 없고 아량이 좁으며 수단과 요령이 부족하고 고집과 편견에 치우치며 능력과 건강이 따르지 못하고 욕심에만 혈안광분(血眼狂奔)하니 어느 것 하나 성사(成事)될 수가 없고 설사 돈을 번다 해도 만족을 모르고 날뛰니 마침내 대패(大敗)하고 파산(破散)한다.

[원문 해설]

官印相生사주와 財多身弱 사주를 논하는 말이다. 관인상생은 財多함을 기뻐하고 財多身弱者는 욕심으로 망한다는 말로 用官 者와 忌官 者의 다른 모습을 설명한 것이다.

祿馬가 太顯하면 貴로 보지 말라
<財官이 많이 나타나면 귀한 것으로 보지 말라는 것이다>

[通大 原文]

祿은 官이요 貴이며 馬는 財요 富다. 身旺하고 官이 하나이면 財生官하여 財官이 모두 貴가 되지만 身弱하고 官多財盛하면 病든 者가 富貴를 탐(貪)내는 格이니 허명허실(虛名虛利)다. 도리어 財官으로 因해서 병들고 가난하며 쫓기고 苦生이 막심하니 화근(禍根)인 財官을 어찌貴라 하겠는가? 도리어 천하게 만든 비천(卑賤)의 별이라 하겠다.

[원문 해설]

財를 쓰든 官을 쓰든 사주는 身旺해야 좋다는 이론을 설명한 것이다.

양 팔 통이면 입은 거칠어도 마음은 착하고
음 팔 통이면 짐승처럼 사납고 독함이 마음 깊이 서려있다.

> 四柱가 모두 陽이면 구악(口惡)하나 심선(心善)하고
> 四柱가 모두 陰이면 낭려(狼戾)하고 심독(沈毒)하다.

陽은 밝고 뜨겁고 강하며 둥글면서도 직선적인데 반하여 陰은 어둡고 차고 나약하며 작고 좁고 모나면서도 구불구불 곡선적 이다. 때문에 사주가 모두 양이면 솔직담백하고 陽性 的이고 직선적(直線的)이어서 무엇이든 사실대로 거침없이 비판하고 공격적이다. 입이 가볍고 거칠며 욕을 잘 해서 나쁘다. 그러나 속에는 숨긴 것이 없고 한번 털어버리면 그것으로 끝나기 때문에 본심은 언제나 밝고 솔직하여 먹은 마음이 없이 착하고 순진하다. 반대로 사주가 모두 陰이면 陰性的이고 내성적(內省的)이며 이중적(二重的)이고 표리가 부동(表裏가 不同)함으로서 겉으로는 말이 없고 얌전하면서 속으로는 수박씨 까고 웃으면 뺨친다. 소견이 좁고 옹색하며 융통성과 이해성(融通性과 理解性)이 없고 고집불통이며 냉혹(冷酷)하고 잔인하리만큼 냉정(冷靜)하고 악독(惡毒)함으로서 이리처럼 교활하고 찰거머리처럼 물고 늘어지며 독사(毒蛇)처럼 독기(毒氣)를 내뿜는다. 한(限)을 품은 독부(毒婦)와도 같다.

[원문 해설]

陽八通四柱와 陰八通四柱를 설명한 것으로 양은 양성 기질 음은 음성기질을 가감 없이 드러낸다는 말이다. 양이 많음으로 너무 드러내기는 하지만 속은 맑고 밝음을 표현했고 음이 기가 차도록 많으니 표리가 부동하여 겉과 속을 알 수가 없고 음은 냉혹함이니 많으면 혹 독으로 변한다.

乾命	丙戌	丙申	戊寅	丙辰

수	2	12	22	32	42	52	62
대운	丁酉	戊戌	己亥	庚子	辛丑	壬寅	癸丑

<양팔통인 노무현 대통령사주>

사주가 陽干支로만 구성 되어 일명 양팔통사주 그러는데 실제로 이분은 솔직담백하셨지요, 청문회스타로 전두환 대통령 청문해 할 때 명패를 집어던지든 모습, 권양숙여사 부친 사상이야기 나올 때 그럼 내 아내와 이혼하란 말이냐, 그런가하면 성질나니까, 바위위에서 떨어져 죽는 용기. 양팔통이 아니면 할 수 없는 일들입니다.

乾命	辛卯	癸巳	癸酉	乙卯

수	9	19	29	39	49	59	69
대운	壬辰	辛卯	庚寅	己丑	戊子	丁亥	丙戌

<음팔통 소령출신 보통사람 사주>

사주가 陰干支로만 구성 되어 일명 음팔통사주 그러는데요, 이 사람은 소령출신으로 기업에서 근무하다 현재는 경비생활을 하는 보통사람의 팔자인데 음팔통인 사람들은 내성적이고 냉혹한 면도 보이지만 내 마음을 잘 들어 내지 못하여 나이 들어서는 건강문제가 안 좋아질 수 있습니다. 이 사람도 간암으로 간이식수술하고 살아난 사람으로 건강이 안 좋습니다.

月令에 官星이 있으면 一生富貴한다.
財運과 印運에서 明利를 얻는다.

월지에 관성을 놓으면 한평생 부귀영화를 누린다는 말이고
재성 운과 인성 운에 발복한다는 말이다

[通大 原文]

官은 나라의 종(從)이니 벼슬과 복(福)이 있고 부와 귀를 형유(富와貴를 亨有)한다. 財를 보면 생관(生官)하니 벼슬이 높아지고 록(祿)이 후(厚)하며 印을 보면 나라의 신임과 중임(信任과 重任)을 얻으니 벼슬이 순탄하다. 그래서 재운과 인성운에 관기(財運과 印運에선 官氣)가 왕성하고 청고(淸高)하여 크게 명리를 얻는다, 그러나 신(身-일주)이 건전함이 선행조건(先行條件)이니 신약(身弱)하다면 그림의 떡이다.

[원문 해설]

官은 公職으로 국가의 공무원이니 부귀가 따르게 되고 재성을 보면 財는 官을 生하므로 벼슬이 높아질 것이고 인성을 보면 印은 친어머니 같은 성정으로 신임을 얻게 되는 것이니 인생살이가 순탄하다는 것이다. 그러나 조건이 붙는데 사주가 강해야지 신약하면 재관을 두려워하기에 불리하게 된다.

乾命	庚	癸	壬	乙
	寅	未	子	巳

위 사주는 월령에 정관을 놓고 오행전구에 일주가 양인을 놓은 자로 사시에 합격하여 최연소 경찰서장 도지사 국무총리까지 발탁되었던 관운이 좋은 사람의 사주이다.

有殺無制한데 財鄕을 만나면 黨殺하고
流年에서 다시 財殺이 得地하면 生災하고 孤寒하다.

살인 칠살은 있는데 제살할 식상이 없는 상황에서 운이 재성 방향으로 흐르면 살이 무리를 이룬 경우인데 다시 세운에서 재살을 만나거나 재가 힘을 받는 운이라면 재앙이 나타나고 외롭고 춥다 함은 삶이 고달프다는 말이다.

칠살은 무법한 적자요(七殺은 無法한 適者)재는 백성(財는 百姓)이다. 침략자는 왕성(旺盛)한데 손을 쓸 수가 없으면 적(敵)이 더욱 침략(侵略)한다. 백성을 지키지 못할뿐더러 도리어 무거운 증세와 병역(重稅와 兵役)을 부과하니 백성(民)이 반발할 것은 당연하다. 그 백성을 점령한 적은 백성과 한 무리가 되어 호통을 치니 사고무친(四顧無親)이다. 운(運)에서 다시 적이 왕지(敵이 旺地)를 얻고 민(民)과 작당(作黨)하여 쳐들어오면 중과부적(衆寡不敵)으로 나라와 백성을 잃고 사면초가의 고립(四面楚歌의 孤立)에 빠지는 동시에 온갖 굴욕(屈辱)과 재난이 겹친다. 가벼우면 집을 잃고 유배(流配)되어서 정처 없이 떠도는 몸이 되고 무거우면 刑을 받아서 생명을 잃는다. 그와 같이 유살 무제자가 재살지에 임하면 고집불통이요 안하무인격으로 범법(有殺無制者가 財殺地에 臨하면 固執不通이요 眼下無人格으로 犯法)을 자행하는 동시에 탐재탐욕(貪財貪慾)을 일삼다가 마침내 맹호(猛虎)같은 적수와 법망(敵手와 法網)에 걸리어서 파산(破産)또는 병사(病死) 혹(或)은 옥사(獄死)한다.

유살무제(有殺無制) : 관살은 많은데 식상이 없는 경우
당살(黨殺) : 관살이 무리를 이룬 경우.

坤命	己丑	丙子	癸未	壬戌			
수	6	16	26	36	46	56	66
대운	丁丑	戊寅	己卯	庚辰	辛巳	壬午	癸未

<有殺無制 일본거주 이 영 순>

위 사례는 유살무제(有殺無制)의 명조로 하급사주이다, 그런데 대운이 잘 흘렀다. 子月 寒冬의 癸水인데 동방목운에서 남방화운으로 흘러 잘 살았지만 만고풍상 다 겪고 살았을 것이다. 월간에 丙火에 의지하는 형상으로 만약 丙화도 없고 초년운이 북방수운으로 운행 되었다면 신에 의지하며 살아야 하는 팔자이다. 본인은 과거의 치부를 말하지 않으려고 하지만 젊어서 춤과 장고를 배우고 가르치는 일을 하다가 일본으로 건너가 자리 잡고 살았다 면서도 만고풍상 다 겪었다고 웃으며 말하는 모습을 보면서 사주대로 살았겠지 라고 생각했다. 관살혼잡(官殺混雜) 된 命으로 일부종사 어렵고 잘못 가면 창녀처럼 살 팔자였다.

乾命	壬寅	壬子	癸未	壬戌

위 사례의 남자는 살은 있으나 식상이 있고 癸수가 비겁이 태왕 하여 나름대로 역할은 하겠으나 정상적인 삶을 살기 보다는 비정상이 많을 것이다. 겁재는 빼앗고 빼앗기는 기질이 있어 삶도 그럴 것이다. 관살인 土가 戌未 燥土라서 다행이다 丑辰土였다면 水木凝結로 불리한 사주로 변했을 것이다. 戊戌년 초에 신수 보러온 고객인데 재물로 인한 송사 수가 보인다고 말 했더니 깜짝 놀라더라, 왜? 그 말을 했을까, <戊戌을 잘 살펴봐야 한다, 戊癸合化하면 火로 財星이 된다. 그러면 바로 群劫爭財하는데 戌土가 丑戌未 三刑을 하므로 관재구설로 본 것이다. >

官殺이 없고 財旺하면 은은히 興隆하고
積財致富하며 小貴하고 官運에 富貴雙全한다.

<관살이 사주에 없고 재성이 왕한 사주는 보이지 않게 크게 일어나고 서서히 부를 이루니 적게 귀하지만 관운을 만나면 부귀가 함께 쌍으로 온다.>

財旺하면 스스로 生官하니 官殺이 없어도 명성을 떨친다. 돈이 많은 巨富가 되면 벼슬을 하지 안 해도 사회 각 방면에서 그와 접근하려 들고 온갖 감투를 씌우려고 앞을 다룬다. 官이 있고 財旺하면 처음부터 벼슬을 하고 치부(致富)하며 官이 없이 기업(企業)으로 致富하려면 착실하고 단계적으로 발전함으로써 은은히 興盛한다. 비록 벼슬은 없으나 企業의 두목으로서 많은 수하를 거느리니 白人之長으로서 小貴하고 大富한다. 官運이 오면 社會的 벼슬을 하고 크게 두각을 나타내며 富도 急進的으로 興盛하니 大貴大富를 成就하고 富貴가 雙全하다. 官은 護財者이니 有財無官하면 財를 넘나보는 벼슬아치 때문에 뜯기는 것이 많으나 有財得官하면 돈 벌고 벼슬함으로서 철저히 護財하고 致富하여 크게 名聲을 떨친다. 財旺하면 生官하고 印旺하면 護官한다. 財가 旺盛하면 많은 手下를 거느리고 업(業)의 대표로 군림함으로서 自然 높은 지위와 명성을 얻게 되니 이를 生官이라 한다. 그와 같이 덕망인 印星이 왕성하면 천하가 존경하고 그를 따름으로서 아무리 높은 벼슬이라도 능히 감당할 수 있고 나라와 중생의 신임이 두터움으로서 반석처럼 튼튼하다. 印은 나를 보살피는 品位높은 後見人이니 貴人이 철저히 加護하고 後見하니 벼슬길이 순탄하고 日就月將할 수 있다.

1969년06월28일16시40분생						
乾命	己 酉	壬 申	丁 巳	戊 申		
수	1	11	21	31	41	51	61
대운	辛未	庚午	己未	戊辰	丁卯	丙寅	乙丑

위 사주는 정관 壬수가 있으나 합으로 없어진 경우이다. 〈관살이 사주에 없고 재성이 왕한 사주는 보이지 않게 크게 일어난다. 에 해당하는 팔자의 사례이다.〉

丁巳일주가 月 時支에 申金정재를 놓아 巳申이 刑을 하고 있는 점이 문제이다. 財多身弱 이지만 일주가 신왕해서 조금만 도와줘도 역할이 잘된다. 대운이 남방火운에서 동방 운으로 흘러 좋은 편이다. 자영업을 하는 자로 戊戌년 초에 억대 돈을 사기 당했단다. 믿었던 사람에게 배신당한 것이다. 戊戌년은 상관 운이다. 관재구설까지도 몰고 올 수 있다. 부부의 정이 안 좋은데 주말부부로 살아간단다. 丁巳는 고란살이고 재성이 좌우로 형을 함은 항상 깨질 수 있는 기운이 잠재 된 경우로 보면 된다.

興隆 : 일어날 흥, 클 융
積財致富 : 쌓을 적, 재물 재, 이를 치, 부자 부,
富貴雙全 : 부자 부, 귀할 귀, 쌍 쌍, 온전 전,
白人之長 : 흰백, 사람인. 갈지, 어른 장.
社會的 : 모일 사, 모일 회, 과녁 적,
急進的 : 급할 급, 나아갈 진, 과녁 적,
護財者 : 보호할 호, 재물 재. 놈 자.
有財無官 : 유재무관은 재는 있고 관은 없는 것을 말함,
有財得官 : 유재득관은 재물도 있고 관성도 얻고를 말함
後見人 : 후견인은 뒤에서 도와주는 사람,
加護 : 더할 가, 보호할 호,
日就月將 : 일취월장 은 날로 달로 취하고 번창 함,

財官印이 三全하면 能히 仁하고 布德하며
衛國經邦하고 權重爵高하다.

<재성 관성 인수 세 가지가 다 있으면 도덕적으로 착함에 이르므로 덕을 베풀고 나라를 지키며 권세도 얻고 높은 벼슬도 한다.>

財는 富요 官은 貴이며 印은 德이나. 有官無財하면 淸高할 뿐 財가 없으니 남을 돕고 仁을 베풀 수가 없으니 고기 없는 맑은 강물처럼 淸貧하고 고독하다. 有官無印하면 벼슬은 높으나 德이없으니 외로운 고관(孤官)이요, 오래 갈 수가 없으며 백성이 존경하고 따르지 않는다. 有印無官하면 덕망(德望)은 있으나 벼슬이 없으니 德을 베풀되 공이 나타나지 않고 누구나 알아주지 않으니 고덕(孤德)하다. 財가 있고 官이 있으며 印이 겹치면 중생을 먹이고 입힐 수 있는 財物이 있고 萬人을 다스릴 수 있는 법과 벼슬과 권위가 있으며 天下를 교화(敎化)하고 개화(開化)하며 도덕(道德)과 미풍양속(美風良俗)에 따르게 하는 덕망(德望)을 겸비(兼備)함으로서 能히 만백성(萬百姓)을 구제하고 가르치며 나라를 다스릴 수 있는 구국제민(救國濟民)의 경론(經論)이 탁월(卓越)한 동시에 온 天下에 仁을 베풀고 德을 누리게 할 수 있으면 평생 부귀영화와 공명(平生 富貴榮華와 功名)을 태산처럼 누릴 수 있다. 그러나 행운(行運)에서 칠살(七殺)을 만나면 무법자(無法者)가 난(亂)을 일으키고 그 무법자와 결탁하여 왕관(王冠)을 겁탈하려는 변심(變心)과 이변(異變)이 생기는 동시에 法을 어기고 德을 외면(外面)하니 어찌 백성(百姓)이 따르며 나라가 용서 하겠는가? 난(亂)이 다스려지고 法이 회복함에 따라 그는 無法者와 더불어 반역(反逆)으로 치죄(治罪)되니

하루아침에 벼슬이 떨어지고 그가 다스리든 법이 칼로 변하여 그의 목을 치니 어찌 살아남을 수 있겠는가? 이는 높은 벼슬과 권세를 가진 중신(重臣)이 나라의 어려운 틈을 타서 야망(野望)과 이심(異心)을 가지고 거역하고 거사하려다가 탄로가나고 실패(失敗)하여 실명(失命)하는 것이다.

[원문 해설]

財는 재물재자이므로 부자를 뜻 하는 것이고 官은 벼슬관자이므로 벼슬은 貴로 높은 신분이 되며 印은 어머니 같은 마음으로 베푸는 것이니 德으로 보는 것이다. 그런데 사주에 官은 있으나 財가 없으면 맑고 깨끗한 선비는 될지언정 財가 없으니 가난한 선비로 남을 돕고 베풀지 못하니 맑은 물에 고기가 살 수 없듯이 맑고 깨끗하기는 하나 항상 외롭고 고독하게 살게 된다는 말이고, 官은 있는데 印이 없으면 벼슬은 높은데 덕이 없으니 따르는 자가 없어 외롭게 살아가니 외로운 孤官이라 한 것이고 따르는 자가 없으니 그 지위에 오래 머물 수 없게 된다. 印은 있으나 官이 없으면 덕은 있으나 지위가 없으니 덕을 베푼들 공이 없으니 알아주지도 않고 외롭게 살아가니 孤德한 것이다.

財官印(재관인) : 재성 관성 인성을 말한 것.
三全(삼전) : 세 가지가 다 온전히 있다.
布德(포덕) : 덕을 넓게 펴다.
衛國 經邦 :위국경방
權重爵高(권중작고) : 권세도 좋고 벼슬도 높다.
淸高(청고) : 탐욕이 없이 높이 되다.
淸貧(청빈) : 탐욕이 없어 가난하다.
孤官(고관) : 홀로 외따로 있는 벼슬한 사람.
治罪(치죄) : 벌을 다스린다.

그러나 財官印이 있으면 중생을 먹이고 입힐 수 있는 즉 관리 할 수 있는 돈이 있는 것이고, 官이 있으니 여러 사람을 다스릴 수 있는 지위에 오른 것이고, 덕이 있으니 미풍양속을 따르게 할 덕망이 있는 것으로 나라를 구하고 백성을 거두며 탁월한 수완으로 부귀공명을 다 누리게 된다,

그렇지만 운에서 칠살을 만나는 것은 무법자가 모든 걸 겁탈하는 형상이어서 일시적으로 어려움은 있어도 財官印의 힘으로 무사 할 수 있다는 말이다.

1931년01월18일午시생						
乾命	辛未	庚寅	庚申	壬午		
수	10	20	30	40	50	60	70
대운	己丑	戊子	丁亥	丙戌	乙酉	甲申	癸未

위 명조는 財官印을 모두 갖춘 身强한 사주팔자이다. 庚申일주가 庚辛이 투출하고 未土 인수가 도우니 비록 실령은 했지만 身旺한 팔자로 寅申이 상충하나 財官이 좋고 五行全具에 庚申일주라 군인의 命으로 대통령까지 한 전직 대통령 전두환 장군의 사주이다. 젊어서는 북방 水운인 식상운이라 왕성한 활동을 했고 서방金운에 승승장구하였으며 甲申대운 말(甲庚沖 寅申沖)내리막길을 걷더니 급기야 癸未 癸水 상관대운부터 구설이 끝이 없었고 未土 財가 財生官하여 칠살이 나를 치니 심적으로 고통을 받았으나 財官印을 모두 갖춘 命이라 지금까지 건재하다.

有官無印한데 傷官이 得地하면
傷妻剋子하고 박직(剝職)당하는 재(災)가 생긴다.

<관성은 있고 인성이 없는데 상관이강하면 아내가 죽거나 자손이 잘 안 되고 직장에서 옷을 벗는다는 말인데 상관은 제살하는 별로 득세한 경우 관살이 맥을 못 춘다는 원리를 말한 것이다.>

官은 法이요 印은 德이며 傷官은 無法者다. 官이 傷官을 만나면 무법자의 난동(亂動)에 의해서 법이 짓 밟피고 백성의 생명과 재산을 마구 겁탈하니 무법천지(無法天地)로서 아비규환(阿鼻叫喚)이다. 그 난동에 妻子가 온전할 수 없는 동시에 그를 다스리지 못한 벼슬아치가 책임을 면(免)할 수는 없으니 三者의 잘못과 관이실수(管理失手)로 파직(罷職)을 당하는 것이다. 下剋上으로 因한 체통(體統)의 문란(紊亂)에 의한 인책(引責)이니 手下의 하극상으로 인한 연대적(連帶的) 인책(引責)으로 실직(失職)하는 것과 그 上司에 下剋上하다가 당하는 두 가지가 있다. 따라서 傷官은 法을 어기다가 法에 묶이는 것이니 不法을 하거나 과거(過去)의 불법사실(不法事實)이 탄로되어서 관재구설(官災口舌)을 당함을 의미한다. 財가 있으면 무난(無難)히 구제된다. 財는 돈과 手段과 要領이니 財없으면 잘못하고도 반성에 인색하고 구차한 변명으로 고집 부리 다가 重한 벌책(罰責)을 당하는 것이다.

만일 유년에서 다시 상관을 만나서 傷官이 성당(成黨)하면 집단적인 하극상(集團的인 下剋上)과 사면초가(四面楚歌)의 공격(攻擊)을 받아서 비참하고 추악한 망신을 당한다. 이는 집단적(集團的)인 배신(背信)과 반격(反擊)을 비롯해서 연속적(連續的)인 비위규탄(非違糾彈)과 폭력적인 집단 구타로 만신창이가 되고 처참한 몰락(沒落)을 당하거나 중대(重大)

한 사범(事犯)으로서 중형(重刑)을 집단 받고 옥사(獄死)함을 의미(億味)한다. 행운(幸)에서 七殺이 겹치어서 살기(殺氣)가 성당(成黨)하는 경우도 마찬가지다. 傷官은 반역음모(叛逆陰謀)를 꾀하다가 치명타(致命打)를 당하는데 反하여 七殺은 무력(武力) 또는 반항세력과 야합(反抗勢力과 野合)하여 정군에 배반(正君에 背反)하다가 역자(逆者)로서 치명타를 당하는 것이다. 이런 경우엔 식견(識見)이 탁월(卓越)한 현자(賢者)도 진퇴유곡(進退維谷)에 빠져서 존망(存亡)의 위기(危機)에 직면(直面)하게 된다. 설사 목숨을 보존(保存)한다 해도 누명(陋名)과 혐의(嫌疑)를 벗어날 수는 없으니 마침내 횡액(橫厄)을 당하지 않으면 불치의 악질(不治의 惡疾)로 죽음에 이른다. 속세(俗世)에 입는 재화(災禍)를 모면할 수는 없으니 속세를 탈속(脫俗)함으로서 위기를 면할 수 있다.

| 乾命 | 丙戌 | 己亥 | 丁未 | 庚戌 |

위 사주는 월지 正官이고 傷官성이 강한 팔자에 印星이 없으니 상관이 요동을 칠 것인데 제어할 인성이 없다 해도 財星이 있으면 상관을 설기시켜줌으로 조화 즉 중화를 이룬다는 말이다. 그래서 인성의 유무만 보지 말고 재성의 있느냐 없느냐를 살펴야 한다는 것이다. 위 사례의 사람은 배우자궁이 戌未 刑殺까지 놓았지만 재성이 상관의 강한 힘을 받았기에 이혼하거나 자식이 잘못 되지 않았다는 것입니다. 剝職은 벗길 박자에 벼슬 직, 즉 직업이 약하다고 하나 이 사람 70이 넘도록 장인정신으로 일하고 있으니 단편적으로 사주를 보지 말아야 한다는 사례로 보아주기 바란다.

陽刃이 沖合되고 財를 剋傷하는 경우
身이 衰絶하면 生災하고 敗亡한다.

<양인이 합충 되고 재를 극상하는 경우
신이 쇠절하면 생재하고 패망한다.>

羊刃은 날카로운 凶器로서 이를 沖하거나 野合하면 반드시 刃傷이 發生하기 쉽다. 刃이 노리는 것은 萬一 身이 衰絶하다 시피 허약하고 有財한데 刃을 만나거나 충동하면 반드시 刃이 劫財하는 동시에 허약한 身主를 위험함으로서 기겁초풍을 하는 동시에 온 財物을 몽땅 겁탈 당함으로서 뜻하지 않는 재난과 신망(災難과 亡身)을 당한다.

[원문 해설]
　양인을 잘 알아야 한다. 양인은 陽干을 위주로 한다하여 陽刃이라고도 하고, 羊刃은 양의 뿔을 예리한 칼인 흉기로 잘라낸다 하여 羊刃이라고도 한다.
　이렇게 예리한 흉기인 양인이 충 했다, 합은 건드렸다는 것이고 글자자체의 자원은 빌, 공허, 라는 의미도 있지만 우리역학에서 사용되는 沖은 분명히 부딪쳤다는 의미라는 것을 알 필요가 있다. 합했다 合자는 합할 합자로 하나가 되었다하는 의미인데 여럿이 모여 하나가되니 힘이 강해질 수도 있겠고 역학용어로 合殺이라는 것의 의미는 합해서 살이 없어졌다, 힘을 못 쓰게 묶어놓았다, 로 합은 묶음의 의미로도 쓰인다. 그런데 여기서는 野合이라는 말이 나온 걸로 보아 야합이라는 의미를 알아야 할 것 같다 보통 野는 들 야자로 들판을 뜻하지만 야합이라고 단어를 만들어놓으면 들판에서 만난 것이 아니라 거칠다, 라는 거칠 야자로 쓰이므로 합해서 힘이 강해짐을 의미하므로 합의 만남이 좋게 만나 것이 아니라 악하게 만남으로 그 힘이 강해짐을 의미하므로 인상

313

(刃傷) 즉 칼로 인해 상처가 난다는 것을 말함이요, 그런데 刃이 노리는 것은 강한 사주에서는 별 의미가 없는 오히려 더 발전한다는 뜻이고 허약한 사주나 그 힘이 쇠 절지에 임할 때나 재성이 있는 상태에서 양인을 만나거나 충동으로 건드리면 刃이 겁재(劫財)로 재물을 사정없이 겁탈한다는 말이고 身主 즉 일간이 허약하면 인에 위협 당한다는 것으로 일간이 일주가 강하면 적게라는 의미도 내포 되어 약한 사주에 양인이 발동하면 몽땅 다 털린다, 로 재난(災難) 즉 재로인한 어려움 뿐 아니라 신망(身亡)으로 망하거나 심하면 죽게도 된다는 말이다.

| 坤命 | 庚午 | 乙酉 | 丙午 | 甲午 |

이 사주는 실존인물이다. 1990년 08월 20일 12시20분생으로 백로 절기에 걸렸으나 절입 시간이 22시14분인데 12시20분에 태어났으므로 乙酉 월로 보아야하는 명이다.
위 곤명은 양인이 3개나 되는 坤命으로 드센 팔자로 보아야 한다. 조열한 팔자에 無官(無夫-남자의 별이 없음)이고 양인이 세 개나 놓아 정숙한 여자로 살긴 아애 글러먹은 사주이다. 그러나 운세의 흐름으로 보아 살아가는 것은 걱정 없다, 라고 말해주었더니 술집마담인데 개업하고 싶다더라.

| 坤命 | 乙卯 | 己卯 | 甲午 | 丁卯 |

고전에 기록 된 사주로 (2035년도에 존재하는 사주) 군겁쟁재(群劫爭財)하는 命이다. 원래 양인은 겁재로 겁탈의 명수로 가장 두려워하는 것이 재성이 나타났을 경우이다,

남다양인필증혼(男多羊刃必重婚) : 남자의 사주에 양인이 많으면 반드시 여러 번 결혼한다.
양인중중필극처(羊刃重重必剋妻) : 양인이 무거우면 반드시 아내를 극하니 무정 또는 분리를 뜻한다.
壬子 羊刃은 승부욕이 강하고 비록 조용하지만 목표가설정되면 폭발적으로 추진하는 힘이 강하다.
丙午 羊刃은 다혈질이고 자존심 주권일 좋아하고 튀는 행동을 잘하며 참지 못하고 바른 말을 잘하는 등 하극상을 좋아한다.

| 乾命 | 壬午 | 甲辰 | 壬子 | 壬寅 |

위 사주는 壬子 양인을 놓았으나 申子合殺로 順化 된 명이다. 물은 흘러내려가는 水路인 木이 있어야 貴命인데 甲寅 木이 있어 막힘없는 삶을 산다. 그러는데요 남명은 대체적으로 출세하는 이가 많고 여명도 활발한 활동은 하지만 드센 팔자라 한다.

| 坤命 | 壬子 | 壬子 | 戊寅 | 丙戌 |

위 곤명은 무당으로 활동하는 여자인데 양인이 年月柱에 있고 時柱 백호살이 있으며 戊寅일주로 양팔통사주인 여명이다. 살은 일주에 있고 타주에 있어야 강한데 本命 타주에만 있다. 그러나 여러 가지 여건상으로 보아 정숙하게 살아갈 여명은 아니고 특별한 삶을 살아야만 하는 팔자인 것이다. 일부종사는 어려운 팔자지만 남자 없이는 못 사는 여자의 팔자로 본남편과 이혼하고 다시 다른 남자와 동거한다.

印星이 財를 보고 身主가 衰絶한 경우
다시 財運으로 行하면 黃泉길을 免할 수 없다.

<인성이 재를 보면 財剋印으로 인성역할이 안되고 일주가 쇠 절로 약한 경우에 다시 재성의운을 만나면 황천(죽음의길) 길 을 면하기 어렵다>

　　身弱者는 印星에 存在하는데 財를 보면 印星이 짓밟히고 무거운 짐을 부담하게 된다. 병든 환자가 의사에 의지하는데 天下美人이 誘惑하며 의사를 내쫓고 陰事를 즐기니 患者는 重病에 걸릴 수밖에 없다. 더욱이 財運을 만나서 女人天下를 이루고 極盛을 떨면서 患者를 弄絡하니 어찌 살아남을 수가 있겠는가? 身旺者는 財가 기쁜 黑字의 財物이지만 身弱者에겐 財가 무거운 짐 꾸러기와 같은 赤字의 負債가 된다. 印수는 유일한 숨통이자 資源으로서 生命의 動脈과 같다. 赤子의 負債를 만나면 그 財源이 바닥남으로서 完全히 動脈이 끊기고 負債에 억눌린다. 財運에 가면 負債가 泰山처럼 늘고 숨통이 막히는 동시에 몸이 감당을 못하니 마침내 돈더미 아닌 負債더미에 깔려 죽는다. 그것은 醫藥인 印星에 의지하는 患者가 重病에 걸려서 藥石이 無力한터에 더 큰 不治의 惡疾에 걸려서 마침내 百藥이 無效이고 꼼짝없이 死는함을 뜻한다. 疾病의 原因은 財星이니 女色과 貪財에 있다. 有錢者는 지나치게 貪色함으로서 과로한 나머지 惡疾에 걸리어 죽게 되고 無錢者는 지나치게 貪欲함으로서 과로로 기진맥진 끝에 重病에 걸리어서 죽게 된다. 만일 이때에 比肩은 있어서 財를 누르고 印星을 救濟한다면 능히 護印하고 保身할 수 있다. 比肩은 支援者이니 第二者의 後見과 支援을 얻어서 酒色과 貪慾을 물리치고 負債를 克服하여 正道와 正業을 지켜나가는 것이다.

[원문 해설]

　신약한 사주를 설명한 것으로 신왕자는 재운을 보면 돈을 벌어드리지만 신약자는 財運을 보면 財剋印으로 더 허약해 지니 그 좋은 財를 내 것으로 만들 수 없다는 원리를 비유 한 말이다.

身弱者 (신약 자) : 몸신, 약할 약, 놈 자. 자로 사주전체의 기운이 허약한 경우.
陰事(음사) : 응달 음, 일 사 자로 어두운 곳에서 진행 되는 일 淫事 (음탕한 일)
重病(중병) : 무거울 중, 병 병자로 무거운 병이란 중환자를 의미하는 것임.
極盛(극성) : 다할 극, 담을 성자로 모든 것을 다함을 의미하는 것으로 쓰임.
弄絡(농락) : 희롱할 농, 헌솜 락 자로 희롱함을 뜻함, 籠絡으로도 쓰임.
赤字(적자) : 赤은 붉을 적자지만 비다, 아무것도 없다, 라는 의미로 적자라고 함.
負債(부채) : 부채의 뜻은 빚을 지다 로 질 부자와 빚 채를 쓴다.
動脈(동맥) 움직일 동, 맥, 맥 자로 혈이 움직이는 혈맥을 일컬음이다.
藥石(약석) : 약, 약, 돌 석자로
無力(무력) : 없을 무, 힘력, 자로 힘이 없을 때를 말함,
百藥이 無效(백약이 무효)일 백가지 약이라도 효력이 없을 때 백약이 무효라 함,
無錢者(無전자) : 없을 무 돈 전, 놈 자, 자로 역학에서는 재성이 없음을 말함.
貪欲(탐욕) : 탐할 탐, 욕심 욕,
救濟(구제) :구할 구, 건널 제자지만 건지다. 로 구해내다.
保身(보신) 지킬 보, 몸신자로 내 몸을 지킨다, 로 쓰임.
支援者(支援者)지탱 할 지. 당길 원 놈 자 자 로서 지탱 할 수 있게 도와줌.
後見 (후견) : 뒤에서 보아주는 사람을 후견인이라 한다.
酒色克服(주색극복) 주색을 이겨냈다, 라는 말,

<우리가 한자어라도 쓰임새에 따라 많이 달라지기도 한다는 것을 알아야 한다.>

官이 七殺과 傷官은 보고 刑沖破害가 겹치는데 歲運에서 重疊되면 必死한다.

官은 法이요 七殺과 傷官은 無法者다. 暴力者와 無法者가 亂舞하여 精神을 못 차리는데 刑沖破害의 파란까지 겹치면 나뭇가지와 뿌리가 다 같이 暴風에 흔들리는 格이니 한시도 온전할 수가 없다. 기진맥진하여 미구에 쓰러질 지경이다. 여기에 行運과 歲運에서 다시 暴力과 無法 그리고 暴風이 겹쳐서 大型化하고 惡性化 한다면 어찌 나무가 온전하겠는가? 뿌리가 뽑히고 가지가 부러지며 산산조각이 나듯이 異變 중첩하고 官災 또는 疾病의 極惡化로 더 以上 견딜 수 없어 獄死 또는 病死등 橫厄으로 凶死한다. 法의 紊亂과 異端과 變心과 背信과 反抗과 陰謀의 作黨에 의한 災禍요 그로 因한 誤判과 偏見과 我執과 過勞의 果報이니 禁慾과 保守와 勤愼이 橫厄을 피하는 唯一한 活路다.

[원문 해설]
　관성은 칠살과 상관은 고양이 앞에 쥐와 같은데 형충파해가 겹치고 다시세운에서 무겁게 겹치면 반드시 죽게 된다.

無法者 暴力者(무법자, 폭력자)
亂舞(난무) : 어지러운 난, 춤출 무.
精神(정신) 暴風(폭풍)
大型化, 惡性化(대형화, 악성화) 極惡化(극악화)
病死 橫厄 凶死(병사, 횡액, 흉사)
紊亂, 異端 變心 背信 反抗 陰謀(문란, 이단, 변심, 배신, 반항, 음모)
作黨 災禍(작당, 재화)
誤判 偏見 我執 過勞 果報 (오판, 편견, 아집, 과로)
禁慾 保守 勤愼(금욕, 보수, 근신, 횡액,)
活路(활로) : 살 길이라는 것,

財가 比肩을 보면 半打作하고 歲運에서
刃劫과 沖合이 겹치면 心死한다.

　財는 萬人이 貪하는 妖物이다. 같은 有權者인 比肩을 만나면 半分하지 않을 수 없다. 萬一 歲運에서 겁탈자인 羊刃이나 劫財를 만나고 身主가 沖合되어서 無力化한다면 刃劫은 事情없이 財를 劫奪하는 동시에 無力한 身主를 칼로 迫害하니 마침내 기진맥진하고 기절하여 목숨을 잃는다. 女色과 財物과 疾病등으로 큰 苦痛을 겪은 끝에 失命한다.

[원문 해설]
재성이 비견을 만나면 반분으로 나누어 가진다는 말이고 세운에서 양인이나 비겁을 만나고 합이나 충까지 연결 되면 더 겁탈 당하게 되며 호색으로 손재하거나 몸이 아파 손해 보는 등 이런 일연의 일들로 고통 받는다는 것을 설명한 것이다.

半打作(반타작) : 반으로 나누어 가지는 것
妖物 (요물) : 아리따울 요 자지만 여기서는 괴이하다, 로 만물 물, 종류.
有權者(유권자)권한이 있는 자.
事情(사정) 劫奪(겁탈) : 위협할 겁, 빼앗을 탈.
迫害(박해) : 닥칠 박, 다그치다. 궁색하다. 해할 해, 해롭게
고통(苦痛) : 쓸 고, 아플 통, 괴롭히다.
失命(실명) : 잃을 실, 목숨 명, 목숨을 일다.

財旺身弱한데 有傷官하고 官殺이 重重하며
歲運에서 官殺이 중첩하고 沖刃하면 心死한다.

<재성이 강하여 사주가 신약한 가운데 상관까지 있고 관살까지 많으면 아주 허약한데 세운에서 관살이 겹치거나 양인이 충까지 한다면 이는 반드시 죽는 다는 말이다>

財旺身弱한데 傷官이 있으면 病者가 出血하고 退費하며 享樂에 빠지니 기진맥진이다. 이레 官殺까지 겹쳐서 財殺이 合黨하면 도적이 칼과 權力과 野合한 格이니 꼼짝없이 財物을 고스란히 빼앗기고 목숨이 風前燈火다. 이에 또 歲運에서 강도 같은 官殺이 重來하고 唯一한 命脈인 羊刃을 沖하면 集團的인 亂動分子의 겁탈과 迫害 亂舞속에서 手足이 절단 된 것이니 어찌 살아남을 수 있겠는가? 生來의 虛弱者 또는 病者가 酒色이나 貪財(도박)로 함정에 빠져서 再起不能의 窮地에 몰리고 官災 또는 惡疾로 獄死 또는 病死등 橫死를 하게 된다. 萬一 生扶하는 制神이 있다면 죽음은 免할 수 있고 殘疾이나 傷處로 고생할 따름이다. 아집과 偏見과 虛慾과 無謀와 退費 때문에 橫厄을 만나는 것이다.

財旺身弱(재왕신약) : 재성이 많아 일주가 약해짐
病者 出血 退費(병자, 출혈, 퇴비) 費자는 쓸 비자인데 여기서는 손상 되다 로 씀
享樂 合黨 (향낙 합당) 향은 누릴 향, 즐거울 낙, 합할 합, 무리 당.
權力 野合 (권력, 야합) 風前燈火 重來(풍전등화) : 바람 앞에 등불,
唯一 命脈 羊刃(유일 명맥 양인) 團的 亂動分子(집단적 난동분자)
迫害 亂舞(박해, 난무,) 生來 虛弱者(생래 허약)
病者 酒色 貪財(병자, 주색, 탐재)
再起不能 窮地(재기불능, 궁지)
官災 惡疾 獄死 病死 橫死(관재, 악질, 옥사, 병사, 횡사)
萬一 生扶 制神(만일생부, 제신)
殘疾 傷處(잔질, 상처)
偏見 虛慾 無謀 退費 橫厄(편견, 허욕, 무모, 퇴비, 횡사)

財官太多하고 混殺한데 身弱하면
官殺을 再逢할 때 心死한다.

<재성과 관성이 아주 많고 살까지 섞여 신약 상황에서 관살을 또 만나면 마음까지 죽는다는 것은 다 죽은 목숨이라는 말이다>

　身弱하고 財官이 太過하면 病者가 萬金을 지고 堂上에 오르는 格이다. 그것은 돈 보따리가 아닌 病보따리요 벼슬의 堂上이 아닌 죽음의 堂上이다. 여기서 사나운 暴力者 七殺까지 나타나서 亂動을 일삼는다면 어찌 견딜 수 있겠는가? 官殺은 護財아닌 劫奪者요 無法의 迫害者이니 大忌한다. 그 무서운 호랑이를 歲運에서 또다시 무더기로 만난다면 어찌 살아남을 수 있겠는가? 集團的인 강도 또는 迫害者에 의해 돈을 빼앗기고 목숨까지 잃는 것이다. 最惡의 강도는 惡疾이요 官災이니 不可抗力의 官災로 獄死하거나 不治의 惡疾에 걸리어서 呻吟하다가 病死하는 凶死 또는 橫死를 겪는다. 萬一 印星이 救濟한다면 도리어 轉禍爲福하니 吉慶하다. 印星은 德望이요 貴人이니 修道하고 改過遷善하여 福을 누리는 것이다.

신약(身弱) : 몸이 약하다는 말로 사주의 몸 강약을 말한다.
재관(財官) : 재물 재 벼슬 관으로 사주에서 중요한 역할을 한다.
태과(太過) : 태과란 지나치게 많음을 뜻한다.
병자(病者) : 병들 병자로 병든 자를 말한다.　만금(萬金) 당상(堂上) 격(格)
폭력자(暴力者) : 사나울 폭 자이니 사납고 힘쓰는 놈.
난동(亂動) : 어지러울 난 움직일 동, 호재(護財) : 보호할 호 재물 재자.
겁탈자(劫奪者) 무법(無法) 박해자(迫害者) 다그칠 박, 해로울 해, 놈 자.
대기(大忌) 큰대, 꺼릴 기, 집단적(集團的) 최악(最惡) 악질(惡疾)
불가항력(不可抗力) : 힘으로 막지 못 함. 관재(官災) 옥사(獄死) 불치(不治)
악질(惡疾) 신음(呻吟) 구제(救濟) 전화위복(轉禍爲福) 길경(吉慶) 덕망(德望)
수도(修道) 개과천선(改過遷善)

官은 上下透出한 것은 妙로 삼는다.
<관인 벼슬인데 간지에 나타나야 뿌리 되어
좋다는 말이다.>

官은 堂上의 벼슬이니 높이 솟아야 하고 높은 나뭇가지인지라 뿌리가 튼튼해야 한다. 그와 같이 官星이 天干에 우뚝 솟는 동시에 地支에 뿌리 깊이 박혀 있어야 한다. 萬一 干에는 透官하고 地에는 無根하면 뛰어나게 총명하고 출중하나 뿌리 없는 나무처럼 높이 자라날 수 없는 동시에 오래 지탱할 수가 없다. 반대로 地支에는 透官하였는데 天上에 不透하면 얼굴이 땅에 파묻혀 있는 형국이니 좀 체로 功이 나타나기 힘들고 나중에 얼굴을 들 수 있다.

乾命	癸酉	壬戌	癸未	戊午		
수	7	17	27	37	47	57	67
대운	辛酉	庚申	己未	戊午	丁巳	丙辰	乙卯

관살혼잡으로 본다, 다만 官星이 透官되어 기쁘다. 공직에 진출하면 맡은바 임무 충실할 命이다. 사회복지학과를 졸업하고 취업준비중인데 공무원시험 준비해도 되느냐고 문의한 命이다. 공직이 맞지만 의료인도 좋았는데 했더니 처음 과 선택할 때 간호로 갈까도 생각했다고 하여 일단은 칼을 쓰는 사주(戌未刑殺)이니 참고하라고 말해주었다. 사주에 목이 없는 것이 일점 흠이다. 木만 있었으면 좋은 사주였는데 말이다. 일단 수일주는 목으로 흘려보내야 막힘없는 삶을 살며 土가 忌神이고 木이 약신 이다.

正官은 一位이어야 君子요 貴人의 命이다.

< 정관은 하나만 있어야지 여러 개면 안 좋다는 말이고 그래야만 군자요 귀인의 사주라는 말이다.>

[通大 原文]

正官은 父요 夫요 法이요 道다. 父와 夫는 一位이어야만 眞實하고 有情하듯이 法과 道는 하나뿐 亂立되어서는 안 된다. 人格이 卓越한 父를 모시는 子女와 夫를 섬기는 主婦는 篤實하고 純粹하듯이 法과 道를 가진 百姓은 淸廉하고 潔白하며 正義와 忠誠에 剛直하다. 父와 夫를 제대로 섬기고 法과 道를 올바로 지키려면 많은 修養과 工夫를 해야 하듯이 윗사람 노릇을 하려면 萬人의 師表가 되어야 한다. 印星은 중생에게 衣食住와 識見을 공급하는 物心兩面의 源泉이다. 衣食이 豊足하고 識見이 卓越하면 禮를 지키고 德을 베푸니 印星은 곧 德과 信望이 源泉이다. 百姓을 다스리는 者는 벼슬과 더불어 德望이 있어야만 百姓을 敎化하고 德으로 同化하게 하듯이 父母와 남편을 섬기고 法과 道를 실천하려면 열심히 工夫하고 體力과 知力을 기르며 德과 信望을 갖추어야 한다. 年이나 時에 印이 있으면 官高德厚하니 크게 出世할 수 있다.

眞實(진실) 有情(유정) 卓越(탁월)
篤實(독실) 純粹(순수) 淸廉潔白(청렴결백)
正義(정의) 忠誠(충성) 剛直(강직)
修養(수양) 師表(사표)
衣食住(의식주) 識見(식견) 物心兩面(물심양면) 源泉(원천)
豊足信望(풍족덕망) 源泉(원천)
體力(체력) 知力(지력)
官高德厚(관고덕후) : 벼슬은 높고 덕은 두텁다.

四位純官이면 仕官虛名이요
七殺이 重重하면 先淸後濁하다.

<정관이 네 개면 지위가 이름뿐 힘을 못 쓰고
편관이 많으면 처음은 좋으나 후가 불행하다.>

官이 滿柱하면 父多夫多하고 法道가 亂立한 것이니 어지럽고 간사한 無法天地다. 비록 忠誠을 다하나 主君의 變化가 심하니 어찌 功을 세울 수 있겠는가? 官이 여럿이면 어느 하나를 섬길 수 없으니 내 마음도 變하고 忠誠心도 박해지니 信望을 얻기가 어렵고 出世하기도 어렵다. 그래서 직업변동과 佳居變動이 無常할 뿐 더러 많은 上典을 공경하다보니 支出이 과다하고 浪費가 심하여 貯畜할 겨를이 없고 무엇을 하든 成敗와 起伏이 심하며 과로와 浪費로 疾病과 가난이 있단다. 七殺은 총명하고 영리한 權力者로서 위세가 당당하니 二位 三位 重疊하면 群雄이 割據한 形局이니 꼬리를 문다. 血氣旺盛한 젊은 시절엔 그런대로 氣高萬丈하고 權威를 떨치지만 늙고 병들면 쫓기는 몸인지라 坐不安席이다. 그래서 先淸後濁이라고 한다.

四位純官(사위순관) : 정관이 네 개가 자리했다는 말이다.
仕官虛名(사관 허명) : 벼슬이 이름뿐 별 볼일 없다는 달이다.
先淸後濁(선청후탁) : 처음은 좋으니 뒤는 안 좋다는 말이다.
滿柱(만주) : 가득할 만자에 기둥주자로 사주 안에 가득 차 있다는 말이다.
浪費(낭비) 貯畜(저축) 佳居變動이 無常(주거변동 무상) : 한자리 오래 살지 못함.
成敗와 起伏(성패와 기복) : 잘되고 못 되고 엎어졌다 뒤집어 졌다.
浪費(낭비) 疾病(질병)
權力者(권력자) 重疊(중첩) 群雄(군웅) 割據 (할거) 形局(형국) 權威(권위)
血氣旺盛(혈기왕성) : 젊어서 혈기가 왕성 할 때를 말함.
氣高萬丈(기고만장) : 기운이 펄펄 넘친다, 로 하는 일이 잘 될 때를 이른 말.
坐不安席(좌불안석) : 앉은자리가 불편하다는 말이다. 가시방석

一財得時면 富貴하고 多財하면 勞苦한다.
<재성은 하나만 있고 시에 나타나면 부자요,
재가 많으면 노고는 많지만 내 것은 안 된다는 말로
財多身弱 을 말한 것이다.>

 財는 돈을 버는 職場이요 市場이요 漁場이요 農場이다. 市場이 하나요 繁昌하면 獨占함으로서 크게 富하고 貴하다. 온갖 貨物과 商品이 나의 市場에 雲集하니 부르는 것이 값이요 무더기로 돈을 벌 수 있다. 버는 장사는 언제나 더 많이 벌기 위해서 항상 마음이 조급하고 바쁘다. 자나 깨나 돈 벌 생각을 하기 때문이다. 그러나 市場이 둘로 나누어지면 경기와 수입도 반으로 나누어 감소됨으로서 意欲 興味 또한 減退하듯이 富와 貴도 半減하고 조급한 意欲과 성미도 反으로 누구러진다. 만일 財가 三四位로 늘어너면 市場이 東西南北에 亂立되고 競爭이 치열해진 파장形局이니 場勢도 暴落하여 지출과 赤字투성이다. 기진맥진 뛰어다니다보니 과로로 몸은 병들고 負債만 늘어난다. 사서 苦生하고 病들고 빚지는 格이다. 身旺者는 그런대로 지탱하고 打開할 수 있다지만 身弱者는 食少事煩으로 지쳐 쓰러진다.

職場 市場 漁場 農場(직장, 시장, 어장, 농장)
繁昌 貨物 商品 雲集 獨占(번창, 화물, 상품, 운집, 독점,)
意欲 興味 減退 競爭 形局 場勢 (의욕, 흥미, 감퇴, 경쟁, 형국, 장세)
暴落 赤字 負債 苦生 打開(폭락, 적자, 고생 타개)
食少事煩(식소사번) : 먹는 것은 적고 일은 번거롭다.

印星은 多多益善이요 財를 싫어한다.

<인성은 많으면 많을수록 좋다는 말이고 재는 꺼린다는 말이지만 항상 중화를 잊어서는 안 된다>

[通大 原文]印星은 德이요 배움이요 衣食住요 後見人이다. 市場인 財나 父權인 官은 겹치면 濁하면 滯하면 變質하고 轉落하여 大忌하는데 反하여 印星인 德과 識見과 衣食住와 後見人은 많을수록 얻는 것이 크다. 그러나 主體가 튼튼하지 않으면 그 많은 힘을 消化할 수 없으니 도리어 체하고 塞한다. 體가 虛하면 도리어 財로서 剋印하고 攝取를 調節하는 吉이다.

印星으로 둘러싸인 경우인데 從旺格으로 왕한 인성을 좇아간 형상이다. 이런 사주들은 대체적으로는 잘 살지만 무너지기 시작하면 사정없이 무너진다. 그 이유는 사주는 중화인데 편협 되면 문제가 될 수 있고 이런 경우 土多金埋로 항상 의지하고 자신이 빛을 볼 수 없으니 역량발휘가 잘 안 된다. <본명은 결혼성사가 안 되어 40이지만 미혼이다>

乾命	戊子	戊午	辛未	戊戌

위 사주는 순하지 못하다, 식상과 관성이 있어 不終 土多金埋로 자신의 역할이 잘 안 되는 사주이다.<떠돌이 역술인으로 살아간다.>

衣食住, 後見人 父權 濁 滯 變質(의식주, 후견인, 부권, 탁, 체, 변질)
轉落 大忌 主體(전락, 대기, 주체) 塞 體 虛(막힐 색, 몸체, 빌 허) 攝取 調節(섭취, 조절)

月支財星은 馬元이니 劫財를 가장 두려워한다.

月支에 財星이 있으면 財의 根元이라고 한다. 馬는 財를 의미한다. 財는 養命의 根源이니 俗人에게는 가장 重要한 것이다. 財는 도적이 찾는 과녁이니 劫財를 만나면 고스란히 빼앗긴다. 그래서 劫財를 가장 두려워한다. 가령 庚日主가 寅卯月生이면 馬元이니 만일 年이나 時에서 劫財를 보면 도적을 당한다. 歲運에서도 마찬가지다.

年上에 有官하면 福氣가 가장 두텁고
年上에 七殺이 있으면 終身토록 除去하면 안 된다.

官은 君王의 侍從이요 年上은 군왕의 官이다. 年上에 官이 있으면 군왕의 側近者로서 군왕의 신임이 가장 두터우니 最高의 官祿을 누리는 동시에 장차 君王의 後繼者로서 王冠을 상속할 수도 있으니 官으로서는 福祿이 가장 두터운 것이다. 年上칠살은 칼을 찬 侍從武官이니 그 權威가 당당하며 終身토록 이름을 떨치니 결코 형 충해서는 안 된다.

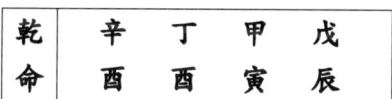

年上 有官에 年支에 酉金으로 뿌리하며 월지에 酉金까지 놓았으니 官이 강한 사주이다, 이 사람은 조각과 출신으로 조폐공사에서 돈을 디자인하다가 일반회사로 이직한 사람이다.

根元(근원) 養命(양명) 俗人(속인) 重要(중요) 馬元(마원) 後繼者(후계자) 侍從(시종: 요즘의 비서) 側近者(측근자) 最高(최고) 官祿(관록)
王冠(왕관) 福祿(복록) 侍從武官(시종무관) 權威(권위) 終身(종신)

官은 록이요 財는 마로서 富貴의 근원이다.
官地(運)에선 발신하고 配地에선 발복한다.

官은 나라의 從이니 반드시 綠이 있고 財는 貨物이니 馬로서 운송한다. 그래서 官은 록이라 하고 財는 馬라고 한다. 官은 官이 鄕里인 官運에서 滿發하여 벼슬이 至高하고 綠이 千鍾이며 財는 財의 旺地인 財運에서 豊作하여 金玉이 滿堂이다. 官이 뛰어나면 貴格이요 財가 푸짐하면 富格이다.

年上에 財官이 있으면 반드시 富貴한
집안에서 出生하고 조부의 根基가 두텁다.

年은 군왕의 자리이니 財와 官은 군왕의 財요 官이다. 財와 官이 왕가에 견주니 富貴가 두텁다. 한 가정의 군왕은 곧 조상과 부군을 뜻하니 조상과 부군이 君王같은 富貴를 누리었음을 의미한다. 그 夫君의 아들딸인 명주가 富貴한 家門의 胎生으로 조상의 根基가 두터움은 不問可知다.

鄕里(향리) 官運(관운) 滿發(만발) 至高(지고) 千鍾(천종) 滿堂(만당)
家門(가문) 胎生(태생) 根基(근기)
不問可知(불문가지) : 묻지 않고서도 안다.

少年에 官향으로 行運하면 功名을 이룬다.

官鄕은 벼슬을 관장하는 堂上이다. 大運이 관향으로부터 시작하면 벼슬하는 당상에 일찍부터 오르니 王命을 받들고 출세하며 공명을 이룬다. 옛날로 말하면 少年登科及第요 요즘은 少年에 고시 합격하여 官運에 진출하는 것이다. 그 만큼 슬기가 뛰어나고 일찍부터 머리가 튼 秀才者 일뿐더러 父君의 恩功이 비범한 것이다.

年月엔 財官이 없고 日時에 財官이 있으면 自立成功한다.

年月은 당상이니 부모의 자리요 日時는 나와 처자의 자리다. 年月에 財官이 있으면 父母로부터 相續받는 富와 貴이니 모두가 父母의 은공으로 출세하고 소년 때부터 영화를 누리는데 반하여 日時의 財官은 자기 힘으로 개발한 富貴다. 父母의 은공을 누리지 못했으니 소년시절엔 불우하였고 중년부터 자기능력으로 자수성가하고 자립출세 한다.

乾命	甲寅	庚午	甲午	庚午			
수	5	15	25	35	45	55	65
대운	辛未	壬申	癸酉	甲戌	乙亥	丙子	丁丑

위 사주의 주인공은 20대초에 행시합격 현재 서기관으로 승진 해외연수중인 젊은 관료 의 명인데 15대운부터 官鄕이다. 월간에 官이 나타나서 부모 상속재산 실지로 많다.

官鄕(관향) : 관성 운으로 흐름, 少年登科及第(소년등과급제) 相續(상속)

人命은 財官을 本으로 한다.

<사주팔자를 볼 때에는 재관을 근본으로 본다.>

俗世는 財가 으뜸이다. 財를 버는 데는 官이 으뜸이니 官은 곧 財다. 財를 根本으로 하는 人命이 財官을 命脈으로 삼을 것은 당연하다. 때문에 財官이 없는 命은 血脈을 잃은 산송장이요 財官을 兼有한 命은 기혈이 충만한 부귀지명이다. 財와 官의 하나만 있어도 財는 누릴 수 있으니 발복할 수 있고 평생 안명할 수 있다.

[원문 해설]
세상살이에는 돈이 최고요, 으뜸이니 관이 곧 돈이라는 말로 재관을 갖춘 사주라야만 부귀공명 할 수 있다는 말이다.

無官하고 財多하면 財地에서 功名을 이룬다.

官이 없으면 祿이 없고 록이 없으면 財가 부실하다. 비록 財多해도 市井의 商人으로서 벼슬하는 官人과는 비할 바가 못 되니 有名實少하다. 그러나 財旺하면 富盛하여 저절로 벼슬이 굴러오니 비록 무관하다해도 財旺地에선 官이 만발하여 크게 발신하고 공명을 이룬다. 官은 護財者이니 무관하면 아무리 財多해도 뜯기고 흩어져서 致富하기가 힘이 든다.

[원문 해설]
　財官이 있어 균형을 이루어야 좋다는 말이고 관은 없고 재성이 많으면 관인 즉 벼슬한 사람만큼은 명성을 날리지는 못할지라도 돈이 많으면 감투도 쓰게 되어 저절로 감투가 굴러들어오는데 財生官의 원리로 財旺地 즉 재성 운에 감투를 쓰게 된다는 말이고 官이란 재물을 보호하는 별로 관이 없고 재가 많으면 재를 간직하기 어렵다는 것이다.

財旺하면 스스로 能히 生官하나
반드시 身旺해야만 發身할 수 있다.

財는 金貨이자 侍從이다. 旺은 極盛한 것이니 財旺하면 富가 極盛할 뿐더러 侍從이 極多하다. 官은 從의 長이니 비록 돈으로 雇傭한 社員이지만 侍從이 千이요 萬이라면 萬人之上의 貴人임에는 틀림이 없다. 그래서 財旺하면 能히 돈으로 벼슬하고 出世할 수 있다. 그러나 萬金과 萬人을 다스리려면 財旺해야 하니 身弱하다면 그림의 떡이며 도리어 憂患의 씨 알이 된다.

[원문 해설]

財旺하다 함은 재성이 많다는 말인데 相生의 원리상 財生官 으로 官이 發한다는 말인데 재관은 어찌했던 내 힘을 빼앗아 가는 별이므로 일단 내 몸이 강해야 즉 신왕 해야만 財官을 내 마음대로 다스리지 만약 신약한 命이라면 財官에 의해 조종당하는 형상이라 發身하지 못한다는 말이다.

乾命	丁亥	壬寅	己未	乙亥			
수	1	11	21	31	41	51	61
대운	辛丑	庚子	己亥	戊戌	丁酉	丙申	乙未

위 사주는 身旺 財旺한 命으로 부자의 命이다. 원명에 식상 金이 없으나 운에서 서방금운을 만나서 조화를 이룬 팔자이다.<전두환 노태우 전 대통령이 운동했다는 연희동 우정스포츠 사장이었고 현재 종3에 많은 토지를 소유한 사람의 命이다>

金貨(금화) 極盛(극성) 極多(극다)
雇傭(고용) : 품살 고, 품팔이 용, 憂患(우환) : 근심 우, 근심 환.

年月에 財官이 없고 幼年運 또한 不好하다면
卑賤한 出身으로서 破祖하고 傷父한다.

<년과 월에 재성이나 관성이 없고 어려서 운 또한 좋지
않으면 신분이 낮거나 천한 집 출신으로 조상의 유업을
파괴하거나 부친과 인연이 적다>

年月에 財官이 없다면 父母가 富貴하지 못한 卑賤한 身分
이며 初年運이 凶하다면 父母가 無能無力하거나 크게 敗亡
하거나 早失父母함으로서 少年의 運勢가 困窮한 것이니 이
는 命主가 처음부터 卑賤한 家門에서 出生한 동시에 父母를
剋하고 祖業을 破하는 悲運의 主人公임을 짐작할 수 있다.

官殺混雜하거나 傷官 또는 合神이 많으면
男子는 酒色을 耽하고 女子는 自由結婚한다.

官殺이 混雜하면 중심이 없고 好酒好色하며 그로 인해서
迷路에 빠지고 轉落하기 쉽다. 傷官이 많으면 好辯好奢하고
好色好蕩하며 浪費가 심하니 그로 인해서 散財하고 轉落한
다. 合神이 많으면 多情多感하여 향락을 즐기고 주색을 耽하
여정에 얽매여 몸을 망친다. 여성은 주색에 빠질 수는 없지
만 自由結婚하고 自己멋대로 향락을 즐긴다.

卑賤(낮을 비, 천한 천): 낮고 천한신분. 無能無力(무능무력) 早失父母(조실부모)
困窮(곤궁) 運勢(운세) 命主(명주) 祖業(조업) : 조상의 유업, 悲運(비운)
主人公(주인공) 混雜(섞일 혼, 섞일 잡) 好酒好色(호주호색) : 술과 여자를 좋아함.
迷路(미로) 轉落(구를 전 , 떠러질 낙) 好辯好奢(호변호사) : 말과 사치를 좋아함.
好色好蕩(호색호탕) 浪費(낭비) 散財 (산재) 合神 (합신) 多情多感(다정다감)
耽(즐길 탐) 自由結婚(자유결혼) 自己(자기)

有官逢財하고 有殺逢印하며 有印逢官하면 大吉하나 不偏不倚토록 生剋制化함을 上格으로 삼는다.

官은 財가 있어야 有位有祿 하니 상격이요 殺은 印이 있어야 有勇有德하니 上格이며 印은 官이 있어야 有德有位하니 상격이다. 官이 있고 財가 없으면 벼슬은 있으나 봉록이 없으니 有名無實하고 有殺無印하면 智와 勇은 있으나 德이 없으니 有勇無謀하고 眼下無人이며 有印無官하면 德과 智는 높으나 벼슬이 없으니 無用之物이다. 보다 중요한 것은 不偏不黨하도록 生剋制化의 妙를 얻어 中和하는 것이다

[원문해설]
사주가 조화를 잘 이룬 경우를 설명한 것으로 사주는 치우치지도 무리 짓지도 아니하고 조화로워야 최고의 사주다.

有官逢財(유관봉재) : 官이 있고 財를 만나면 財生官으로 官이 힘이 있고,
有殺逢印(유살봉인) : 殺이 있고 인수를 만나면 殺生印으로 印이 힘이 있고,
有印逢官(유인봉관) : 印이 있고 官를 만나면 官生印으로 印이 힘이 있고,
不偏不倚(불편불의) : 치우치지도 않고 의지하지도 않으며
生剋制化(생극제화) : 균형을 이룬 경우
大吉 上格(대길, 상격)
有位有祿 (유의유록)位는 자리위자지만 여기서는 품위 위, 祿은 복록, 행복.
　　　　　품위는 있으나 복이 없고
有勇有德(유용유덕) 勇 날쌜 용자지만 과감함으로, 德(덕 덕) 여기서는 덕행
　　　　　과감함도 있고 덕행도 있다
有名無實(유명무실) : 이름만 있고 실속은 없다. 有殺無印(유살무인)
有勇無謀(유용무모 : 과감성은 있으나 꾀가 없다.
眼下無人(안하무인) : 눈에 보이는 것 없이 천방지축으로 움직이는 것
有印無官(유관무인)
智와 勇과 德,(지와 용과 덕) : 지혜와 과감성과 덕행을 갖추었다.
無用之物(무용지물) : 쓸모없는 물건,
不偏不黨(불편부당) : 치우치지 아니하고 무리 짓지 아니함.
生剋制化(생극제화) ; 조화를 잘 이룸.
妙(묘) 묘하다. 中和(중화) : 치우치지도 모자라지도 안이 하고 조화를 이룸

六神은 破害와 休囚된 것을 下格으로 친다.

<육신을 볼 때는 깨지고 해롭게 하고 쉬고 가두고 묶인 것을 안 좋은 격으로 본다.>

　日主가 육신에서 宰相을 起用할 때는 유력하고 왕성한 것을 一品으로서 택하고 刑 沖破害 되거나 病死 絶胎한 것은 無能無力한 下品으로서 外面한다. 그러나 行運에서 형 충 파 해를 解消시키고 休囚를 生扶해주면 去病會生 한 것이니 쓸모가 있고 起用됨으로서 轉凶爲吉하고 반대로 凶神을 生扶하고 吉神을 迫害하면 禍를 造成한다.

[원문해설]
　일주가 자신이요 군왕이므로 재상인 고관을 기용할 때 힘있고 쓸모 있는 사람을 원하지 형 충 파 해 나 병 사 절 태로 흠이 있고 병든 사람은 쓰지 않는다는 것이고 그렇지만 사주에서는 행운이란 운에서 형 충 파 해를 풀고 쉬고 가두고 묶인 형상을 도와주어 힘이 생기면 병은 가고 다시 살아날 수있다하여 오히려 흉함은 가고 길함이 오게 되지만 흉한별을 도와주거나 길한 별을 쳐내는 운이라면 재앙이 따르게 된다는 것을 설명한 것이다.

起用(기용) 등용하여 쓰다.
無能無力(무능무력) : 능력도 없고 힘도 없는.
行運(행운) : 맞이하는 운. 幸運과는 전혀 다른 뜻,
解消(해소) : 풀해 살아질 소자이니 풀리고 없어졌다는 말,
休囚(휴수) : 쉴 휴, 가둘 수 자 이니 묶이고 힘없는 것을 말함.
生扶(생부) : 날생, 도울 부 자로 육신에서는 인성이 生이고 비겁이 扶가 됨.
去病會生(거병회생) :병은 가고 다시 살아남.
轉凶爲吉(전흉위길) 흉한 것이 굴러 길한 것이 되었다.
造成(조성) : 이루어지다.
迫害(박해) : 칠박 해할 해,
禍(화) 재화 불행 등을 말함. 災는 재앙 재자로 재앙 화재를 뜻함.

用臣은 月令에서 起用하되 純粹해야 한다.

 一國을 다스리는 재상은 최강하고 至賢해야 하며 육신 중 崔旺者는 월령이니 재상은 月令에서 選擇하는 것이 當然하다. 월령은 正氣者를 말하니 월령 정기는 자동적으로 用臣으로 出世한다. 旦 재상으로 용신을 擇했으면 그를 전적으로 信任하고 一體를 委任해야 하며 그에 의지해야 한다. 萬의 一이라도 更迭하거나 不信하면 이미 대권을 장악한 재상이 칼을 주군에 향함으로서 致命的 禍를 모면할 수가 있다.

[원문해설]

 일국을 다스리는 재상이라 함은 사주에서 용신을 말함이고 지현(至賢)이라 함은 지혜로워야 한다는 말이고 사주에서는 월지를 월령(月令-우두머리)이라 하여 최고 강한 자로 보고 그러므로 강한 자를 재상인 용신으로 발탁한다는 것은 당연하다, 라는 말이다 정기자(正氣者)란 월지 지장간(地藏干) 중에서 본기(本氣)를 말함이다. 用臣을 신하신자로 씀은 부리는 신하와 같다는 말이고 여기서 중요한 것은 용신(用神 또는 用臣)에게 힘을 실어주어야지 경질(更迭)이나 불신(不信)이란 것은 행운에서 용신을 거부 또는 거역하는 운을 만났을 때를 설명한 것으로 용신을 박해하면 대권을 잡은 재상이 어쩌면 하극상 같은 상황으로 변해서 일주인 본인에게 칼을 들이대는 결과와 같은 불행이 닥친다는 것을 우회적으로 설명한 것이다.

純粹(순수) : 순수할 순, 순수할 수자로 섞이지 않고 순수함
一國 (일국) 至賢(지현) 崔旺者(최 왕 자) 選擇(선택) : 가릴 선, 택할 택 ,
月令(월령) : 월령은 태어난 달을 의미하며 슈자로 태어난 달이 우두머리,
當然(당연) 用臣(용신) 出世(출세) 一體委任(일체 위임) 更迭(경질) 不信(불신)
致命的(치명적) 正氣者(정기자) : 월지지장간중에서 본기를 말함.

有官用印하면 殺을 두려워않고
殺局用印하거나 印局身得地者는 上格이다.
<유관용인하면 살을 두려워 않고
살국 용인 하거나 인국득지 자는 상격이다.>

官은 殺을 제일 싫어하나 印이 있으면 조금도 두려워하지 않는다. 官은 벼슬이요 印은 德이며 殺은 勇猛者다. 法을 다스리는 官은 法을 무시하는 칠살을 가장 싫어하지만 德을 兼備한 治者는 만인을 德으로 다스리고 同化시킴으로서 殺을 보면 도리어 德의 힘과 빛을 나타냄으로서 功이 크다. 淸濁을 가리지 않고 能히 다스리는 것이다. 地支에 七殺이 三合 또는 方合局을 形成했으면 敵이 集團을 形成하고 숨어있는 伏兵과 같다. 틈만 있으면 主君을 奇襲함으로서 風前燈火 格이다. 그러나 天干에 印이 있으면 덕으로 동화시키니 도리어 惡黨을 善導하는 大功을 세울 수 있다. 印星이 三合 또는 方合局을 이루면 水多木浮(수다목부)하듯 主君은 浮流하니 定着하기 어렵다. 그러나 得根得地 하였다면 能히 消化하고 活用함으로서 대업을 이루고 大功을 이룩할 수 있으니 上格이다.

有官用印(유관용인) : 관성이 많아 인수를 써야한다는 말.
殺局用引(살국용인) ; 살이 삼합국을 이룬 경우여서 인수를 쓴다.
印局身得地者(인국신득지자) : 인성이 국을 이루고 일간이지지도 얻음.
勇猛者(용맹자)
兼備 (겸비) 治者(치자) 淸濁 (청탁) 形成(형성) 集團(집단)
方合局(방합국) : 방합국이란? 방합을 이룬 경우를 말한다.
風前燈火(풍전등화) : 풍전등화란 ? 바람 앞의 등불을 말함.
惡黨(악당) 善導(선도) 大功(대공) 主君(주군) 浮流(부류) : 떠서 떠내려가다.
定着(정착) 得根得地(득근 득(대공) 上格(상격)
水多木浮(수다목부) ; 물이 많아 나무가 떠다닌다는 말.

**有印逢殺者는 命에 官殺이 있어도
官殺地에 殺印傷生하여 貴하게 된다.**
<용인봉살자는 명에 관살이 있어도
관살지에 살인상생 하여 귀하게 된다.>

命에 印星이 있으면 관살이 다다익선(多多益善)이다. 덕을 베풀고 공을 세울 수 있는 기회를 얻음으로서 재능과 실력을 아낌없이 발휘할 수 있다. 四柱에 관살이 있으면 쉴 새 없이 덕을 베풀듯이 재능을 다양하게 발휘한다. 官殺運에 이르면 東西로 선행을 하고 최대의 공을 세우니 이름을 떨치고 貴格을 이룬다.

[원문해설]
　사주에 인성이 있는 상태에서는 관살이 많으면 많을수록 좋다(官生印)는 말이고 이렇게 되면 일간이 힘을 받으니 재능과 능력을 발휘 할 수 있고 관살지에도 살인상생 하여 귀하게 된다는 말이다.

月令 官星者는 財를 기뻐하고 財旺地에서 富貴한다.
<월지에 관을 놓은 사주는 재성을 기뻐하고 재왕지에
부와 귀를 함께 누린다.>

官은 벼슬이요 지위다. 월령에 관이 있으면 官氣가 왕성하니 벼슬과 地位가 지극(至極)히 높다. 그러나 벼슬은 록이 따라야 하니 有官無財하면 벼슬은 높으나 봉록이 없으니 명예직에 불과하다. 그래서 有官者는 財를 가장 기뻐한다. 財旺地에서 재록이 극성(極盛)하니 봉록이 천종(千鍾)이다. 벼슬이 최고로 높아지고 록이 최대로 늘어나니 대부대구(大富大貴)할 수 있다.

有財者는 財旺地에서 發福한다.
萬一 有殺하면 用殺하고 用財하지 않는다.
<유재자는 재왕지에 발복한다.
만일 유살하면 용살하고 용재하지 않는다.>

　有財無殺하면 **用財**하니 **財旺地**에서 **發福**하고 **致富**한다. 그러나 **有財有殺**하면 **用殺**하니 돈보다 **權勢**와 **武力**을 **爲主**로 한다. 天下의 **大權**과 **兵權**을 관장하려면 **非凡**한 **智力**과 더불어 **體力**이 있어야 하니 **身弱者**는 그림의 떡이다. 때문에 슬기를 흐리게 하고 **精力**을 낭비하는 財를 싫어한다. 만일 재왕지에 행하면 **財殺**이 **合黨**하고 지와 체력을 **浪費**하니 **貧賤**하고 **虛弱**해진다.

[원문해설]
사주에 재성은 있고 관살이 없으면 재를 쓰게 되므로 재왕지(재성이 힘을 받는 운)에 발복하여 부자가 된다. 그러나 재성도 있고 관살도 있을 경우에는 으면 는데 관살을 쓰게 되어 돈보다는 권세와 무력위주로 가야 하기 때문에 대권과 병권을 관장하려면(부려 쓰려면) 본인이 지혜와 체력이 있어야 하므로 신약한 사주는 그림에 떡일 뿐 자신이 취하지 못한다. 그러므로 머리를 흐리게 하고 정력을 낭비하게 만드는 재성을 싫어하게 되는데 만약 재성이 왕성해지는 운에 이르면 재성과 관살이 합하여 무리를 이루게 되니 힘은 소진되어 다스리지 못하니 가난하고 천하게 되며 잘못하면 병까지 얻게 된다.

有財無殺(유살무재)　用財(용재)　發福(발복)　致富(치부)　有財有殺(유재유살)
用殺(용살)　權勢(권세)　武力(무력)　爲主(위주)　大權(대권)　兵權(병권)　非凡(비범)
智力(지력)　體力(체력)　身弱者(신약자)　財殺(재살)　合黨(합당)　浪費(낭비)
貧賤(빈천)　虛弱(허약)

官殺이 混雜하면 好色多淫하고
作事가 小巧하며 寒賤하다.
<관살이 혼잡하면 호색호음하고
작사가 소교하며 색천 하다.>

 官은 正夫요 殺은 情夫다. 한 몸에 正夫와 情夫를 거느리는 것이 곧 관살혼잡(官殺混雜)이다. 남자는 官이 벼슬이요 殺이 權柄이다 벼슬하고 칼을 차면 꽃을 탐하고 향락을 즐긴다. 한 몸에 두 사나이를 거느린다는 것은 그 만큼 어여쁘고 사내들을 홀리며 색정(色情)을 貪하고 음란(淫亂)하기 때문이다. 색정에 빠지면 家事는 외면하고 가산은 탕진(蕩盡)된다. 그가 작사에 能하거나 성실(誠實)할 수는 없다. 能한 것은 주색잡기(酒色雜技)뿐이다. 젊어서 그런대로 인기가 있고 귀여움도 받지만 꽃이 시드니 中年부터는 秋風落葉이다. 배운 것이 적고 모은 것이 없으니 무엇을 해도 신통치가 않고 찬바람이 휘돌며 가난하고 천(賤)하다. 마치 화류계의 妖花들이 젊음이 시들면서 눈꽃처럼 구박받고 매달려 사는 꽃과 같다.

[원문해설]
 官은 본남편으로 보고 殺은 애인이다. 사주에 본남편과 애인을 함께 거느린 형상인 것을 관살혼잡이라는 용어로 쓴다. 정관은 벼슬이고 편관 칠살은 권세의 근본이다, 사람이 벼슬하고 칼까지 차면 꽃을 탐하고 향락을 즐기니 한 몸에 두 사나이를 거느린다는 것은 색정 음란 주색잡기로 젊어서는 인기도 있고 좋지만 나이 들고 꽃과 낙엽이 떨어지면 인기 폭락으로 천하게 구박받으며 살게 되니 역시 관살 혼잡은 좋지 않은 팔자라는 것을 설명한 것이다.

坤命	丁未	乙巳	戊寅	甲寅

수	8	18	28	38	48	58	68
대운	丙午	丁未	戊申	己酉	庚戌	辛亥	壬子

위 사주는 관살이 혼잡 된 경우이다. 多者無者라 하여 이렇게 정편관이 많아도 결혼적령기운인 20대운부터 관을 거부하는 운이라 결혼이 늦어지거나 하고 싶은 마음이 없어 못하는 경우도 있 해봤자 남편 덕이 없을 수도 있다.

坤命	壬辰	丁未	丁巳	壬子

수	1	11	21	31	41	51	61
대운	丙午	乙巳	甲辰	癸卯	壬寅	辛丑	庚子

위 사주는 관살혼잡으로 보면 안 된다. 身旺官旺하여 좋은 사주지만 흠이 있다면 過於有情 으로 합이 많아 정조관렴이 적고 음란한 끼가 있다.

坤命	庚申	庚辰	甲子	壬申

수	5	15	25	35	45	55	65
대운	己卯	戊寅	丁丑	丙子	乙亥	甲戌	癸酉

위 사주는 편관이 많은 사주이다, 편관이든 정관이든 섞이지 않으면 좋은 것이다. 위 사주는 살인상생 되는 사주라서 좋게 보이나 신왕지로 가야 대길한데 운이 신왕지로 흐른다. 외국에 거주하며 좋은 직장에 근무 하는데 문제는 결혼이 빨리 안 되는 것이 흠이다.<多者無者-많은 것은 없는 것>

地에 官鬼가 成群伏虎하면 老年에 不虞하다.
<지지에 관 귀(官殺)가 무리를 이루고 사납고 모질고 숨어있어 노후를 헤아리기 어렵다.>

　관살은 명령하고 채찍질하는 출세(出世)의 동기(動機)이다. 지지에 관살이 작당(作黨)하고 복병(伏兵)하고 있으면 항상 충동(衝動)하고 채찍질함으로서 명주(命主)는 밤낮으로 뛰는 천리마처럼 역주(力走)하고 동분서주(東奔西走)한다. 비록 재복은 없으나 공과 이름만은 뛰어나고 기복(起伏)은 심하나 전진(前進)은 한다. 그러나 노쇠(老衰)한 만년(晚年)에 이르면 기진맥진하여 기동(起動)이 불가능한데 엄명(嚴命)과 채찍은 더욱 가중(加重)되니 어찌 온전할 수가 있겠는가? 천명(天命)을 다 할 수 없이 이변으로 흉사(凶死)하기 쉽다.

[원문해설]
　관살이 지지에 무리를 지어 있는 사주를 가진 경우를 설명한 것으로 바쁘고 기복이 심하고 노후가 보장 되지도 예측하지도 못하는 등 불안하다는 것을 설명한 것이다.

官鬼(관귀) : 官은 정관을 말함이고 鬼는 귀신귀자지만 칠살을 말함이다.
成群伏虎(성군복호) : 성군은 무리를 이룬 상태, 복호는 사납고 모질음이 숨어있다
不虞(불우) : 헤아리지 못함, 예측하기어려움.
作黨(작당) : 무리지어 무엇인가를 일으키다. 무리지어 만들어내다.
伏兵(복병) : 숨어있는 병사,
衝動(충동) 命主(명주) : 사주의 주인공. 力走(역주) : 힘들여 달림,
東奔(기복) 일어나고 엎어지고, 삶이 순탄하지 못하고 엎어졌다 자처 졌다.
前進(전진) : 앞으로 나아감 老衰(노쇠) : 늙고 쇠약해 짐,
晚年(만년) : 늦은 나이에,
起動(기동) : 일어나 움직임.
嚴命(엄명) : 엄한 명령, 加重(가중) : 무게를 더함,
天命(천명) : 하늘이 정해준 운명. 凶死(흉사) : 흉하게 죽음,

祿盛하면 幻 寡孤獨하고 官殺이 混雜하면 殘病이 있다.

<록이 무성하면 도리어 고독함이 적고 관살이 혼잡하면 병으로 죽을 수 있다.>

祿은 自立의 별이다. 건록(建祿)과 官星이 祿神이다. 成長이 성숙하면 자립하듯이 벼슬하고 祿을 받으면 자립한다. 그러나 建祿이 旺盛하면 財官이 無力하고 官星이 무성(茂盛)하면 身과 財가 無氣하다. 財官이 無氣하면 妻와 夫가 無智하니 妻緣과 夫緣이 薄하고 홀아비와 과부로서 고독하다. 官殺이 혼잡하면 出役이 過多하고 과로함으로서 신병이 떠나지 않으며 病藥으로 損財가 크다.

[원문해설]
육신은 너무 왕성해도 상대성이 있어 타 육신이 무력 하게 된다는 것을 설명한 것이다. 결국은 中和를 말한 것이다.

乾命	庚子	戊子	壬午	甲辰

　　위 사주는 年月支에 建祿인 子水를 놓아 祿盛한 命으로 財官이 약할 수 있다. 그런가 하면 재성이 왕신에 충을 먹어 약하다, 관성역시 戊辰토가 있어 연간과 시지에 있어 강해 보이지만 구성상 약해진 경우인데 戊戌년을 만나면서 칠살이 왕성하여 관재구설이 난무하게 된다. 영화감독 김기덕의 팔자인데 성추문으로 죽을 지경일 것이다.

祿盛(록성) 建祿(건록) 祿神(록신) 成長(성장) 無氣(무기) 無智(무지)
妻緣(처연) : 아내와의 인연,
夫緣(부연) : 남편과의 인연 ,薄(엷을 박) 出役(출역) 過多(과다)
 病藥(병약) 여기서 약이 아니라 독으로 사용, 損財(손재) :재물을 던다.

印이 財를 보면 災難이 甚하고 傷官이 官을 보면
重한 則 遷徙하고 輕한 則 刑責을 당한다.

[通大 原文]

　　印星은 德望이나 財를 보고 見物生心하면 덕이 무너질 뿐 아니라 財와 女로 因해서 재난(災難)이 發生하고 亡身한다. 그러나 印星이 有力하고 德望이 高遠하다면 財를 보아도 善用하고 사리사욕(私利私慾)을 取하지 취하지 않음으로서 도리어 크게 이름을 떨치고 공덕(功德)이 높아지니 印多善財라고 한다. 傷官이 官을 보면 무법자가 官에 의해서 審判을 받는 것이니 罪過가 發覺되고 刑罰(형벌)을 받는다. 原來로부터 상관과 정관이 있으면 罪過가 처음부터 싸이고 싸인 것이니 官運에서 크게 규탄되고 멀리 流配(유배) 또는 死藥을 내리는 重刑을 당하고 傷官이나 正官하나만 있고 運에서 傷官 또는 正官을 만나는 경우엔 초범이요 罪過가 輕한 것이니 가벼운 刑罰로서 損財 疾病 左遷 등으로 一段落을 진다.

[원문해설]

　　인성이 재성을 보면 재난이 심하다함은 財剋印 으로 인함이고, 상관이 관을 봄 역시 상관은 정관을 치기에 하는 말인데 명리용어로 傷官見官 이라 하여 상관이 정관을 보는 것을 매우 안 좋게 본다. 그런데 중하다함은 무겁다는 말로 遷徙한다함은 무리로 옮기는 것이니 유배당하거나 사약을 받음을 말하고, 輕은 가볍다는 말로 적다는 의미인데 그럴 경우 약간의 형벌로 좌천정도로 끝이 난다는 말이다.

德望(덕망) 見物生心(견물생심) 因(인할 인) 亡身(망신) 發生(발생)
高遠(고원) 높고 넓다. 私利私慾(사리사욕) : 사사로운 이해와 욕심.
印多善財(인다선재) : 이성이 많은 경우 재성이 좋다는 말. 審判(심판)
罪過(죄과) 發覺(발각) 刑罰(형벌) 原來(원래) 一段落(일단락)
流配(유배) 死藥(사약) 重刑(중형) 輕(가벼울 경) 左遷(좌천)

日支傷官은 妻와 偕老(해로)하기 어렵고
時支傷官은 後嗣(후사)를 이어가기 어렵다.

　傷官은 유화무실(有花無實)의 허화(虛花)이니 일지에 상관이 있으면 유처무해(有妻無偕)이니 부부의 금실이 좋지 않고 끝내 해로하기가 어렵듯이 時支에 상관이 있으면 유자무사(有子無嗣)이니 자식을 낳기도 기르기도 어려운 동시에 끝내 혈통을 계승(繼承)하기가 어렵다. 꽃은 있으나 열매가 없듯이 이름은 있으나 형체가 없다.

[원문해설]
　상관을 꽃은 피었으나 열매로이어지지 못하니 빈 꽃으로 보기 때문에 상관이 일지에 있으면 배우자궁이기에 부처(夫妻-남편, 또는 아내)가 해로 못함을 말한 것이고 時柱는 자손궁이므로 대를 이을 수 없다는 말을 설명한 것이다.

坤命	丁未	癸卯	甲午	甲子		
수	2	12	22	32	42	52	62
대운	甲辰	乙巳	丙午	丁未	戊申	己酉	庚戌

　사주는 핵심을 살펴야 한다. 卯月에 甲木인데 羊刃을 놓았구나, 無官사주에 傷官星이 강하니 직업은 면허나 자격증 또는 기능직으로 가야 좋겠구나, 일부종사는 어렵겠고 왕성한 활동을 해야 할 팔자이다, 本命 주인공은 초혼에 실패하고 띠 동갑인(12세 연상)남자와 재혼해서 10년 동안 살았다고 하며 직업은 그 유명한 대성학원 강사랍니다. <인수와 상관이 잘 발달했으니 교육자이고 무관으로 정교사가 아닌 학원 강사>

歲月에 傷官劫財가 있으면 貧賤출신이 아니면 庶出이다.

　年月은 부모의 거처(居處)다. 년월에 부모를 剋하는 상관이나 겁재가 있으면 부모의 육신이 크게 상하고 무력하니 부모가 가난하지 않으면 천한 것이다. 그와 같이 명주는 생래적(生來的)으로 가난하고 비천(卑賤)한 출신이다. 만일 부모가 부귀하다면 인연이 박하고 외면당하는 서자출신으로서 어차피 부모의 은덕을 받기는 어렵다.

日時에 傷官劫財가 있으면 妻子를 剋하고 晩年이 불우하다.

　日時에 몰인정 상관겁재가 있으면 처자의 별이 허화(虛花)가 아니면 겁탈을 당하는 것이니 처자가 허무한 것이 원칙이요 설사 있다 해도 상해와 겁탈로서 온전할 수 없으니 있어도 없는 것과 같이 무능무력하거나 유해하다.

官殺이 混雜할 경우 財나 印이 있으면 吉하고 印과 財가 없으면 凶하다

　관살이 혼잡하면 財가 배로 소요되고 감퇴(減退)됨으로서 유위무록 또는 박복하다. 벼슬과 칼을 잡을 종업(從業)이 대우가 불실하니 그냥 있을 리가 없다. 반발하고 공박하면 배신을 하니 주군이 쩔쩔매고 좌불안석이다. 그러나 財가 있어서 후대(厚待)를 하거나 印으로서 교화설득 시키면 도리어 주군에 충성을 다하니 명리가 크다

劫財가 있으면 心高下賤하고 貪(람)하다.

겁재는 무법자요 겁탈자다. 안하무인이요 용맹무정 함으로서 천하를 겁탈할 만큼 야심은 크고 뜻은 높으나 수양이 없고 덕망이 없는 욕심쟁이로서 재물을 보면 물불을 가리지 않고 약탈하며 인정사정없이 냉혹하게 행동하는 비천한 위인이다.

正財가 得令하면 勤儉하고 인색하다.

정재는 합법적이고 자기소유로서 재물에 대한 애착과 집념이 강하다. 평소에 한 푼이라도 더 벌기 위해서 부지런한 동시에 한 푼이라도 아끼기 위해서 절약하고 검소하다. 자기 것이 아니면 가지려하거나 탐하지 않는 반면에 자기 것은 철저히 지키려고 구두쇠 노릇을 함으로서 인색하다는 평을 받는다.

比劫과 刃이 多하면 부모를 刑하고 妻妾을 傷하며 聚財를 할 수 없다.

비겁과 양인은 인성을 설기하고 배척하며 재성을 무찌르고 파괴한다. 사주에 비겁과 양인이 많으면 인성과 관성이 무력하니 일찍 부모를 잃게 되고 재성이 만신창이가 되니 처첩이 상해되고 온전하지 못하여 재물을 겁탈하고 파괴하니 아무리 만금(萬金)을 희롱(戱弄)해도 모으기 어렵다.

七殺과 梟神이 重重하면 他鄕에서 奔走한다.

　칠살은 부덕(父德)이 없고 효신(梟神)은 모덕(母德)이 없다. 殺과 梟가 많으면 부모덕이 없고 고향인 고기(古基-옛터)와 인연이 없다. 더욱이 살과 효는 부모 없는 고아(孤兒)로서 자유와 분망(奔忙)을 즐기니 어려서부터 객지로 떠나서 동분서주하고 육친과 생지(生地-난 곳)를 외면 한다. 그와 같이 어려서부터 따사로운 애정과 보금자리를 간직할 수가 없다.

☞ 梟神殺 알고 갑시다.
梟자는 올빼미효자이고 神자는 귀신 신자로 올빼미 귀신이 쓰였다는 말인데 일지가 일간을 생하는 12간지를 효신살 이라한다. 효신의 의미는 올빼미는 악조(惡鳥)로 일정기간이 지나면 어미를 쪼아 죽인다하여 효신이 있으면 어머니와 인연이 박하다는 말인데 효신하나만 가지고 그렇게 단정 할 수는 없고 사주구성에 모자멸자(母慈滅子)로 구성 된 경우에만 해당되며 사주감정에서 참조사항으로 보면 된다.

傷官과 劫財가 같이 있으면 瞞心하는 無禮之徒다.

　상관은 下剋上하는 무례자요 겁재는 上剋下하고 탐욕 하는 무법자다. 안하무인인 상관과 무법천지인 겁재를 겸유(兼有)하면 머리가 비범하고 용맹이 출중함으로서 남을 속이고 배은망덕하기를 서슴치 않은 무례한 이요, 사기 협잡꾼으로서 해인해물(害人害物)이 극심하다.

梟神(효신) 올빼미 효, 귀신 신. 惡鳥 (악조) 奔走(분주)
母慈滅子(모자멸자): 어머니의 사랑이 많아 아들이 멸망

殺逢制則 獨立心이 强하다.

 칠살이 있으면 적의 침공을 받음으로서 독립하기가 힘들고 지원을 받아야만 적을 방지하고 생명을 유지할 수 있다. 그래서 칠살이 있으면 겉으로는 무척 용감한 것 같지만 속으로는 유약하고 겁이 많은 외강내유(外剛內柔者)다. 다행이 식신을 만나서 칠살을 제압하고 주권의 안정성을 되찾으면 자립기반을 확고히 구축한다.

鬼殺은 官을 보면 逼迫이 極甚하다

 귀살은 財를 탐하고 강탈하는 무법자로서 財가 온전할 수 없다. 특히 주색을 즐김으로서 그로 인한 낭비의 버릇과 散財가 심하여 財가 곤궁하다. 관이 나타나면 化殺하여 두 개의 강탈자가 재를 탐하고 낭비하며 강요하고 奪取하여 가난이 더욱 극심하다. 질병과 주색과 관재 등으로 둔갑하여 재를 강요하는 관살의 逼迫이 극심하니 몸 둘 곳을 모르고 정신적 물질적 苦痛이 심하다.

殺逢制則(살봉제즉)이란 무엇인가? 답 : 살을 만났을 때 제지해줄 식신이 있음.
獨立心(독립심) 外剛內柔者(외강내유자) : 겉으론 강해보이나 내적으로는 약함.
鬼殺 逼迫 極甚(귀살 핍박 극심) 化殺(화살) : 살로 변했다.
奪取(탈취) 苦痛(고통) 散財(산재)

七殺과 羊刃을 制壓하지 못하면 女性은
産厄이 많고 남성은 刑傷을 당한다.

 칠살은 財를 沒收하는 폭군이요 양인은 財를 겁탈하는 무법자다. 방법이 다른 뿐 財를 해치고 탈취하는 破財에 있어선 동일하다. 財를 권력과 무력으로 강제탈취 하는 殺과 刃은 무법의 악당으로서 강력히 제압해야 한다. 만일 이를 制하지 못하면 남성은 범법과 살상을 저지름으로서 형벌과 상해를 면하기 어렵고 여성은 殺刃이 복부를 尅沖 함으로서 산액이 많다.

[원문해설]

 七殺이 財를 몰수하는 폭군이란 점은 재를 설기시켜 무력하게 만드는 별이란 것을 설명한 것이고, 양인은 겁재로 재물을 빼앗아가기 때문에 재를 겁탈하는 자라는 것을 설명한 것이다. 그래서 칠살이나 양인을 누르고 중화시킬 식상과 칠살을 겸비했는가를 보아야 한다는 말로 이를 겸비하여 生尅制化를 조화롭게 하지 못한다면 남자는 범법을 밥 먹듯 하게 되고 여성은 산액이니 생리통이나 자손 낳고 기르기 어렵다는 말이다.

官殺이 偏出하면 庶出의 자식이다.

 官은 아버지요 印은 어머니의 별이다. 官이나 印이 정통이 아닌 편관 편인이면 나의 분신과 혈통 또한 정통이 아닌 서출로서 서자에 속한다. 官이 偏인 경우는 아버지가 서자 또는 양자임을 암시하고 印이 偏인 경우엔 어머니가 첩이나 계모임을 암시하니 서족의 아들 이거나 서모의 아들이다.

**官殺이 混雜하면 衣食 때문에 奔走하고
印星이 財를 보면 名利의 성패가 無常하다.**

관살이 혼잡하면 財의 지출이 배가되고 혼잡이 심하니 돈 벌기가 어려운 동시에 의식식생활하기에 동분서주해야 한다. 인성이 財를 보면 명성과 이득이 서로 傷하고 損함으로서 名利가 온전하지 못하고 성패가 무상하니 무엇이든 순탄하거나 오래가지 못한다.

**妻宮衰弱한데 逢劫하면 必히 損財한다.
月虛하고 官强하면 必히 兄弟가 傷한다.**

일지 처궁이 死絶한데 겁재를 보면 妻星이 크게 상하니 처가 온전하지 못하고 반드시 상처한다. 일주가 월지에서 실령하고 허약한데 관운이 강하면 형제인 비겁이 크게 극상함으로서 형제가 온전할 수 없다. 損兄 傷弟하여 無氣力하고 離散하며 不具 短命하다.

傷官이 劫刃을 보면 平生衣食에 쫓긴다.

상관은 헛꽃이요 겁재와 양인은 나뭇가지다. 헛꽃이 만발해서 애를 태우는데 나뭇가지가 무성하니 허화는 꽃은 아름다우나 열매가 없으니 일정한 생업이 없는 화려한 사치나 향락에만 즐긴다. 그 결과 가난이 깃드니 평생 의식이 변변치 못할뿐더러 그로인한 고생이 많다.

正官이 七殺을 보면 剝傷속에 生을 求하고
一世를 東奔西走해야 한다.

정관은 문관이요 칠살은 무관이다. 문관이 무관과 어울리면 같은 칠살로 변질하여 칼부림 속에 찢기고 상하는 사나운 풍운아로서 생을 이어나가는 동시에 일생을 숨 가쁘게 동분서주하고 파란만장의 풍파를 겪어야 한다. 마치 두 남편을 거느리는 여인이 눈 코 뜰 새 없이 돈을 벌고 또 시끄러운 고래싸움에 새우등 터지는 격이다.

[원문해설]
　관살혼잡을 설명한 것으로 관살이 섞여 혼잡 되면 정관도 편관 역할을 한다는 말이고 관은 남녀 공히 직업성이므로 편관은 사법이고 정관은 행정이니 칼을 쓰는 즉 형권을 잡는 사람으로 살아가야지 만약 칼날을 잡은 경우라면 꼴통으로 살게 되고　여성은 官을 夫星으로도 보기에 관살이 혼잡된 명이라면 일부종사 못하고 관은 일이니 일복타고 났고 힘든 일을 하게 된다.

官印이 刑이나 衰地에 臨하면 心亂하고 身忙한다.

官은 직장이요 印은 이성이다. 官은 印이 刑地나 사절지에 臨하면 직업이 침체되고 마음이 불안하다. 몸이 분쟁과 침체에 얽매여 있으니 한시도 편할 수 없어 숨 가쁘게 뛰어 다녀야 하고 마음은 어지럽고 불안해서 좌불안석이다. 벼슬과 덕망은 왕지는 기뻐하나 衰地는 두려워한다. 벼슬이 깎이고 德이 薄해지기 때문이다.

剝傷(박상) : 剝은 벗길 박. 상처 입히다.　고롭히다. 傷은 상처 상. 이지러지다.

乾命	丙午	辛丑	壬辰	癸卯
수	2	12	22	32	42	52	62
대운	壬寅	癸卯	甲辰	乙巳	丙午	丁未	戊申

 위 사주는 월지 正官과 일지 편관 칠살이 섞여 있는 사주로 이런 경우는 혼잡으로 보지는 않지만 일단정관도 편관 역할을 하게 된다. 본 사주의 주인공은 이름도 널리 알려진 우 병우 민정수석의 사주이다. 인터넷에 떠도는 사주 중에 丁未시로 기록된 경우도 있는데 그의 눈매나 성격으로 보아 癸卯시가 맞을 것 같아 여기서는 卯時로 간명한다. 만약에 丁未시라면 丁壬合 丙辛合 午未合 合多有情인데 그의 성정은 겁재성과 상관성이 강한 인상이라서 癸卯시가 되면 겁재와 상관이 동주하니 우 병 우 다운 기질이 강해지게 된다.
지금부터 본론으로 들어가 보자.
壬辰 魁罡 일주에 丙午 羊刃 살을 만났으니 우두머리 기질이 강한데 정관이 편관으로 변하여 검사가 되었고 겁재가 있어 거만 형이고 상관이 있어 검사인 수사관으로 성공한 경우인데 만약 관살이 3~4개가 혼잡 된 경우였다면 삶이 고달 풀 수도 성공하지 못할 수도 있었을 것이다.
사주는 운을 무시 할 수가 없다는 것을 증명이라도 하듯이 丙午 대운까지는 승승장구 하였으나 丁未 대운으로 들어서면서 丁酉년부터 구설수에 시달리더니 결국 구속되고 戊戌년엔 영어의 몸으로 묶여있게 되는 것을 보면서 팔자는 못 속인다는 말을 다시 상기하게 된다. 丁酉년은 12운성으로 욕지라서 욕지는 괴로움과 고통 슬픔 등 곡절을 뜻하기도 한다. 어차피 戊戌년은 丑戌刑 辰戌沖으로 관재구설 송사다.

一時에 鬼墓가 있으면 憂多하고 樂少하다.

鬼殺은 병이요 墓는 고삐다. 일지는 神의 좌석이요 시지는 사회의 무대다. 일지에 살묘(殺墓)가 있으면 병석에 앉았거나 고삐에 묶여있는 것처럼 부자유하다. 그래서 命主는 평소에 근심이 많고 즐거움을 느끼기가 어렵다. 특히 처자관계로 근심이 많으니 처자의 덕이 박(薄)한 것이다.

七殺과 羊刃이 交顯하면 兵權을 장악한다.

칠살이 무관이요 양인은 兵器다. 殺刃(살인)이 같이 나타났으면 무관이 병기를 얻고 병기가 용장(勇將)을 용장을 만나니 천하의 병권을 장악하고 千兵萬馬(천병만마)를 호령한다. 武士가 병기를 얻지 못하면 권위(權威)가 없고 병기가 무관을 얻지 못하면 무용지물이자 무명인이다. 마치 패전지병(敗戰之病)이요 병기(兵器)와 같다.

官은 扶有之本으로서 長生을 기뻐하고
財는 養命之原으로서 旺地를 기뻐한다.

官은 벼슬하고 출세 하는 명성(名聲)으로서 귀인이자 후견인 장생을 기뻐하고 財는 돈을 버는 시장이자 화물로서 왕성하고 풍작을 기뻐한다. 그와 같이 官이 장생과 같이 있으면 多學(다학)하여 出世하고 財가 왕지에 있으면 평생 재물이 풍족하여 부족함을 모른다.

| 乾命 | 丁亥 | 壬寅 | 己未 | 乙亥 |

위 사주는 壬수 財가 年支와 時支에 亥수 祿旺地로서 양명지원이 되어 부자로 살아가고 있다.

財官印은 吉星이요 刃劫殺傷은 凶星이다.

財는 록이요 官은 位요 印은 덕이다. 덕과 벼슬과 재록은 만인을 가르치고 보살피며 양육하니 천하가 기뻐하는 吉星인데 반하여 印劫은 무법의 겁탈자요 칠살 상관은 무법의 暴君이자 탈권자 이니 天下가 미워하고 두려워한다. 길성이 많으면 기쁨과 영화가 많고 흉성이 많으면 근심과 손상이 많다.

有印無官하면 發身이 늦고 有官無印하면 榮顯이 어렵다.

印은 지식과 덕망이요 관은 벼슬과 지위다. 학문이 깊고 덕이 두터우면 유능한 인재지만 그를 발휘할 수 있는 벼슬과 지위를 얻지 못하면 베풀 수 없으니 출세와 발복이 늦게 이루어진다. 반대로 벼슬은 있으니 지덕(智德)이 부족하면 천하를 다스리기가 어려우니 출세하고 영화(榮華)를 누리기는 어렵다.

財官이 帶印하면 金玉이 堆積하고 다시 財運을 만나면 充滿하다

財는 록이요 官은 벼슬이니 印은 신임이다. 벼슬하고 록을 받는데 주군의 신임이 두터우면 더욱 官高祿厚(관고록후)하니 금옥이 집안에 가득히 쌓이고 財旺地에 이르면 록이 왕성하고 그에 따라 벼슬도 대귀하니 金玉이 창고에 가득하고 대부대귀하다.

官藏殺顯하면 橫災를 만나고
殺沒官顯하면 侯國의 宰相이다.

官은 법도를 지키는 문관이요 칠살은 병마를 관장하는 무관이다. 부관이 병기로서 국법과 문관을 지배하고 국권을 희롱하면 무관이 저마다 야욕(野慾)을 가짐으로서 언제 병란(兵難)이 발생할지 모르며 횡재를 만나게 되니 마음을 놓을 수가 없고 비명횡사하기 쉽다. 반대로 병마(病馬)를 고삐에 묶어놓고 문관이 득세(得勢)하여 법도를 천하를 다스리면 治國平天下(치국평천하)하고 富國强民(부국강민)하니 군주에게는 더없이 충성(忠誠)되고 현명(賢明)한 명상이다. 인재가 비범하고 병난과 만민을 능숙하게 다스리니 각국이 다투어서 재상으로 후대하고 부귀영화를 누리니 횡액을 당할 염려(念慮) 없다.

[원문해설]

관장살현(官藏殺顯)이란 정관은 암장되고 편관이 나타난 경우를 말하고 살몰관현(殺沒官顯)은 殺은 힘이 없고 官은 나타난 경우를 말한다, 횡재(橫災)란 동서 좌우로 재앙을 만난다는 말이고, 후국(侯國)은 제후가 나라를 세움을 말함이요, 재상(宰相)이란 큰 벼슬을 말함이니 살이 무성하면 큰 재앙을 만난다는 뜻과 살은 무력하고 정이 유력하면 큰 벼슬을 하게 된다는 것을 설명한 것이다.

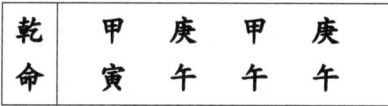

위 사주는 관살인 庚금이 천간에 나타나고 午화로 제련하니 명기(名技)여서 관의 역할이 잘 된다. 그러므로 고급공무원으로 현재 국비로 미국유학중인 공직자이다.

官星이 帶劫하면 樂少憂多하다.

官은 財를 기뻐하되 사나운 겁재는 싫어한다. 관이 겁재를 보면 재가 온전하지 못함으로서 富가 어렵고 변경(邊境)에 밀리고 군왕이 멀리하니 마음이 편할 수가 없고 근심과 우울함이 많다. 그러나 관성이 득지하면 군왕의 신임이 두텁고 兵馬로서 대권을 장악하니 무력으로 집권(執權)한다.

月에 財官이 있는데 一時에 財官이 또 있으면 있어도 없는 것과 같다.

財官은 순수해야 한다. 혼잡하면 상품이 경합(競合)하듯 가치가 떨어지고 천해진다. 月에 재관이 있으면 가장 유력한 것인데 一時에 또 재관이 있다면 한 몸에 두 지게를 짊어지듯 감당 못하니 무용지물이 된다 욕다반패(慾多反敗)로 작사는 능하나 유시무종이요 유명무실하니 있어도 없는 것과 같다.

男命에 財星이 兩位이면 반드시 得妾한다.

財는 유혹의 별이요 처첩의 신이다. 男命에 재가 二위이면 처관이 불순하고 혼탁하며 유혹이 심하니 一처와 해로하기 어려운 동시에 재혼하지 않으면 처와 첩을 얻게 된다. 지출이 두 배로 늘어나 재와 정력의 낭비가 심하고 0재하기는 어렵다. 그와 같이 재다하면 낭비하는 버릇이 있고 지출이 과다하며 건강 또한 쉽게 노쇠 한다.

帶劫(대겁) : 띠 대 겁탈할 겁 자로 겁재를 허리에 찾다 는 말이다.
樂小優多(낙소우다) : 즐거움은 적고 근심이 많다.
邊境(변경) : 가장자리 한직에 밀린다.

五行이 相傷하면 命主가 不義하고
財星이 失地하면 岐路에서 經商한다.

오행이 형 충파해 되고 상극하면 군신이 相戰相傷하니 無情하고 모두가 利害打算에만 沒頭하고 相互不信한다. 그와 같이 명주는 냉정하고 不義하며 心毒하다. 財星이 失令 하고 衰絕 하면 財運이 無氣力하니 무엇을 하든 성사가 어렵고 가난하다. 동서남북을 떠돌아다니면서 장사로 겨우 연명한다.

[원문해설]
  오행이 형 충 파 해가 연결 된 명조는 불리하다, 즉 상전상상(相戰 相傷: 서로 싸워서 서로 상했다) 하니 정이 없고 각자 이해타산에만 급급하고 서로 못 믿어 한다는 말로 그래서 命主 즉 사주의 주인공은 의롭지 못하고 마음이 독하다, 특히 財星은 유력(有力: 힘이 있어야)해야만 역할이 잘 되는데 실령하든지 쇠 절로 약하면 되는 일이 없고 하는 일 역시 한곳에 오래 머물지도 못하고 어렵게 살아가게 된다.

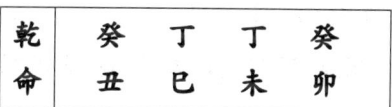

  위 사주는 합 충이 유난히 많은 명이다. 丁癸가 雙沖하니 오행이 무력해지므로 잘 되는 일이 없다. 제아무리 강한 丁巳 丁未라도 힘이 약해질 수밖에 별 도리가 없다. 직업성이 무력하니 라는 일도 잘 되는 것이 없고 좋은 직장 직업도 아닌 것이다.

命主(명주)란 사주의 주인공을 말한다.
不義(불의) 의롭지 못함이니 옳지 않음.

身이 太旺하면 九流의 術業이요
財盛하면 부모를 刑傷한다.

　身이 태왕하면 財官이 無地이니 의지할 바가 없고 부귀가 許하다 생업과 주거가 불안정하고 부실하니 술사(術士)로서 이구생재(以口生財)하는 구류업(九流業)을 택할 수밖에 없다. 의복선술(醫卜仙術)에 적합하고 성공한다. 財氣가 왕성하면 인성이 無地이니 부모의 설 땅이 없고 조실부모하거나 극상한다.

[원문해설]
　사주구성이 아주 강하다는 말로 일주가 매우 강하면 재성이나 관성이 의지 할 곳이 없어 재물도 직업도 빈 껍질 같다는 말이다. 그러므로 잘 못하면 떠돌이인생이고 그러므로 기술을 배워야만 쓸모 있는 인생으로 살아갈 수 있고 입으로 벌어먹고 사는 팔자이니 옛날 같으면 침쟁이 점술가 등으로 성공하게 된다는 말이다.

鬼旺하면 後代가 昌榮하고 鬼位에
逢官하면 主君이 困窮하다.

　鬼는 子星이니 관살이 득지하면 我는 困하고 子는 榮한다. 子多하고 子成하나 一生을 子女를 위해서 동분서주하니 휴식할 틈이 없다. 그러나 子女를 위한 일편단심과 정성이 늦게야 성공하니 내가 쌓은 공명으로 후손이 창영(昌榮)하고 이름을 떨친다. 그러나 殺이 官을 보면 불순하고 혼잡하니 평생 가난을 벗을 수 없고 곤궁(困窮)하다.

無地(무지) : 의지할 땅 즉 곳이 없다. 術士(술사) :기술자를 즉 꾀로 먹고 사는 것, 以口生財 : 입으로서 돈을 버는 것, 醫卜仙術 : 의료 점술 도인,

財下有財하면 富는 하되 인색하다.

干財가 支에도 財를 가지고 있으며 財根이 有力하니 마치 뿌리 있는 돈 나무에서 돈이 연달아서 열리듯이 재원이 풍부하고 재가 생생불식 하여 富를 이룬다. 그러나 支는 창고이니 支에 財가 있으면 돈을 버는 대로 땅속에 저장하듯 모을 줄은 알아도 쓰지를 않으니 아무리 富가 늘어나도 인심은 짜고 인색하다.

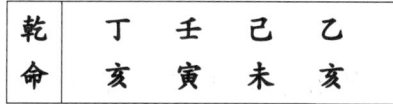

천간에 壬수 財가 있고 지지에 亥수 재가 있는 사주로 부자의 명인데 이사람 돈 벌 줄만 알고 쓸 줄은 모른다, 관고를 놓아 명에는 안중에도 없고 돈만 안다. 형수의 말에 의하면 우리시동생은 떼 국 놈이지 라고 하더라.

羊刃이 帶殺하고 刑이 있으면 妻를 잘 때린다.

양인은 극처하고 칠살은 횡폭(橫暴)하며 刑은 냉혹(冷酷)하다. 三者는 모두 성급(性急)하고 과격(過激)하며 인정이 박하고 아량이 없으며 본능적이고 행동적인 것이 공통적인 특색이다. 남성이 이를 범하면 천성이 거칠고 횡포하며 버릇이 없는 동시에 누구에게나 주먹을 잘 쓰듯이 아내에게도 매질을 거침없이 일삼는다.

☞ 양인이 허리에 살을 차고 있거나 형을 놓았다면 이런 사 람은 성급 과격 횡폭한 사람으로 보아야 한다.

**有官無財하면 職이 微하고
有馬無官하면 身이 賤하다.**

官은 직위요 재는 봉록이다. 官은 있는데 財가 없으면 직위는 있는데 급료가 없으니 그 職이 微微함을 알 수 있고 좀체로 출세할 수 없다. 반대로 재는 있는데 관이 없으면 급료는 있는데 직위가 없으니 벼슬을 떠난 돈벌이로서 비록 돈을 번다해도 그 신분이 천함을 벗어날 수 없다.

財星이 鬼地에 臨하고 無制하면 多貧하다.
〈재성이 살지에 놓이고 살을 억제하는 식상이 없으면 가난하게 살게 된다는 말이다〉

財를 지켜주는 것은 官이요 재를 강탈하는 것은 칠살이다. 官은 법이요 殺은 무법자다. 財가 鬼지에 임하면 재는 化殺하여 살기만 등등하고 재물로서 도리어 재난을 초래한다. 만일 칠살을 제복하지 못하면 재물은 모두 살 귀에게 탕진되고 병질과 가난으로 심한 고통을 겪는다. 귀는 散財者이니 酒色雜技등으로 돈을 낭비하고 탕진하는 것이다.

有官無財 : 유관무재란 직책은 있으나 급료가 적다는 말이다.
微微 : 미미하다는 말은 微는 작을 미, 자질구레 한 등으로 쓰이는 글자이다.
化殺 : 화살이란 될 화 죽일 살 자이니 살로 변했다.
散財者 : 산재자란? 재물이 흩어지게 하는 놈, 흩을 산, 재물 재, 놈 자.
酒色雜技 ; 주색잡기란? 여자와 술 잡기로 라는 말이다.

運이 財官地에 臨하고 無刑이면 心發한다.

신왕한 자가 財官鄕에 入運하면 천하장사가 씨름판을 만난 것처럼 간직한 力量을 마음껏 활용하고 발휘함으로서 名振하고 得財 한다. 이는 오래 동안 고시준비를 하고 실력을 양성한 자신만만한 수험생이 때를 만나서 장원급제하고 벼슬과 록을 누리는 것과 똑같다. 그러나 刑이 있으면 반드시 시비곡절과 방해가 있으니 好事多魔로 기회를 놓치고 만사가 뜻과 어긋나고 지체된다.

[원문해설]
신왕한 일주가 대운에서 재성과 관성 방향으로 운이 들어서면 발복하여 부자가 되고 고관의 직위에 오르게 되는데 만약 형을 만나면 형은 지연 답답한 상황에 시시비비이니 이를 두고 좋은 일에 마가 끼는 것과 같아 모든 일이 허사내지는 지연 등의 일이 발생하게 된다는 말이다.

坤命	己巳	丁丑	戊子	戊午			
수	4	14	24	34	44	54	64
대운	戊寅	己卯	庚辰	辛巳	壬午	癸未	甲申

위 사주는 火土가 강한 신왕사주지만 식상이 없고 관성이 없는 무관의 명인데 대운이 관왕지로 흘러 직장도 가질 수 있고 좋으나 원국에 子午 충을 놓아 官을 키울 힘이 미력하니 大發은 기대하기 어렵다. <財星인 水가 깨져서 官인 木을 키울 수 없다는 말이다> 이 사람 남자인연이 적어고민이랍니다. 다른 사람보다 배로 더 남자를 사랑해야 하고 배려해야 하는 팔자라고 조언 해 주었답니다.

殺刃이 得位하면 大顯하고 官印이 刑冲하면 禍가 生한다.

　살이 刃地에 임하거나 刃이 살지에 임하면 영웅이 칼을 잡고 때를 만난 것이니 일약대발하고 名振天下 한다. 兵刑의 대권을 잡는 것이다. 官이나 印은 청순해야 공을 세울 수 있다. 형이나 冲이 되어서 혼탁하거나 불순하면 시비곡절이 따르고 재화(災禍)가 발생한다. 직장의 이변이 생기거나 재물로 인한 오욕(汚辱)이 발생한다.

殺化爲官하면 幼時에 功名이 顯達한다.

　살이 인성을 보면 官으로 변하고 身이 태왕한 者가 살을 보면 官貴로 변한다. 살은 용맹하고 비범한 재능을 가지고 있다. 그 살을 敎化시키면 천하일품의 棟梁이듯이 살을 감당하고 다스릴 수 있는 비범한 인재로서 유세(幼歲-어린나이)부터 두각을 나타내고 공명을 떨치며 크게 出世한다.

財官이 敗地이면 一生 貧寒하다.

　財官은 生業과 資金이다. 생업이 없으면 돈을 벌 수 없듯이 돈이 없으면 가난하다. 패지는 목욕(沐浴)이요 목욕은 무모한 낭비다. 財官이 패지에 있으면 사사건건 무모하고 성급한 소행으로서 시간과 정력과 돈을 낭비하고 하나도 성사될 수 없음으로서 일생을 허명허리(虛名虛利)속에 탕진하고 빈한(貧寒)을 면 할 수 없다.

日坐建祿하고 財官이 없으면 孤貧하다.

日支가 建祿이면 心身이 성숙하고 자립할 능력이 왕성하니 누구도 그를 도와주지 않는다. 財官을 만나면 능소능대하게 실력을 나타냄으로서 능히 부귀를 누릴 수 있지만 재관이 없다면 무용지물로서 버림받고 폐물화(廢物化) 되니 평생 기회를 얻지 못하고 허송세월하며 고독하고 가난하다.

日祿이 歸時해도 財印이 없으면 難發이다.

一支의 건록이 時에 있으면 득지함으로서 자수성가해야 한다. 그러나 늦게 성숙함으로서 인성의 후견과 지원이 아쉽다. 印을 얻으면 성숙한 건록자이니 財를 능히 감당할 수 있다. 財를 얻으면 기량을 발휘하니 출세하고 得富 할 수 있지만 財를 얻지 못하면 무대가 없는 일류연기자처럼 출세하고 발신할 수가 없다.

時上에 偏財가 있으면 比劫運에 妻災가 있다.

편재는 돌고 도는 市井의 돈이요 時는 사회와 시장에 해당한다. 時上에 편재가 있으면 사회와 시정의 시장의 돈을 유통하고 이용함으로서 크게 횡재한다. 그러나 비겁을 만나면 爭財가 발생하고 손재가 막심하다. 財는 妻星이니 처로 인해서 막심한 손재와 재난이 발생하고 처 또한 상한다.

日座建祿이란? 일지에 비겁이 있는 경우. 孤貧(고빈) : 외로울 고 가난 빈
難發(난발) : 어려울 난, 필발. 妻災(처재) : 아내 처, 재앙 재.

坤	庚	丙	己	己
命	午	戌	未	巳

　위 사주는 日支가 建祿이면서 財官이 없는 사주이므로 고빈(孤貧)하게 살 수도 있다. 대운에서도 재성은 만나지 못하고 관성은 늦은 나이에 만난다.

時上에 羊刃이 있고 歲運에서 財를 만났는데
刃을 도와주는 별이 있으면 凶禍가 生한다.

　時上에 양인은 시정 겁탈자다. 세운에서 財를 보면 양인은 쥐를 본 고양이와 같다. 다시 비겁 인을 만나면 포악한 겁탈자로서 세군인 재성을 난타하니 세군이 대노(大怒)하여 당장 중형(重刑)으로 다스린다. 파재, 중병, 형옥(破財, 重病, 刑獄)으로 심하면 죽음에 이른다.

月上에 有官하고 旺하면 富貴雙全하고
時에 有殺하면 無情하고 有禍하다.

　官은 法이요 호재자(護財者)이며 벼슬이니 旺할수록 貴하다. 月上에 官이 있고 득지하면 벼슬이 왕성하니 貴와 富가 쌍전하다. 칠살은 침략자다. 時는 시정이니 시상에 칠살이 있으면 시정을 휩쓸고 짓밟는 호랑이처럼 냉정하고 횡포함으로서 재화(災禍)가 뒤따르고 손재(損財)가 심하다.

護財者란 무엇인가? 재성을 보호하는 자란 말이다.
富貴雙全이란 무엇인가? 부자로 귀함 까지 두 가지를 완전하게 갖추었다.

財가 旺地에 이르면 家道가 興하고
生身하는 印地에 이르면 문벌에 光彩가 신다.

財는 旺地에 이르러서 大豊하니 到處에서 生財하고 致富하여 家道가 興隆하고 벼슬까지도 自生하여 大富小貴하다. 印星은 生身하고 生智하며 生氣한다. 印旺地에 이르면 生起가 充滿하고 名振四海하니 家門에 榮光이 있고 門閥이 크게 興盛한다.

[원문 해설]
　재성이 왕지에 이르면 크게 풍년든 것 같아 가는 곳마다 재물이 생기고 돈이 모아져 부자가 되고 그로인하여 가정이 불같이 일어나니 감투는 스스로 따라들게 되니 크게 부가 될 것이고 그로인해 작지만 감투도 쓰게 된다는 말이다.
인성은 내 몸을 도와주는 별로 지혜와 기를 넣어주니 인성이 왕성해지는 곳에 이르면 생기가 충만하여 천지사방에 이름을 드날리어 가문에 영광이고 그 집안이 크게 흥하고 성한다는 것을 설명한 것이다.

乾命	丙午	甲午	壬寅	丙午			
수	8	18	28	38	48	58	68
대운	乙未	丙申	丁酉	戊戌	己亥	庚子	辛丑

　위 사주를 財多身弱으로 보기 쉬우나 사주를 간명 할 때는 그런 공식을 적용하면 안 된다. 三神相生格에 신약하므로 印旺地에 生身하여 名振四海 할 것이다 로 보아야 한다. 아울러 물인 壬수는 흘러가는 물길인 水路가 있어야 막힘없는 삶을 살아가게 된다는 것이다. 수로는 목이다, 甲寅木이

有氣하니 大貴格이다. 이사주의 주인공은 청와대 문재인 정부 초대 비서실장 임종석실장의 명조인데 印旺地 대운에 잘 나가다가 戊戌대운인 官運지운말에 꺾이더니 다시 비견 겁운에 발신하였으니 자세히 살펴보자면 약관 36세 丁酉 印旺地 大運 庚辰년에 국회의원에 당선 되고 戊戌대운 戊子년운에 재선국회의원에 당선되어 8년을 의정 생활을 하다가 일시적으로 꺾이더니 己亥대운 丁酉년에 發身하여 대통령 비서실장에 오른 입지전적인 인물이다. 이 사실을 자세히 들여다보면 인왕지에서 발신 했고 재왕지에서 꺾이었으며 비견 겁 신왕지에서 발신한 경우이니 물은 흘러가야 하는데 수원지인 인왕지와 신왕지인 비견 겁 지운이 가장 좋은 것으로 나타났다.

有官無印하면 眞官이 아니고
有印無印하면 도리어 厚福하다.

官은 벼슬이요 印은 덕과 신임이다. 벼슬하고 덕과 신망을 얻지 못하면 무덕하고 불성실한 관이니 무명한 관이요 오래 지탱할 수 없다. 반대로 덕망과 신임이 두터운 인재가 벼슬하지 않으면 이름을 떨칠 수 없으나 마음은 평화롭고 安泰하니 복이 진진하다.

羊刃과 金神이 逢殺하면 大貴하다.

양인은 천하지 병기(兵器)요 金神 또한 선천적인 병기다. 양인이 칠살을 보면 병기가 용장(勇將)을 만나고 영웅과 천병만군이 무장을 하여 전진(戰陣)을 가다듬은 것이니 대승(大勝)하고 천하를 호령하고 다스릴 것이 자명하듯이 一世의 영웅이요 영군(英君)으로서 이름을 천추에 떨친다.

통변술 해법으로 풀어본
사주이야기 108제
김동환표 역리서 015

2018년 7월 20일 1쇄 1판 인쇄
2018년 7월 25일 1쇄 1판 발행

지은이 / 김동환
발행인 / 김동환
발행처/ 도서출판 **여산서숙**
서울시 종로구 종로 346 욱영빌딩 301호
전화/02)928-8123 팩스/02)928-8122
등록/1999년12월17일 제5-32호
신고번호제 300-1999-192
무단복제불허
값 20,000원

잘못된 책은 구입처에서 교환해 드립니다.